JN108070

国家一般職・国家総合職・地方上級等

公務員試験

技術系

新スーパー過去問ゼミ

土木［補習編］

資格試験研究会 編　丸山大介 執筆
実務教育出版

本書について

本書は『技術系　新スーパー過去問ゼミ　土木』をひととおり終わらせた人を対象にした「補習編」です。

『技術系　新スーパー過去問ゼミ　土木』（以下,「正編」と表記します）をまだ終わらせていない人は, 先に「正編」を終わらせてください。最優先で取り組むべき問題は「正編」に掲載しています。

●本書の構成

第1～4章：豊富な補習問題でさらなる得点力アップ

「正編」は, 土木専門科目の中でも学習効率が高く安定的な得点源になる, いわゆる「3力」（構造力学, 土質力学, 水理学）および測量をメインに扱っています。

これら4科目について本書では,「補習問題」を掲載しています。

なお,「補習問題」が必要ないテーマは本書では省略しています（たとえば「テーマ1」や「テーマ4」は欠番になっています）。また, 要点をまとめた「POINT」は「正編」に掲載しているので, 本書には掲載していません。

第5章：補習問題＋追加テーマで出題範囲をカバー

第5章の土木材料, 土木設計, 土木施工の3科目は, 構造力学や土質力学と近い内容であるため「正編」である程度カバーできています。「補習問題」を掲載したほか,「正編」で手薄になっていた部分を「テーマ41」としています。

第6章：要点整理と過去問で「土木計画, 環境工学, 衛生工学」対策

第6章は, 土木計画, 環境工学, 衛生工学です。これらの科目は学習効率があまり高くないので「正編」では割愛しました。

しかし, 過去問を見ておくに越したことはありません。本書では, 出題される可能性の高い内容の過去問をまとめて掲載しています。また, 要点をまとめた「POINT」も掲載しているので知識を整理するのに役立ててください。

「工学に関する基礎（数学・物理）」対策も忘れずに

なお, 土木の公務員試験（専門試験）は,「工学に関する基礎（数学・物理)」と「土木専門分野」からなります。本書や「正編」で取り上げているのは「土木専門分野」だけです。「工学に関する基礎（数学・物理)」についてもしっかり対策をして試験に臨んでください。

公務員試験　技術系　新スーパー過去問ゼミ

土　木 [補習編]

※本書に掲載しないテーマ（「正編」には掲載している）については「なし」としている。

カバー・本文デザイン／小谷野まさを　　書名ロゴ／早瀬芳文

本書に掲載する過去問について

●本書で取り扱う試験の名称表記について

本書に掲載した問題の末尾には，試験名の略称および出題年度を記載しています。

①**国家総合職，国家Ⅰ種**：国家公務員採用総合職試験，
国家公務員採用Ⅰ種試験（平成23年度まで）
②**国家一般職，国家Ⅱ種**：国家公務員採用一般職試験［大卒程度試験］，
国家公務員採用Ⅱ種試験（平成23年度まで）
③**地方上級**：地方公務員採用上級試験（都道府県・政令指定都市）
④**市役所**：市役所職員採用上級試験（政令指定都市以外の市役所）

それぞれの試験で「土木」志望者が選択する試験区分・科目の問題を掲載していますが，「建築」「機械」「農業工学（農業農村工学）」の問題も取り上げて掲載しています。これは「土木で出題されてもおかしくない類似した問題」や「学習のステップアップのために有益な問題」があるためです。

その際には，「機械」の材料力学を構造力学，流体力学を水理学として掲載するなど，科目の名称が異なっている場合もあります。

●本書に収録されている「過去問」について

①国家公務員試験の問題は，人事院により公表された問題を掲載しています。地方上級や市役所の問題は，受験生から得た情報をもとに実務教育出版が独自に編集し，復元したものです。
②問題の論点を保ちつつ問い方を変えた，年度の経過により変化した実状に適合させた，などの理由で，問題を一部改題している場合があります。また，人事院などにより公表された問題も，用字用語の統一を行っています。

本書は2020年8月からamazon.co.jpで販売していた『公務員試験　技術系　新スーパー過去問ゼミ　土木［補習版］』（オンデマンド版）と同じ問題・内容を掲載しています。

第1章

構造力学

棒材の力学の特殊な問題

補習問題

No.1　図のように，長さ l，断面積 A の部材と長さ $2l$，断面積 $6A$ の部材からなる段付棒に引張荷重 W が作用するとき，棒の伸びとして正しいのはどれか。

ただし，棒の縦弾性係数を E とする。　　【国家Ⅱ種（機械）・平成12年度】

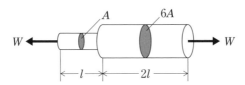

1　$\dfrac{Wl}{AE}$

2　$\dfrac{4Wl}{3AE}$

3　$\dfrac{3Wl}{2AE}$

4　$\dfrac{2Wl}{AE}$

5　$\dfrac{4Wl}{AE}$

No.2　コンクリートの断面積が $360000\,\text{mm}^2$，軸方向鉄筋の断面積が $4000\,\text{mm}^2$，長さが 4m の鉄筋コンクリート柱の断面中心に圧縮軸力 2000kN が作用し，一様な収縮量になったとする。コンクリートの弾性係数を $2.0 \times 10^4\,\text{N/mm}^2$，鉄筋の弾性係数を $2.0 \times 10^5\,\text{N/mm}^2$ とする場合，鉄筋の応力度と収縮量の組合せとして最も妥当なのはどれか。

ただしコンクリートと鉄筋は弾性範囲内にあるものとする。

【国家Ⅰ種（建築）・平成23年度】

	鉄筋の応力度	収縮量
1	$10\,\text{N/mm}^2$	0.2mm
2	$20\,\text{N/mm}^2$	0.4mm
3	$30\,\text{N/mm}^2$	0.6mm
4	$40\,\text{N/mm}^2$	0.8mm
5	$50\,\text{N/mm}^2$	1.0mm

No.3 棒材に関する次の記述の㋐，㋑に当てはまるものの組合せとして最も妥当なのはどれか。 【国家Ⅱ種・平成21年度】

「図のように，いずれも長さ L，断面積 A の棒材 X，Y を直列につなぎ，荷重 P で両端を引っ張ったところ，端部間の距離が $2L$ から $\triangle L$ だけ伸びて $2L + \triangle L$ となった。棒材 X のヤング率を E_X としたとき，棒材 X，Y を一つの連続する棒材とみたときの見かけのヤング率 E_XY は ㋐ ，棒材 Y のヤング率 E_Y は ㋑ と表される。ただし，いずれの棒材も軸方向のひずみが断面内で均一になるものとする。また，棒材の自重は無視する」

	㋐	㋑
1	$\dfrac{2PL}{A\triangle L}$	$\dfrac{1}{\dfrac{A\triangle L}{PL} - \dfrac{1}{E_\text{X}}}$
2	$\dfrac{2PL}{A\triangle L}$	$E_\text{XY} - E_\text{X}$
3	$\dfrac{2PL}{A\triangle L}$	$\dfrac{PL}{A\triangle L} - E_\text{X}$
4	$\dfrac{PL}{A\triangle L}$	$\dfrac{1}{\dfrac{A\triangle L}{PL} - \dfrac{1}{E_\text{X}}}$
5	$\dfrac{2PL}{A\triangle L}$	$E_\text{XY} - E_\text{X}$

No.4 図のように，天井からつり下げられた長さ $5a$ の棒に鉛直集中荷重 P が作用しているとき，次の記述の㋐～㋓に当てはまるものの組合せとして最も妥当なのはどれか。

ただし，棒の断面積を A，単位体積重量を w，ヤング係数を E とし，変形は軸方向のみ考えるものとする。【国家一般職・平成29年度】

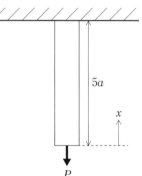

「棒の先端から x の距離にある点での応力 σ_x は式①で表される。

$$\sigma_x = \boxed{\quad ㋐ \quad} \quad \cdots\cdots ①$$

また，応力 σ_x による微小要素 dx の伸び量 du とひずみ ε_x の関係式は式②で表され，応力 σ_x とひずみ ε_x はフックの法則より式③で表される。

$$\varepsilon_x = \frac{du}{dx} \quad \cdots\cdots ②$$

$$\sigma_x = E\varepsilon_x \quad \cdots\cdots ③$$

式②，式③より，微小要素の伸び量は式④で表される。

$$du = \boxed{\quad ㋑ \quad} \quad \cdots\cdots ④$$

式①を式④に代入し，棒の全長にわたって積分すると，鉛直集中荷重による伸び量は $\boxed{㋒}$，自重による伸び量は $\boxed{㋓}$ となる」

	㋐	㋑	㋒	㋓
1	$\dfrac{P}{A} + wx$	$\dfrac{\sigma_x}{E}dx$	$\dfrac{5Pa}{EA}$	$\dfrac{5wa^2}{E}$
2	$\dfrac{P}{A} + wx$	$\dfrac{\sigma_x}{E}dx$	$\dfrac{5Pa}{EA}$	$\dfrac{25wa^2}{2E}$
3	$\dfrac{P}{A} + wx$	$\sigma_x dx$	$\dfrac{Pa}{EA}$	$\dfrac{5wa^2}{E}$
4	$\dfrac{P}{A} + \dfrac{wx}{A}$	$\dfrac{\sigma_x}{E}dx$	$\dfrac{5Pa}{EA}$	$\dfrac{25wa^2}{2E}$
5	$\dfrac{P}{A} + \dfrac{wx}{A}$	$\sigma_x dx$	$\dfrac{Pa}{EA}$	$\dfrac{5wa^2}{E}$

No.5 図のように，均質な等方性材料からなる薄い平板が，xy 平面内において
てのみ荷重を受けている。ある点 $A(x, y)$ における x 方向のひずみ ε_x が 2.0×10^{-3}，
y 方向のひずみ ε_y が 4.0×10^{-3} であるとき，x 方向の応力 σ_x はおよそいくらか。

　ただし，材料の縦弾性係数（ヤング率）E を $200\mathrm{GPa}$，ポアソン比 ν を 0.25
とする。

【国家Ⅰ種・平成20年度】

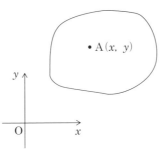

1　540MPa

2　590MPa

3　640MPa

4　690MPa

5　740MPa

No.1 の解説　棒の直列合成

棒をばねに直すと直列ばねの関係となる。全体を直列合成すると，全体のばね定数 k は，

$$\frac{1}{k} = \frac{l}{AE} + \frac{2l}{6AE} = \frac{4l}{3AE}$$

となる。したがって，求める伸び δ は，

$$\delta = \frac{W}{k} = \frac{4Wl}{3AE}$$

以上より，正答は **2** である。

No.2 の解説　棒の並列構造

コンクリートのばね定数を k_c，鉄筋のばね定数を k_s とすると，

$$k_c = \frac{2.0 \times 10^4 \times 360000}{4000} = 18 \times 10^5 \mathrm{N/mm}$$

$$k_s = \frac{2.0 \times 10^5 \times 4000}{4000} = 2.0 \times 10^5 \mathrm{N/mm}$$

したがって，$k_c : k_s = 9 : 1$ なので力も $9 : 1$ で分配される。これより，鉄筋に加わる力 P_s は，

$$P_s = 2000 \times \frac{1}{9+1} = 200 \mathrm{kN}$$

となるので，求める鉄筋の応力度 σ_s は，

$$\sigma_s = \frac{200 \times 10^3}{4000} = 50 \mathrm{N/mm^2}$$

となり，選択肢からはこの段階で答えが決まる。なお，ばね定数を並列合成した全体のばね定数 k は，

$$k = k_c + k_s = 20 \times 10^5 \mathrm{N/mm}$$

これより，圧縮量 δ は，

$$\delta = \frac{2000 \times 10^3}{20 \times 10^5} = 1.0 \mathrm{mm}$$

以上より，正答は **5** となる。

No.3 の解説　棒の直列構造

棒全体を見ると，自然長 $2L$ の棒に荷重 P を加えたら $\varDelta L$ 伸びたので，ばね定数 k_{XY} は，

$$k_{XY}=\frac{P}{\varDelta L}$$

となるが，ばね定数の公式より，これは $\frac{E_{XY}A}{2L}$ に等しいので，

$$k_{XY}=\frac{P}{\varDelta L}=\frac{E_{XY}A}{2L}$$

$$\therefore\quad E_{XY}=\frac{2PL}{A\varDelta L}\quad\cdots\cdots㋐$$

一方，X のばね定数 k_X は $\frac{E_XA}{L}$，Y のばね定数 k_Y は $\frac{E_YA}{L}$ であり，ばねの直列合成の公式より，

$$\frac{1}{k_{XY}}=\frac{1}{k_X}+\frac{1}{k_Y}$$

ここに代入して（k_{XY} については E_{XY} は使えないので，最初の式を使う）

$$\frac{\varDelta L}{P}=\frac{L}{E_XA}+\frac{L}{E_YA}$$

$$\therefore\quad E_Y=\frac{1}{\frac{A\varDelta L}{PL}-\frac{1}{E_X}}\quad\cdots\cdots㋑$$

以上より，正答は **1** となる。

No.4 の解説　自重による伸び

[ア]について，下図のように下端から x の位置で切断して，力のつりあいから棒の軸力 N を求めると，x の位置より下側の部分の質量を m，重力加速度を g として，$mg = wAx$ なので，

$$N = P + wAx$$

となる。これを面積で割って，

$$\sigma_x = \frac{N}{A} = \frac{P}{A} + wx$$

これが[ア]に入る。

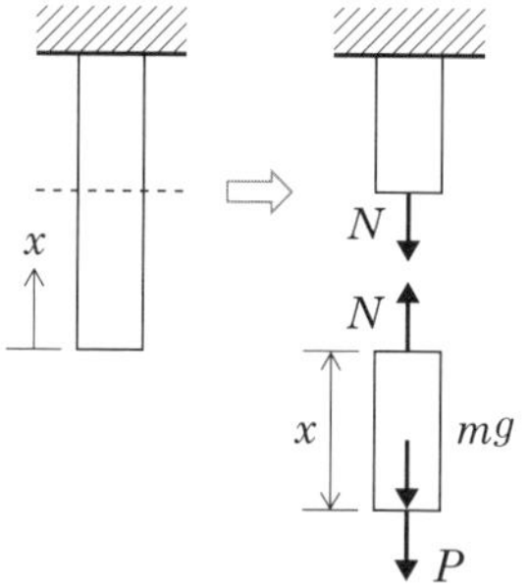

[イ]について，式②と式③を変形して，

$$du = \varepsilon_x dx = \frac{\sigma_x}{E}dx \quad \cdots\cdots [イ]$$

[ウ]と[エ]について，[イ]を[ア]の答えに代入して，

$$du = \left(\frac{P}{EA} + \frac{wx}{E}\right)dx$$

これを積分して，求める伸び δ は，

$$\delta = \int_0^{5a}\left(\frac{P}{EA} + \frac{wx}{E}\right)dx = \frac{5Pa}{EA} + \frac{25wa^2}{2E}$$

この右辺の第 1 項が[ウ]，第 2 項が[エ]に入る。

以上より，正答は**2**となる。

No.5 の解説 2 次元の問題

以下の 2 次元平面応力の公式に与えられた数値を代入すると，

$$\begin{pmatrix} \sigma_x \\ \sigma_y \end{pmatrix} = \frac{E}{1-\nu^2}\begin{pmatrix} 1 & \nu \\ \nu & 1 \end{pmatrix}\begin{pmatrix} \varepsilon_x \\ \varepsilon_y \end{pmatrix}$$

$$= \frac{200\times10^9}{1-\left(\dfrac{1}{4}\right)^2}\begin{pmatrix} 1 & 0.25 \\ 0.25 & 1 \end{pmatrix}\begin{pmatrix} 2.0\times10^{-3} \\ 4.0\times10^{-3} \end{pmatrix}$$

$$= \begin{pmatrix} 640 \\ 960 \end{pmatrix}\text{〔MPa〕}$$

以上より，正答は **3** となる。

なお，2 次元応力の公式は以下のようになる。2 次元の場合『技術系　新スーパー過去問ゼミ　土木』23 ページの「重要ポイント 4　ポアソン効果」と，軸方向の引張ひずみを重ね合わせれば全体のひずみとなるので，

$$\varepsilon_x = \frac{1}{E}\sigma_x - \frac{\nu}{E}\sigma_y$$

となる。y 方向のひずみも文字を逆にすればよいので，行列の形にまとめると，

$$\begin{pmatrix} \varepsilon_x \\ \varepsilon_y \end{pmatrix} = \frac{1}{E}\begin{pmatrix} 1 & -\nu \\ -\nu & 1 \end{pmatrix}$$

となる。この逆行列をとると，

$$\begin{pmatrix} \sigma_x \\ \sigma_y \end{pmatrix} = \frac{E}{1-\nu^2}\begin{pmatrix} 1 & \nu \\ \nu & 1 \end{pmatrix}$$

となる。この問題ではこの公式を使っている。

正答 No.1＝**2**　No.2＝**5**　No.3＝**1**　No.4＝**2**　No.5＝**3**

15

トラス⑴ (節点法)

補習問題

No.1 図のようなプラットトラスの部材 *L* における応力 (kN) の絶対値はいくらか。

【国家Ⅱ種 (農業土木)・平成18年度】

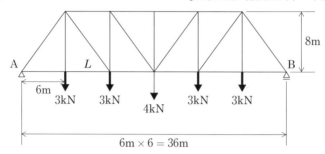

1   3
2   6
3   8
4   12
5   18

No.2 図のように，垂直な壁面に取り付けられたトラスの節点 A に鉛直方向に，節点 D に水平方向にそれぞれ 10kN の集中荷重が作用するときの，BC 間の部材 M の部材力の絶対値として最も妥当なのはどれか。

ただし，部材の自重は考慮しない。 【国家一般職（農業土木）・平成28年度】

1 13kN
2 19kN
3 25kN
4 31kN
5 37kN

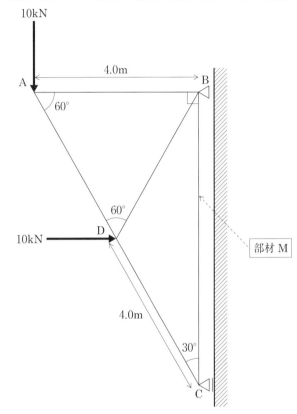

No.1 の解説 切断法（下弦材）

　荷重が左右対称にかかっているため，左右の支点反力は全荷重（$3+3+4+3+3=16\mathrm{kN}$）の半分の $8\mathrm{kN}$ である。ここで下弦材 L を含む次の一点鎖線に従って構造を切断して，左側の構造を考える。求める下弦材 L の応力を N_L として，他の軸力を消去するために，図の黒点 A を中心としたモーメントのつりあいを考える。

　　$N_L \times 8 = 6 \times 8$

　　$\therefore\quad N_L = 6\mathrm{kN}$

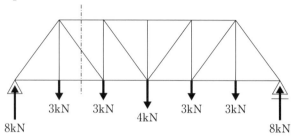

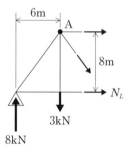

　以上より，正答は**2**である。

No.2 の解説 トラスの応用

　このトラスの上側は部材の数が多い。そのため，構造の下側に注目したほうが求めやすいと考えられる。そこで，下側支点の節点法をねらう。まず，下側支点反力を求める。これを R と置いて，上支点まわりのモーメントのつりあいを考えると，

$$R \times 4\sqrt{3} = 10 \times 4 + 10 \times 2\sqrt{3}$$

$$\therefore \quad R = \frac{10}{\sqrt{3}} + 5$$

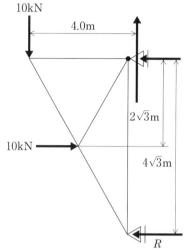

　次に下支点の節点について力のつりあいを考える。下節点に働く力を図示すると次のようになる。ただし，求める軸力を N とし，計算が複雑にならないよう，支点反力は R のままにした。

　連力図を描いて，その長さとして N を求めると，

$$N = \sqrt{3}R = 10 + 5\sqrt{3} \fallingdotseq 19\text{kN}$$

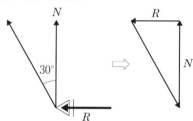

以上より，正答は **2** である。

正答 No.1＝**2**　No.2＝**2**

梁の支点反力

補習問題

No.1 図のラーメン構造物の上向き鉛直支点反力 V_A, V_B の大きさが等しいとき, H の大きさはいくらか。 【地方上級・平成22年度】

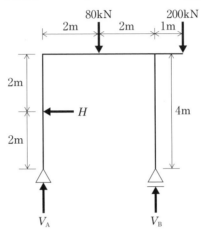

- **1** 100kN
- **2** 200kN
- **3** 300kN
- **4** 400kN
- **5** 500kN

補習問題 の 解説

No.1 の解説 静定ラーメン

鉛直方向の支点反力の大きさが等しいことと, 鉛直方向の力のつりあいから,

$$V_A = V_B = \frac{80 + 200}{2} = 140\text{kN}$$

Aまわりのモーメントのつりあいより,

$$H \times 2 + 140 \times 4 = 80 \times 2 + 200 \times 5$$

$$\therefore \quad H = 300\text{kN}$$

以上より, 正答は**3**となる。

正答 No.1＝3

梁の内力(1)

補習問題

No.1　図Ⅰのような梁に等分布荷重 q が作用するとき，点Bおよび点Cの曲げモーメントの組合せとして最も妥当なのはどれか。

ただし，梁の自重は無視できるものとし，曲げモーメントは図Ⅱの向きを正とする。

【国家一般職・平成30年度】

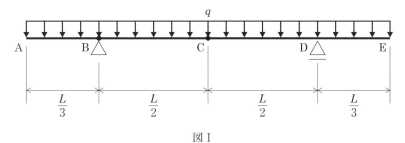

図Ⅰ

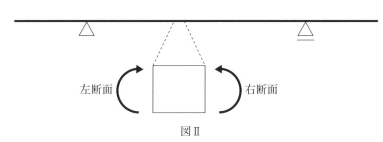

図Ⅱ

	点B	点C
1	$-\dfrac{qL^2}{18}$	$\dfrac{qL^2}{18}$
2	$-\dfrac{qL^2}{18}$	$\dfrac{qL^2}{72}$
3	$-\dfrac{qL^2}{18}$	$\dfrac{5qL^2}{72}$
4	$-\dfrac{qL^2}{32}$	$\dfrac{qL^2}{72}$
5	$-\dfrac{qL^2}{32}$	$\dfrac{5qL^2}{72}$

No.2 次のラーメン構造の DE 間のせん断力の大きさとして正しいのはどれか。

【市役所・平成26年度】

1 10kN

2 20kN

3 30kN

4 50kN

5 80kN

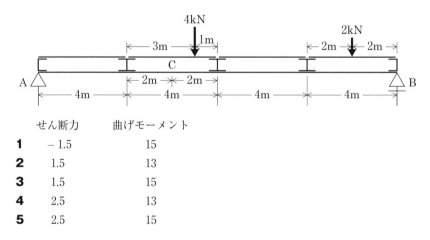

No.3 図のような間接荷重が作用する単純梁（ばり）において，C 点におけるせん断力（kN）および曲げモーメント〔kN·m〕の大きさの組合せとして妥当なのはどれか。

【国家Ⅱ種（農業土木）・平成19年度】

	せん断力	曲げモーメント
1	− 1.5	15
2	1.5	13
3	1.5	15
4	2.5	13
5	2.5	15

補習問題 の 解説

No.1 の解説 梁の内力・分布荷重

　左右の対称性から，支点反力の大きさは左右で同じで，梁の長さが $\dfrac{5}{3}L$

なので支点反力は $\dfrac{1}{2} \times q \times \dfrac{5}{3}L = \dfrac{5}{6}qL$ となる。これを元にせん断力図を描

くと下のようになる。せん断力図の（符号付きの）面積が曲げモーメントに

なるので，点 B の曲げモーメント M_B は AB 間の符号付き面積で，

$$M_B = -\frac{1}{2} \times \frac{qL}{3} \times \frac{L}{3} = -\frac{qL^2}{18}$$

　点 C の曲げモーメント M_C は AC 間の符号付き面積で，

$$M_C = \frac{1}{2} \times \frac{qL}{2} \times \frac{L}{2} - \frac{qL^2}{18} = \frac{5}{72}qL^2$$

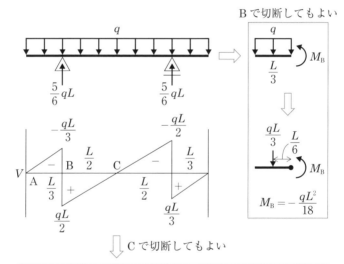

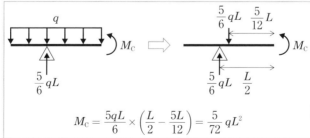

$$M_C = \frac{5qL}{6} \times \left(\frac{L}{2} - \frac{5L}{12} \right) = \frac{5}{72}qL^2$$

以上より，正答は **3** となる。

No.2 の解説 ラーメン・内力

　求める DE 間でラーメンを切断して，自由端側（D を含む側）について考える。せん断力は切断面に平行な方向であることに注意すると，図の V が求めるせん断力である。水平方向の力のつりあいより，

　　$V = 30\text{kN}$

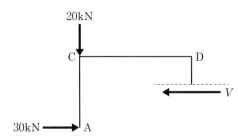

以上より，正答は **3** となる。

No.3 の解説 梁・間接荷重

　まず間接荷重について考える。直接荷重が加わっている梁は 4 つに分けられていて，天秤のつりあいに従って，下の梁に力が伝わっている。すなわち下の図のように力が加わる。ここで支点反力は図のように文字を置く。まずは支点反力を求める。B まわりのモーメントのつりあいより，

　　$R_\text{A} \times 16 = 1 \times 12 + 3 \times 8 + 1 \times 4 = 40$

　　$\therefore \quad R_\text{A} = 2.5\text{kN}$

　次に，C で切断して A を含む側（左側）について力とモーメントのつりあいを考える。C のせん断力は V，曲げモーメントは M とする。鉛直方向の力のつりあいより，

　　$V + 1 = 2.5$

　　$\therefore \quad V = 1.5\text{kN}$

　C まわりのモーメントのつりあいより，

　　$M + 1 \times 2 = 2.5 \times 6$

　　$\therefore \quad M = 13\text{kN·m}$

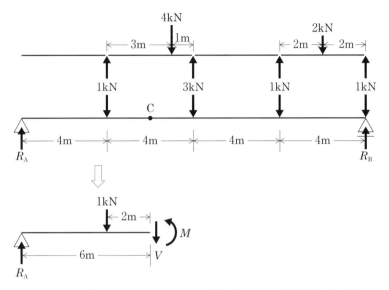

　なお，支点反力を求めるときには，間接荷重のことは考えず，荷重を一つ一つ分けて天秤のつりあいを使って，

$$R_A = 4 \times \frac{9}{16} + 2 \times \frac{2}{16} = 2.5 \text{kN}$$

としてもよい。

　以上より，正答は**2**となる。

正答 No.1＝**3**　No.2＝**3**　No.3＝**2**

補習問題

No.1 図のように，等分布荷重および等変分布荷重が作用している梁のせん断力図の概形として最も妥当なのはどれか。

ただし，梁の自重は無視する。 【国家一般職・平成24年度】

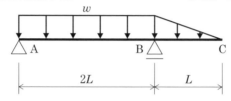

1

2

3

4

5

No.2 図Ⅰのように，点Dで自由に回転できるように支持され，また，点Bで単純に支持された長さ7mの梁に5N/mの等分布荷重および20Nの集中荷重が作用している。この梁のせん断力図（V図），曲げモーメント図（M図）を定性的に示した図の組合せとして最も妥当なのはどれか。

ただし，せん断力および曲げモーメントの向きは図Ⅱの向きを正とする。

【国家Ⅰ種（機械）改題・平成23年度】

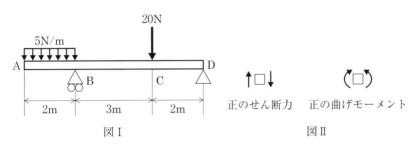

正のせん断力　　　正の曲げモーメント

図Ⅰ　　　　　　　　　　　図Ⅱ

1
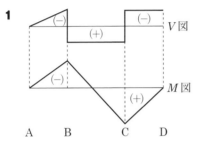

2
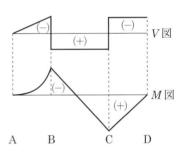

3
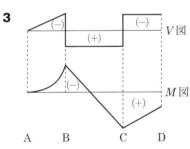

4
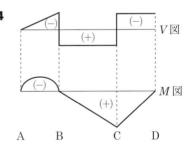

5
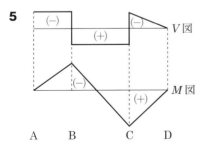

No.3 図のような集中荷重が作用している構造物の曲げモーメント図の概形として正しいのはどれか。

【国家Ⅱ種・平成12年度】

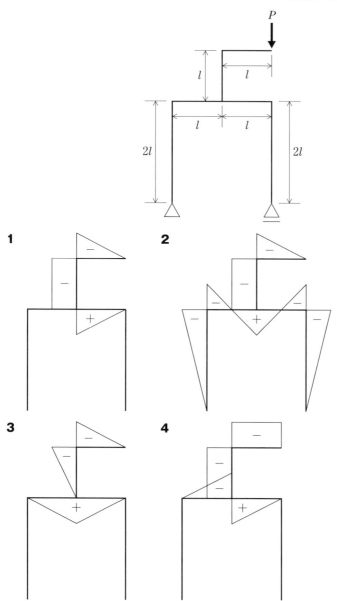

5

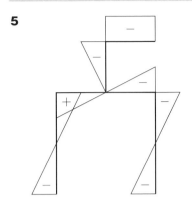

No.4 下のラーメン構造物の曲げモーメント図として正しいのはどれか。

【地方上級・平成27年度】

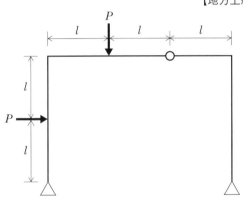

1    **2**    **3**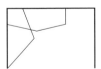

4 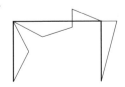   **5**

No.5 図のようなラーメンに水平力が作用している。このラーメンの曲げモーメント図の概形として最も妥当なのはどれか。

ただし，構造物の自重は無視する。また，曲げモーメントの分布は引張応力が発生する側に描くものとする。　【国家総合職・平成24年度】

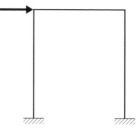

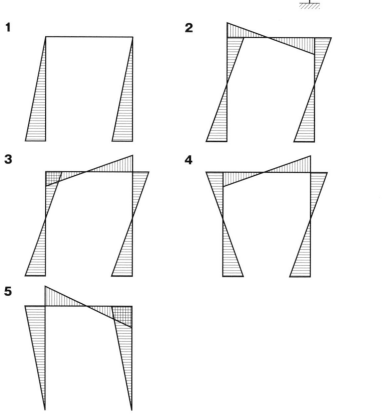

No.6 図のようなラーメン構造物に集中荷重 P が作用するとき，せん断力図と曲げモーメント図の組合せとして正しいのはどれか。

ただし，A 点は固定支点，C 点は可動支点であり，部材の弾性係数，断面二次モーメントは一定とする。 【国家Ⅱ種（農業土木）・平成10年度】

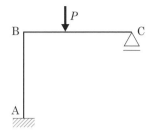

せん断力図　　　　曲げモーメント図

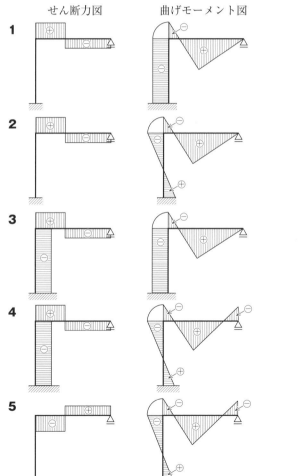

No.1 の解説　梁の V 図

　図は上側に＋をとっているので，左から梁を見て，荷重の向きにせん断力が変化する。したがって，支点反力の加わる支点で不連続となる以外は，常にせん断力は（荷重の加わる）下向きでなければならない。このようになっているのは選択肢**1**のみである。**2**では，等変分布荷重（三角形分布荷重）の部分で，選択肢の図が上がっている。

No.2 の解説　梁の内力・集中モーメント

　せん断力図が荷重と対応していない選択肢**5**は不適切である。また，残りについても不正解の選択肢は次の点が誤っている。

1．AB 間で荷重が等分布荷重であるが，M 図が 2 次関数になっていない。

3．点 D で $M = 0$ となっていない。

4．AB 間でせん断力が（－）なのに曲げモーメントが増加している部分がある。

　以上より，正答は**2**となる。

No.3 の解説　ラーメンの M 図

　右支点の反力は鉛直方向のみであるので，右縦部材は $M = 0$ である。したがって，選択肢**2**，**5**は不適切である。

　次に張出部から曲げモーメント図を描くと，自由端では $M = 0$ であり（**4**は不適切），水平部材では荷重の付け根方向である上方向に図が伸びていく。一方，鉛直部材では，力の作用線との距離が一定のままなので，曲げモーメントは一定である（**3**は不適切）。以上で残ったのは**1**となる。

　なお，その他のポイント等については次の図を参考にしてもらいたい。

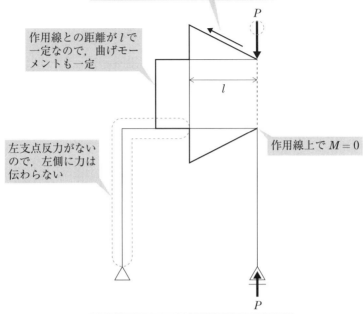

M図は自由端から付け根側に向かう

作用線との距離が l で
一定なので，曲げモー
メントも一定

左支点反力がない
ので，左側に力は
伝わらない

作用線上で M = 0

支点は単純梁と同じ組合せなので
天秤のつりあいが成立→左支点反力は 0

No.4 の解説 ラーメンの M 図

　選択肢**2**，**3**，**4**については曲げモーメントの性質と荷重との対応からす
ぐに誤りと判断できる。

2.　荷重のないところで
M図が折れている

3.　集中モーメントのないところで
M図が不連続になっている

4. 集中モーメントのないところで
M図が不連続になっている

曲げモーメントが角で
不連続になっている

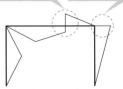

　残りの**1**, **5**は左上の角の部分のみが違っている。もし**5**のように $M = 0$ になるとした場合，ここをヒンジに変えてもラーメンの左上の角度変化がない，あるいは，内力に変化がないためラーメンの変形に変化がないことになる。これは不自然なので**1**が正答とわかる。

　ただし，この判断は実戦的ではあるが，確実ではないと感じる人もいるであろう。この場合，左上の曲げモーメントの値を求めることになる。そのため，まずは支点反力を求める。まずは荷重の加わっていないヒンジより右側部分について取り出すと，(荷重がないため)右支点反力はヒンジを向くので，次図左のように支点反力を置くことができる。

　次にラーメン全体について考える。支点反力は，鉛直方向，水平方向の力のつりあいを考慮して次図右のように置くことができる。左支点まわりのモーメントのつりあいより，

$$2X \times 3l = P \times l + P \times l \qquad \therefore \quad X = \frac{P}{3}$$

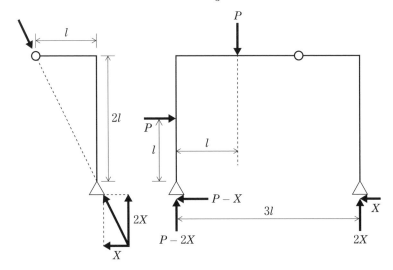

これより，左上隅のモーメントは $M = (P - X) \times 2l - P \times l = \dfrac{Pl}{3} \neq 0$ となる。よって**1**が正答と判断できる。なお，M図は次のとおりである。

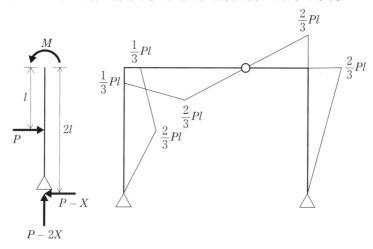

No.5 の解説　不静定ラーメンの M 図

　簡単に考えると，すべての支点，角が剛結であるので，部材の途中で $M = 0$ となるように変形が起きる。これに加えて，角で曲げモーメントが連続しているのは選択肢**3**しかない。なお，この荷重と曲げモーメント図はそのまま覚えてもよい。

　なお，誤りの選択肢については，以下の点が誤っている。

1．水平部材で $M = 0$ なので，変形せずに直線になる。

2，**4**．角で曲げモーメントが不連続。

5．力の加わり方が逆。または支点で $M = 0$ となってしまう。

No.6 の解説　不静定ラーメンの M 図

　右支点には水平反力はないので，水平方向の力のつりあいより，左支点（固定端）にも水平反力はない。したがって，左縦部材にはせん断力はなく，これより，左縦部材の曲げモーメントは一定である。なぜなら，左縦部材の曲げモーメント図が右上か左上に向かうとするなら，その方向に水平反力の付け根側があることになるからである。

　以上より，正答は**1**となる。

正答　No.1＝**1**　No.2＝**2**　No.3＝**1**　No.4＝**1**　No.5＝**3**　No.6＝**1**

梁の断面量

補習問題

No.1 図 I, II, III に示す断面の x 軸に関する断面 2 次モーメントの大小関係を正しく表しているのはどれか。

ただし, III は中空断面とする。

【国家 II 種・平成10年度】

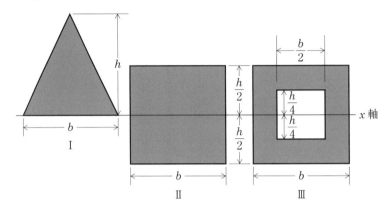

1 $\text{I} = \text{II} > \text{III}$

2 $\text{I} > \text{II} > \text{III}$

3 $\text{II} = \text{III} > \text{I}$

4 $\text{II} > \text{I} > \text{III}$

5 $\text{III} > \text{I} = \text{II}$

No.2 図のような正方形 A と，それと同面積の図形 B について，それぞれの図の図心を通り上下の辺に平行な軸 X に対する断面 2 次モーメントをそれぞれ I_A，I_B とするとき，その比 $\dfrac{I_B}{I_A}$ の値として最も妥当なのはどれか。

【国家Ⅱ種（農業土木）・平成23年度】

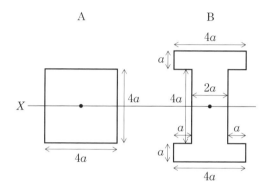

1 $\dfrac{19}{9}$

2 $\dfrac{23}{8}$

3 $\dfrac{16}{5}$

4 $\dfrac{27}{6}$

5 $\dfrac{32}{3}$

No.3 図のように，曲線 $y = 4x^2$ と直線 $y = 4$ で囲まれた図形の x 軸に関する断面２次モーメント I_x と，図心の y 座標 y_G を正しく組み合わせているのはどれか。

【国家Ⅱ種・平成12年度】

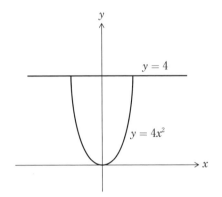

	I_x	y_G
1	$\dfrac{64}{7}$	$\dfrac{6}{5}$
2	$\dfrac{64}{7}$	$\dfrac{12}{5}$
3	$\dfrac{128}{7}$	$\dfrac{6}{5}$
4	$\dfrac{256}{7}$	$\dfrac{6}{5}$
5	$\dfrac{256}{7}$	$\dfrac{12}{5}$

No.4 図のような断面 A，B，C の図心を通る x 軸に対する断面２次モーメントの大小関係として最も妥当なのはどれか。

なお，C は円形の中空断面である。　　　　　　　　　【国家一般職（改題）・平成25年度】

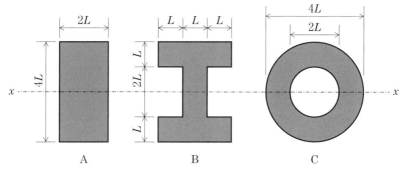

A　　　　　　　　B　　　　　　　　C

1 A < B < C

2 A < C < B

3 B < A < C

4 C < A < B

5 C < B < A

No.5 図のように，半径が r の円断面から，幅 b，高さ h の長方形断面を作り，断面係数が最大になるようにしたとき，h は b の何倍になるか。

【地方上級・平成28年度】

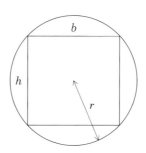

1 1倍

2 $\sqrt{2}$ 倍

3 $\sqrt{3}$ 倍

4 1.5倍

5 2倍

No.1 の解説 断面２次モーメント

Ⅰについて，平行軸の定理を使う（下図）。図心から底辺までは $\dfrac{h}{3}$ 離れて

いること，三角形の面積が $\dfrac{bh}{2}$ であること，および三角形の図心軸まわりの

断面２次モーメントから，断面２次モーメントは，

$$\text{Ⅰ} = \frac{bh^3}{36} + \frac{bh}{2} \times \left(\frac{h}{3}\right)^2 = \frac{bh^3}{12}$$

Ⅱについて，長方形の図心軸まわりの断面２次モーメントの公式より，

$$\text{Ⅱ} = \frac{bh^3}{12}$$

Ⅲについて，外側の四角形から内側の四角形を引く。なお，内側と外側の
図心軸がどちらも x 軸であることは確認しておくこと。図心軸が一致してい
ないと引き算はできない。

$$\text{Ⅲ} = \frac{bh^3}{12} - \frac{1}{12}\left(\frac{b}{2}\right)\left(\frac{h}{2}\right)^3 = \frac{5}{64}bh^3 < \frac{bh^3}{12}$$

以上からⅠ＝Ⅱ＞Ⅲとなり，正答は **1** である。

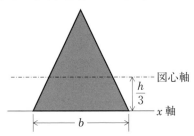

No.2 の解説 断面２次モーメント

上下の対称性からどちらも図心軸は中央高さにある。Ａの断面２次モーメ
ント I_A は，基本図形の公式から，

$$I_A = \frac{(4a)^4}{12} = \frac{64}{3}a^4$$

Ｂについて，断面２次モーメントの定義式

$$I = \int r^2 b(r)\,dr$$

をみると，軸からの距離 r と幅 b が変わらなければ断面２次モーメントは変
化しない。そこで，中央の細い部分（「ウェブ」という）を横に平行移動して，
コの字断面に変化させる。コの字断面は外側の四角形から内側の四角形を引

き算して求める。いずれも図心軸が中央高さにあることに注意する。

したがって，求める断面2次モーメント I_B は，

$$I_B = \frac{4a(6a)^3}{12} - \frac{2a(4a)^3}{12} = \frac{184}{3}a^4$$

これより，

$$\frac{I_B}{I_A} = \frac{23}{8}$$

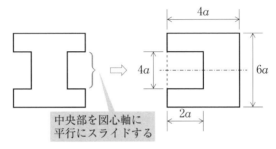

中央部を図心軸に
平行にスライドする

以上より，正答は**2**となる。

なお，この手法は平行四辺形の断面2次モーメントの計算でも使うことができる。下の平行四辺形の図の図心軸まわりの断面2次モーメントは，

$$I = \frac{1}{12}bh^3$$

となる。

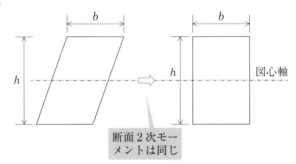

断面2次モー
メントは同じ

まず断面 2 次モーメントを求める。断面 2 次モーメントの定義によると，断面 2 次モーメント I は，

$$I = \int y^2 b(y)\, dy$$

で計算できる。ここで y は軸からの距離（ここでは x 軸からの距離），$b(y)$ は断面幅である。図を参考にすると，

$$b(y) = 2x = \sqrt{y}$$

となる。したがって，

$$I_x = \int_0^4 y^2 \sqrt{y}\, dy = \int_0^4 y^{\frac{5}{2}}\, dy = \left[\frac{2}{7} y^{\frac{7}{2}} \right]_0^4 = \frac{2}{7} 8 = \frac{256}{7}$$

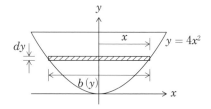

次に図心高さを求める。ここでは幅を力にたとえ，これを 1 つの集中荷重にまとめたいと考える。そのために x 軸まわりのモーメントを計算する。幅 $b(y)$ が作るモーメントは，腕の長さが y なので $b(y) \cdot y$ となる。これを合計＝積分すれば全モーメントとなる。これを J と置くと，

$$J = \int_0^4 y \times b(y)\, dy = \int_0^4 y^{\frac{3}{2}}\, dy = \left[\frac{2}{5} y^{\frac{5}{2}} \right]_0^4 = \frac{2^6}{5} = \frac{64}{5}$$

一方，全合力 A は幅を積分して（単純に断面積を計算してもよい），

$$A = \int b(y)\, dy = \int_0^4 \sqrt{y}\, dy = \left[\frac{2}{3} y^{\frac{3}{2}} \right]_0^4 = \frac{2^4}{3} = \frac{16}{3}$$

したがって，求める図心は，モーメントが等しくなるように決めると，

$$A \times y_0 = J$$

$$\therefore \quad y_0 = \frac{J}{A} = \frac{12}{5}$$

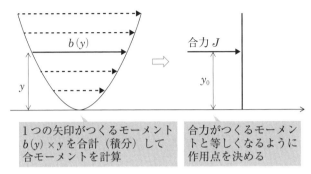

| 1つの矢印がつくるモーメント $b(y) \times y$ を合計（積分）して 合モーメントを計算 | 合力がつくるモーメントと等しくなるように 作用点を決める |

以上より，正答は**5**となる。

なお，上で計算した J は，x 軸まわりの断面1次モーメントそのものである。また，国家総合職試験など途中過程の記述が必要な場合には，全モーメントの計算で，微小厚さ dy を掛けて，$yb(y)dy$ を合計すると正確に記述すること。

Aについて，基本図形の断面2次モーメントの公式より，

$$\frac{2L(4L)^3}{12} = \frac{32}{3}L^4 \fallingdotseq 10.7L^4$$

Bについて，中央部分（ウェブ）を軸に平行に右に移動してコの字型にしてから計算する（下図）。外側の長方形から内側の長方形を引き算して，

$$\frac{3L(4L)^3}{12} - \frac{2L(2L)^3}{12} = \frac{44}{3}L^4 \fallingdotseq 14.7L^4$$

Cについて，外側の円から内側の円を引いて，

$$\frac{\pi(4L)^4}{64} - \frac{\pi(2L)^4}{64} = \frac{15\pi}{4}L^4 \fallingdotseq 11.8L^4$$

大小関係はA＜C＜Bとなる。

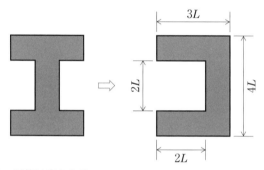

以上より，正答は**2**となる。

No.5 の解説 断面係数

三平方の定理から,

$$b^2 + h^2 = (2r)^2$$

この条件の下で断面係数 $Z = \dfrac{1}{6} bh^2$ を最大化する。条件から,

$$h^2 = 4r^2 - b^2$$

これを代入して,

$$Z = \frac{1}{6} b(4r^2 - b^2) = \frac{1}{6}(4r^2 b - b^3)$$

これを微分して,

$$\frac{dZ}{db} = \frac{1}{6}(4r^2 - 3b^2) = 0$$

$$\therefore \quad b = \frac{2r}{\sqrt{3}}$$

条件式に代入して

$$h = \sqrt{4r^2 - \left(\frac{2r}{\sqrt{3}}\right)^2} = \frac{2\sqrt{2}r}{\sqrt{3}} = \sqrt{2}b$$

ラグランジュの未定乗数法を使う場合, 次の関数を考える。

$$f = \frac{1}{6} bh^2 + k(b^2 + h^2 - 4r^2)$$

各文字で偏微分して,

$$\frac{\partial f}{\partial b} = \frac{1}{6} h^2 + 2kb = 0$$

$$\therefore \quad \frac{1}{6} h^2 = -2kb$$

$$\frac{\partial f}{\partial h} = \frac{2}{6} bh + 2kh = 0$$

$$\therefore \quad \frac{2}{6} bh = -2kh$$

辺ごと割り算して

$$\frac{h^2}{2bh} = \frac{-2kb}{-2kh} = \frac{b}{h}$$

$$\therefore \quad \frac{h}{b} = \sqrt{2}$$

以上より, 正答は**2**となる。

正答 No.1＝1 No.2＝2 No.3＝5 No.4＝2 No.5＝2

梁の断面内応力

補習問題

No.1 図Iのように，長さ **6.0m** の単純梁に，**10kN/m** の等分布荷重が作用している。単純梁の断面は図Ⅱのような幅 **30cm**，高さ **50cm** の一様な長方形断面である。このとき，単純梁の断面の下縁に生じる引張応力度が最大となる位置と引張応力度の最大値の組合せとして最も妥当なのはどれか。

ただし，梁の自重は無視できるものとする。

【国家一般職・平成28年度】

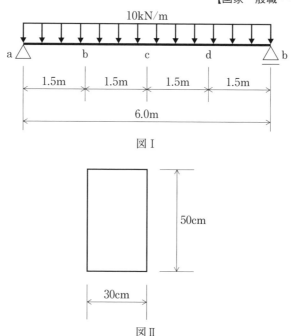

図I

図Ⅱ

	引張応力度が最大となる位置	引張応力度の最大値
1	点 b および点 d	3.6N/mm^2
2	点 b および点 d	7.2N/mm^2
3	点 c	1.8N/mm^2
4	点 c	3.6N/mm^2
5	点 c	7.2N/mm^2

No.2 図のように，半径 r の円を断面に持ち，床に固定されている短柱の図心 O から $\frac{2}{3}r$ 離れた点 A に，集中荷重 P を作用させた。この短柱の底面に生ずる引張応力度の最大値として最も妥当なのはどれか。

ただし，短柱の自重は無視する。また，半径 r の円の，図心を通る軸に関する断面 2 次モーメントは $\frac{\pi r^4}{4}$ である。　　　　　　　　【国家一般職・平成24年度】

1 $\dfrac{8P}{3\pi r^2}$

2 $\dfrac{5P}{3\pi r^2}$

3 $\dfrac{8P}{9\pi r^2}$

4 $\dfrac{2P}{3\pi r^2}$

5 $\dfrac{4P}{9\pi r^2}$

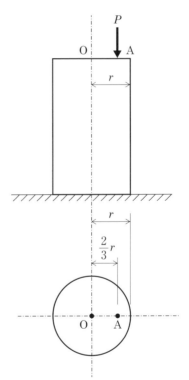

No.3 図のように，支間が **20m** で，幅 **340mm** の長方形断面を有した単純梁の点 C に，**564kN** の集中荷重が作用している。

今，この梁の断面高さ *h* を許容応力度設計法により決定する場合，*h* の最小値はいくらか。

ただし，この梁は部材軸方向に一様で，梁に使用されている材料の引張ならびに圧縮に対する基準強度をともに **235N/mm²** とし，安全率は **1.7** とする。また，梁の自重および座屈の影響は無視する。

追記：安全率が **1.7** とあるので，梁に生じる最大応力度を，基準強度の **1.7** 倍になるようにすること。 【国家Ⅱ種・平成15年度】

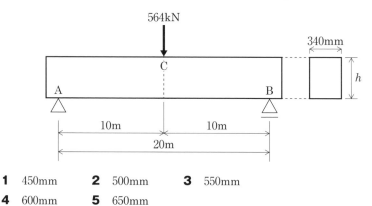

1	450mm	**2**	500mm	**3**	550mm
4	600mm	**5**	650mm		

No.4 図のような断面を持つ片持ち梁 **500N** の集中荷重が A 点から B 点方向に移動するとき，A 点からおよそいくら以上離れたときに断面が安全でなくなるか。

ただし，梁の許容曲げ応力は **10MPa**，許容せん断応力は **0.2MPa** とし，梁の自重は無視するものとする。 【国家Ⅱ種（農業土木）・平成12年度】

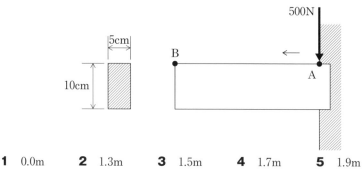

1	0.0m	**2**	1.3m	**3**	1.5m	**4**	1.7m	**5**	1.9m

補習問題 の **解説**

No.1 の解説 曲げ応力

曲げモーメントによる引張応力度は，曲げ応力の公式より，

$$\sigma = \frac{M}{I}y$$

この問題では，この公式で計算される最大値を求めればよい。I はどこでも等しく，与えられた長方形断面で計算する。y の最大値は断面の端で 25cm である。曲げモーメントの最大は，せん断力図，曲げモーメント図を下のように描いていけば，中央の点 c に生じる。

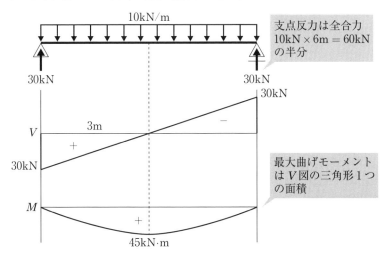

支点反力は全合力 $10\text{kN} \times 6\text{m} = 60\text{kN}$ の半分

最大曲げモーメントは V 図の三角形1つの面積

曲げ応力の公式に代入して，

$$\sigma_{\max} = \frac{45 \times 10^6}{\dfrac{300 \times 500^3}{12}} \times 250 = 3.6\text{N/mm}^2$$

計算ではすべて mm に直した。なお，図中の曲げモーメントの最大値は，V 図の左側の三角形の面積として求められる。

また，断面係数 Z を使った公式 $\sigma_{\max} = \dfrac{M}{Z}$ を使ってもよい。

以上より，正答は**4**となる。

偏心荷重を中心荷重に移す。これを横から見れば片持ち梁と同様になる。これを元に曲げ応力の公式を考える。

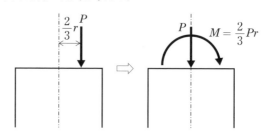

ここで，問われているのは「引張応力度」の最大であるが，加わっている軸力は「圧縮力」であるので，公式に代入するときには負にしなければならない。したがって，

$$\sigma_{max} = \frac{\frac{2}{3}Pr}{\frac{\pi r^4}{4}} \times r - \frac{P}{\pi r^2} = \frac{5P}{3\pi r^2}$$

以上より，正答は**2**となる。

支点反力は対称性から外力の半分の282kNであり，したがって，梁中央に生じる梁の最大曲げモーメントは，$282 \times 10 = 2820$kN·m $= 2820 \times 10^3 \times 10^3$N·mm $= 2820 \times 10^6$N·mm である。ここで曲げ応力の公式に代入すると，梁に生じる最大曲げ応力 σ は，

$$\sigma = \frac{2820 \times 10^6}{\frac{340h^3}{12}} \times \frac{h}{2} = \frac{36 \times 47 \times 10^6}{34h^2}$$

これが基準強度を安全率で割った $\dfrac{235}{1.7} = \dfrac{47 \times 50}{17}$ に等しければよいので，

$$\frac{36 \times 47 \times 10^6}{34h^2} = \frac{47 \times 50}{17}$$

$$\therefore \quad h = 600\text{mm}$$

以上より，正答は**4**となる。

9 梁の断面内応力

第1章 構造力学

No.4 の解説 | **断面内応力**

　まずせん断応力に対する安全性を検討する。梁に加わるせん断力は，荷重より固定端側で 500N で一定となる。梁の最大せん断応力 $\tau_{\max}$ は，せん断力を断面積で割った平均せん断応力の 1.5 倍なので，

$$\tau_{\max} = 1.5 \times \frac{500}{0.1 \times 0.05} = 1.5 \times 10^5 \mathrm{N/m} = 0.15 \mathrm{MPa}$$

　これは許容せん断応力より小さいので，梁はせん断応力に対しては安全である。

　次に曲げ応力に対する安全性を検討する。梁に加わる曲げ応力は固定端で最大で，固定端から荷重までの距離を x〔m〕とすると，最大曲げモーメントは $500x$〔N·m〕となる。したがって，最大曲げ応力は，

$$\sigma_{\max} = \frac{500x}{\dfrac{0.05 \times 0.1^3}{12}} \times \frac{0.1}{2} = 6x \,\text{〔MPa〕}$$

となる。したがって，$6x = 10$，つまり $x = 1.7\mathrm{m}$ になると断面は安全ではなくなる。

　以上より，正答は**4**となる。

正答　No.1＝4　No.2＝2　No.3＝4　No.4＝4

51

有名たわみの公式と組合せ梁

補習問題

No.1　図1，図2はともに曲げ剛性が EI で，長さが l の単純梁である。$P = wl$ の関係があるとき，図1の梁のたわみの最大値を δ_1，図2の梁のたわみの最大値を δ_2 とすると $\dfrac{\delta_2}{\delta_1}$ はいくらか。ただし，梁の自重は無視する。

なお，$0 \le x \le \dfrac{l}{2}$ で梁のたわみ y を表す式は，図1では，

$$y = -\frac{P}{12EI}x^3 + \frac{Pl^2}{16EI}x$$

図2では，

$$y = \frac{w}{24EI}x^4 - \frac{wl}{12EI}x^3 + \frac{wl^3}{24EI}x$$

となる。　　　　　　　　　　　　　　　　　【地方上級・平成27年度】

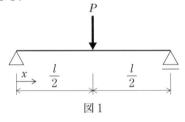

図1

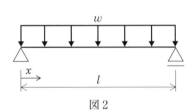

図2

1 $\dfrac{1}{8}$

2 $\dfrac{1}{4}$

3 $\dfrac{1}{2}$

4 $\dfrac{3}{8}$

5 $\dfrac{5}{8}$

No.2 図Ⅰのような長さ l の片持ち梁の自由端に集中荷重 P を作用させたとき，自由端のたわみは δ であった。次に図Ⅱのような，図Ⅰと材質，断面が同一で長さが $\dfrac{l}{2}$ の片持ち梁の自由端に集中荷重 $2P$ を作用させたときの自由端のたわみはどれか。

ただし，梁の曲げ剛性は一定とする。　　　　　　　　　　【市役所・平成26年度】

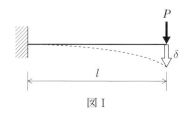
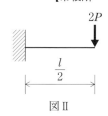

図Ⅰ　　　　　　　　　　図Ⅱ

1 $\dfrac{1}{4}\delta$　　**2** $\dfrac{1}{2}\delta$

3 δ　　**4** 2δ

5 4δ

No.3 図のような長さ $2l$ の片持ち梁の中央の点 C に集中モーメント M が加わっている場合の，自由端 B における鉛直変位を求めよ。

ただし，曲げ剛性 EI は一定とする。　　　　　　　　　　【独自問題】

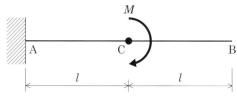

1 $\dfrac{Ml^2}{3EI}$　　**2** $\dfrac{Ml^2}{2EI}$

3 $\dfrac{2Ml^2}{3EI}$　　**4** $\dfrac{5Ml^2}{6EI}$

5 $\dfrac{3Ml^2}{2EI}$

No.4 図Ⅰのような，長さ $2L$ の単純梁の点 b をばね定数 k のばねで支えている構造において，点 b に鉛直集中荷重 P が作用したときの点 b のたわみ δ_b として最も妥当なのはどれか。

なお，図Ⅱのような長さ l の単純梁の点 e に鉛直集中荷重 P が作用したときのたわみ δ_e は次数で表されるものとする。

$$\delta_e = \frac{Pl^3}{48EI}$$

ただし，図Ⅰと図Ⅱの梁の断面は一様であり，断面2次モーメント，ヤング係数は等しく，それぞれ I，E とする。また，梁の自重は無視し，変位（たわみ）は微小であるものとする。 【国家一般職・平成29年度】

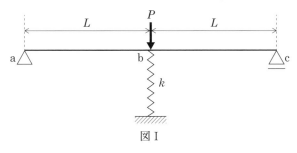

図Ⅰ

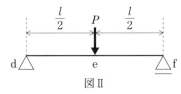

図Ⅱ

1 $\dfrac{PL^3}{6EI + L^3 k}$

2 $\dfrac{PL^3}{6EI + 2L^3 k}$

3 $\dfrac{PL^3}{48EI + L^3 k}$

4 $\dfrac{2PL^3}{6EI + L^3 k}$

5 $\dfrac{2PL^3}{48EI + L^3 k}$

補習問題 の 解説

No.1 の解説　単純梁のたわみ

　与えられた公式に代入しては計算が大変なので，覚えているたわみの公式を使う。すると，

$$\delta_1 = \frac{Pl^3}{48EI} = \frac{wl^4}{48EI}$$

$$\delta_2 = \frac{5wl^4}{384EI}$$

したがって，

$$\frac{\delta_2}{\delta_1} = \frac{5}{8}$$

以上より，正答は **5** となる。

No.2 の解説　片持ち梁のたわみ

　曲げ剛性を EI とする。片持ち梁のたわみの公式より $\delta = \dfrac{Pl^3}{3EI}$ となる。

　一方，図Ⅱについては，求めるたわみは，

$$\frac{2P\left(\frac{l}{2}\right)^3}{3EI} = \frac{Pl^3}{12EI} = \frac{\delta}{4}$$

以上より，正答は **1** となる。

梁を AC と CB に分けて考える。この場合，CB の内力はないので，CB はまっすぐである。

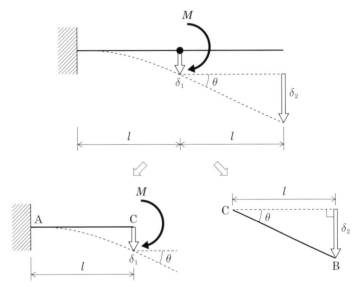

片持ち梁の公式より，

$$\delta_1 = \frac{Ml^2}{2EI}$$

$$\theta = \frac{Ml}{EI}$$

CB はまっすぐなので，$\tan\theta$ と近似して，

$$\delta_2 = l \times \theta = \frac{Ml^2}{EI}$$

したがって，求めるたわみ δ は，

$$\delta = \delta_1 + \delta_2 = \frac{Ml^2}{2EI} + \frac{Ml^2}{EI} = \frac{3Ml^2}{2EI}$$

以上より，正答は **5** となる。

No.4 の解説　組合せ梁

単純梁 ac のたわみの公式から，ac のばね定数を k_1 とすると，

$$k_1 = \frac{48EI}{(2L)^3} = \frac{6EI}{L^3}$$

これとばねが並列接合されているので，全体のばね定数を K とすると，

$$K = k_1 + k = \frac{6EI + L^3 k}{L^3}$$

したがって，求めるたわみを δ とすると，

$$\delta = \frac{P}{K} = \frac{PL^3}{6EI + L^3 k}$$

以上より，正答は **1** となる。

正答　No.1＝**5**　No.2＝**1**　No.3＝**5**　No.4＝**1**

11 不静定力法と単位荷重の定理

補習問題

No.1 図Ⅰのように均質な材料からなる長さ L の片持ち梁に集中荷重 P，曲げモーメント M が作用しているとき，梁の自由端におけるたわみの大きさは 0 であった。このとき，M の大きさとして最も妥当なのはどれか。

ただし，自重は無視できるものとする。

なお，図Ⅰと同一の曲げ剛性 EI の梁に，図Ⅱのように，梁の自由端に集中荷重 P' が作用すると，自由端におけるたわみおよびたわみ角はそれぞれ $\delta_{P'} = \dfrac{P'L^3}{3EI}$，$\theta_{P'} = \dfrac{P'L^2}{2EI}$ と表され，図Ⅲのように，自由端に曲げモーメント M' が作用すると，自由端におけるたわみおよびたわみ角はそれぞれ，$\delta_{M'} = \dfrac{M'L^2}{2EI}$，$\theta_{M'} = \dfrac{M'L}{EI}$ と表される。

【国家総合職（機械）・平成26年度】

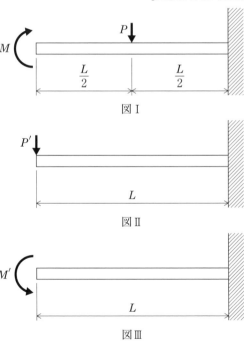

図Ⅰ

図Ⅱ

図Ⅲ

1 $\dfrac{1}{8}PL$　　**2** $\dfrac{1}{6}PL$　　**3** $\dfrac{5}{24}PL$　　**4** $\dfrac{1}{4}PL$　　**5** $\dfrac{7}{24}PL$

No.2 図のように，一端 B が固定で，他端 A で支持されている長さ l，曲げ剛性 EI の梁に等分布荷重 w を載荷した。この梁の支点 A における反力 R_A に関する次の記述の㋐，㋑に当てはまるものの組合せとして最も妥当なのはどれか。

「図のように，A 点から梁に沿って x 軸をとる。任意の点における曲げモーメントを $M(x)$ とすると，梁に蓄えられる弾性エネルギー U は，

$$U = \boxed{\quad ㋐ \quad}$$

で表され，A 点における鉛直変位は零であることから，

$$\frac{\partial U}{\partial R_A} = 0$$

である。したがって，支点 A における反力 R_A は，

$$R_A = \boxed{\quad ㋑ \quad}$$

となる」

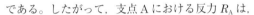

【国家Ⅱ種・平成18年度】

	㋐	㋑
1	$\displaystyle\int_0^l \frac{M(x)^2}{EI}dx$	$\dfrac{1}{3}wl$
2	$\displaystyle\int_0^l \frac{M(x)^2}{EI}dx$	$\dfrac{3}{8}wl$
3	$\displaystyle\int_0^l \frac{M(x)^2}{2EI}dx$	$\dfrac{1}{3}wl$
4	$\displaystyle\int_0^l \frac{M(x)^2}{2EI}dx$	$\dfrac{3}{8}wl$
5	$\displaystyle\int_0^l \frac{M(x)^2}{2EI}dx$	$\dfrac{5}{8}wl$

No.3 **図のような構造に対して，点 C に荷重 P が水平方向に作用するとき，点 C の水平変位の絶対値 δ_C を仮想仕事の原理を用いて求める。次の記述の㋐～㋔に当てはまるものの組合せとして最も妥当なのはどれか。**

ただし，部材の曲げ剛性 EI は一様とし，せん断変形および軸方向変形は無視する。また，部材の曲げモーメントの向きは，CB 区間の左側および BA 区間の下側が引張りとなる場合を正の向きとする。

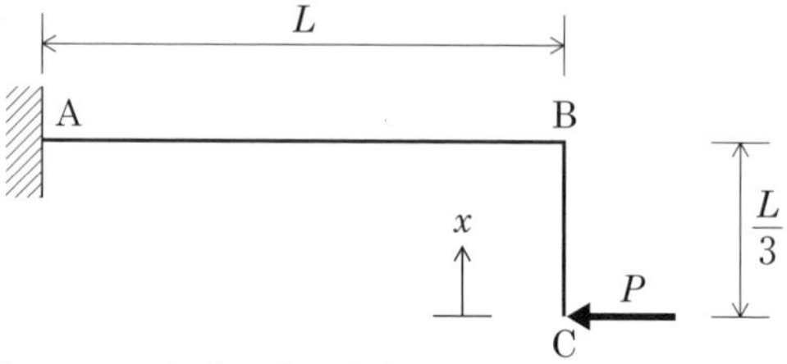

「CB 区間に関して，点 C から上方向に x だけ離れた位置における曲げモーメントは，

$M_{\mathrm{CB}} =$ [㋐]

となる。

また，BA 区間に関しては，曲げモーメントは一定であり，

$M_{\mathrm{BA}} =$ [㋑]

となる。

ここで，構造におけるある点の変位を求める場合，その変位 d は，実際に作用する荷重による曲げモーメントを M，ある点の求める変位の方向に仮想の単位荷重が作用する場合の曲げモーメントを m とすると，次式で表せる。

$$d = \int \frac{Mm}{EI} dx$$

点 C の水平方向に仮想の単位荷重が作用する場合の曲げモーメントは，

CB 区間：$m_{\mathrm{CB}} =$ [㋒]，　BA 区間：$m_{\mathrm{BA}} =$ [㋓]

となることから，上記の考え方を用いることにより，

$d_{\mathrm{C}} =$ [㋔]

となる」

【国家Ⅱ種・平成23年度】

	㋐	㋑	㋒	㋓	㋔
1	Px	0	x	0	$\dfrac{PL^3}{9EI}$
2	Px	0	x	0	$\dfrac{PL^3}{81EI}$
3	$-Px$	0	$-x$	0	$\dfrac{PL^3}{81EI}$
4	$-Px$	$-\dfrac{PL}{3}$	$-x$	$-\dfrac{L}{3}$	$\dfrac{PL^3}{9EI}$
5	$-Px$	$-\dfrac{PL}{3}$	$-x$	$-\dfrac{L}{3}$	$\dfrac{10PL^3}{81EI}$

No.4 図のようなゲルバー梁に鉛直荷重 P が作用したとき，点 A の鉛直反力 R_A と点 D の鉛直変位 δ_D の組合せとして最も妥当なのはどれか。

ただし，各部材の自重は無視でき，梁の曲げ剛性を EI とする。また，鉛直反力は上向きを正とする。 【国家総合職・平成30年度】

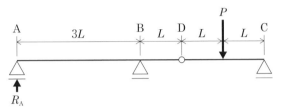

	R_A	δ_D
1	$-\dfrac{P}{6}$	$\dfrac{PL^3}{6EI}$
2	$-\dfrac{P}{6}$	$\dfrac{9PL^3}{16EI}$
3	$-\dfrac{P}{6}$	$\dfrac{2PL^3}{3EI}$
4	$\dfrac{P}{6}$	$\dfrac{PL^3}{6EI}$
5	$\dfrac{P}{6}$	$\dfrac{4PL^3}{9EI}$

No.5 図のように，等分布荷重 q_0 を受ける曲げ剛性 EI の梁がある。梁に生じるたわみ分布，曲げモーメント分布，およびせん断力分布を，ベルヌーイ・オイラー（Bernoulli-Euler）梁理論に基づくつりあい式と一般解

$$EIw''''(x) = q_0, \quad w(x) = \frac{q_0}{24EI}(x^4 + ax^3 + bx^2 + cx + d)$$

（a, b, c, d は定数）

を用いて求めるときに，$w(0) = 0$ のほかに考慮すべき境界条件のみをすべて挙げているのはどれか。

ただし，梁のたわみを w，梁の左端の座標を $x = 0$，右端の座標を $x = l$ とする。

【国家Ⅱ種・平成20年度】

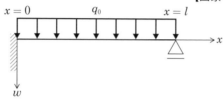

1 $-w'(0) = 0,\ w(l) = 0,\ -EIw''(l) = 0$

2 $-w'(0) = 0,\ -EIw'''(l) = \dfrac{q_0 l}{2},\ -EIw''(l) = 0$

3 $-w'(0) = 0,\ -EIw'''(0) = \dfrac{5q_0 l}{8}$

4 $-EIw''(0) = \dfrac{q_0 l^2}{8},\ w(l) = 0$

5 $-EIw''(0) = \dfrac{q_0 l^2}{8},\ w(l) = 0,\ -EIw'''(l) = \dfrac{q_0 l}{2}$

補習問題 の 解説

No.1 の解説 | 重ね合わせの原理

　荷重を分けて重ね合わせて考えると，荷重 P による下向きの自由端のたわみを，集中モーメントによる上向きの自由端のたわみでちょうど打ち消せば，自由端が動かないことになる。

　荷重 P によるたわみを δ_P とすると，

$$\delta_P = \frac{P}{3EI}\left(\frac{L}{2}\right)^3 + \frac{L}{2} \times \frac{P}{2EI}\left(\frac{L}{2}\right)^2 = \frac{5PL^3}{48EI}$$

モーメント M によるたわみを δ_M とすると，基本たわみの公式より，

$$\delta_M = \frac{ML^2}{2EI}$$

たわみが打ち消すことから，$\delta_P = \delta_M$ なので，

$$\frac{5PL^3}{48EI} = \frac{ML^2}{2EI}$$

$$\therefore \quad M = \frac{5}{24}PL$$

　以上より，正答は **3** となる。

No.2 の解説　不静定力法

ひずみエネルギーは次の式で定義されている。

$$U = \int_0^l \frac{M(x)^2}{2EI} dx$$

これが㋐に入る。

次に，支点反力については誘導を無視して，不静定力法で求める。

支点を取り除き，分布荷重 w と支点反力 R_A による A 点のたわみが打ち消すことで，A 点が移動しないで保たれていると考える。

w によるたわみ δ_w は，基本たわみの公式より，

$$\delta_w = \frac{wl^4}{8EI}$$

R_A によるたわみ δ_A も，基本たわみの公式より，

$$\delta_A = \frac{R_A l^3}{3EI}$$

この 2 つのたわみが打ち消しているので，

$$\frac{wl^4}{8EI} = \frac{R_A l^3}{3EI} \qquad \therefore \quad R_A = \frac{3}{8}wl$$

これが㋑に入る。以上より，正答は**4**となる。

ここで，設問で使われているカスティリアノの（第 2）定理を紹介しよう。上の㋐で定義されたひずみエネルギーを使うと，集中荷重 P が加わっている場合の，P の載荷点の，P と同じ方向のたわみ δ は次の式で計算できる。

$$\delta = \frac{\partial U}{\partial P}$$

これが本問で使われているカスティリアノの定理である。単位荷重の定理ももとはこの定理から証明されるが，単位荷重の定理と比べると，集中荷重がない場合の扱いが複雑で，積分と微分の両方が必要となるため計算量が多く，択一式試験には向かない。

問題の誘導どおりに計算していくと（詳細は省略する），本問の場合，

$$U = \frac{1}{2EI}\int_0^l \left(R_A x - \frac{w}{2}x^2\right)^2 dx = \frac{R_A^2}{2EI}\int_0^l x^2 dx - \frac{wR_A}{2EI}\int_0^l x^3 dx + \frac{w^2}{8EI}\int_0^l x^4 dx$$

となる。

ここで，A 点のたわみは 0 なので，カスティリアノの定理より，

$$\delta = \frac{\partial U}{\partial R_A} = \frac{R_A}{EI}\int_0^l x^2 dx - \frac{w}{2EI}\int_0^l x^3 dx = \frac{R_A l^3}{3EI} - \frac{wl^4}{8EI} = 0$$

となる。

これにより，たわみの基本公式の値が導かれるが，本試験ではたわみを覚えていれば不要である。

No.3 の解説　単位荷重の定理

問題の誘導をとりあえず無視して，たわみの㋔を求める。M図と$\overline{M}$図は下のようになる。

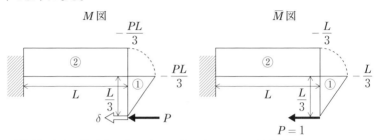

区間を分けて積分すると，次のようになるので，計算結果は，

$$\delta = \frac{1}{EI}\left(\frac{1}{3} \times \frac{PL}{3} \times \frac{L}{3} \times \frac{L}{3} + \frac{PL}{3} \times \frac{L}{3} \times L\right) = \frac{10PL^3}{81EI}$$

ただし，積分については，次のように区間を分けて積分をしている。

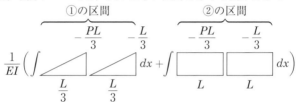

これだけで正答は**5**とわかる。

なお，設問では単位荷重の定理を実際に積分して求めるようになっている。設問では，$\overline{M}$ は m で表されている。上の図が描けていればほかの空欄も容易に埋まるが，符号に関しては，M図が引張側に描かれることに注意する。つまり，CB の左と BA の下側が引張側のときに正になると設問には書かれているが，上の図では，M図，$\overline{M}$ 図は CB の右，および BA の上に描かれているので負とする。

単位荷重の定理を使った場合に，積分が積分公式にない形となったときには，本問のように座標系を立てて関数を作って積分すると求めることができる。

支点反力 R_A を求める。そのために，ヒンジ D の左右で構造を分けて考え，まず CD，次に AD と天秤のつりあいを使うと，下図のようになる。CD 側は対称性から左右の支点反力は等しく，AD 側は張出し梁の形であるので，向きに注意すること。

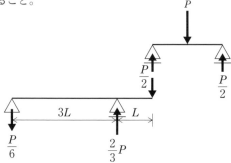

問題の指示では，上向きを正として A の支点反力を求めるので $R_A = -\dfrac{P}{6}$

となる。

次に D のたわみを求める。そのために M 図と $\overline{M}$ 図を描くと右のようになる。なお $\overline{M}$ 図について，D に加えた力は，AD，CD どちらに加わっていると考えてもよいが，仮にCD に加わったと考えても，すべて D の反力になるだけで，C には力は伝わらないことに注意すること。

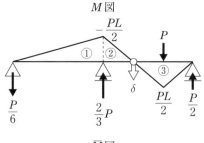

M図

これを区間に分けて積分する。このときに③は $\overline{M} = 0$ である。0 を積分しても 0 にしかならないので，ここは計算しなくてよい。

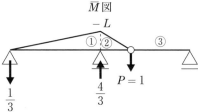

$\overline{M}$図

したがって，①，②と区間別に積分公式を使うと，

$$\delta = \frac{1}{EI}\left\{\frac{1}{3} \times \left(-\frac{PL}{2}\right) \times (-L) \times 3L + \frac{1}{3} \times \left(-\frac{PL}{2}\right) \times (-L) \times L\right\} = \frac{2PL^3}{3EI}$$

以上より，正答は**3**となる。

No.5 の解説　支配方程式

　この問題を通して，支配方程式について簡単にみておく。一般に，たわみ
を $w(x)$，分布荷重を $q(x)$ とし，曲げ剛性を EI で一定とすると，たわみは
次の微分方程式を解くことで求めることができる。

$$\frac{d^4 w}{dx^4} = \frac{q}{EI}$$

　また，たわみ角 θ，曲げモーメント M，せん断力 V については，

$$\theta = -\frac{dw}{dx} = -w'$$

$$w'' = \frac{d^2 w}{dx^2} = -\frac{M}{EI}$$

$$w''' = \frac{d^3 w}{dx^3} = -\frac{V}{EI}$$

が成立する（ただし，たわみ角の正負は符号の定義次第で変化する）。

　なお，時間のない公務員試験では，この微分方程式を解いて答えを出すと
いうことはほとんどない。

　今回の問題では，固定端の $x = 0$ で，たわみが 0 となるほかに，たわみ角
も 0 なので，$w(0) = 0$，$-w'(0) = 0$ となる。

　また，移動端の $x = l$ では，たわみと曲げモーメントが 0 なので，
$w(l) = 0$，$-EIw''(l) = 0$ となる。

　以上より，正答は **1** となる。

座屈

補習問題

No.1 **塑性崩壊に関する次の記述の[ア]，[イ]，[ウ]に当てはまるものの組合せとして最も妥当なのはどれか。**

ただし，部材の材料は完全弾塑性体であるとする。

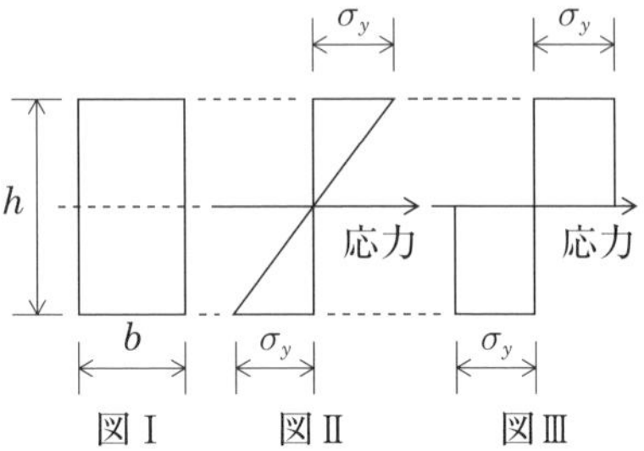

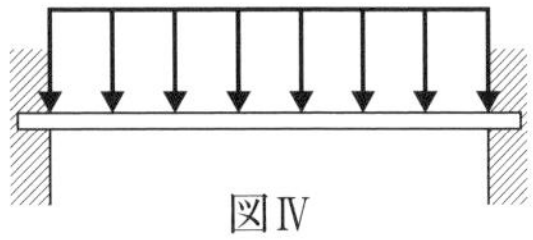

「図Ⅰの長方形断面を持つ部材に曲げモーメントを加えていくと，応力は曲げモーメントに比例して増加し，やがて図Ⅱのように外縁の応力が材料の降伏点 σ_y に達する。このときの曲げモーメントを降伏モーメント M_y と呼び，$M_y =$ [ア] である。

M_y を超えて曲げモーメントを加えると，断面の外縁から塑性域に入り，最後に図Ⅲのように全断面が塑性化してそれ以上曲げモーメントを増やせない限界に達する。このときの曲げモーメントを全塑性モーメント M_p と呼び，$M_p =$ [イ] である。

図Ⅳの等分布荷重が作用している両端固定梁では，荷重を増すとまず両端での曲げモーメントが [ウ] に達するが，この段階ではまだ安定な構造である。さらに荷重を増して，支間中央点での曲げモーメントが [ウ] になると，梁は3つのヒンジを持つ不安定な構造となって崩壊する。これらの崩壊現象を塑性崩壊と呼ぶ」

【国家Ⅱ種・平成18年度】

	㋐	㋑	㋒
1	$\frac{1}{6}bh^2\sigma_y$	$\frac{1}{4}bh^2\sigma_y$	M_p
2	$\frac{1}{6}bh^2\sigma_y$	$\frac{1}{4}bh^2\sigma_y$	M_y
3	$\frac{1}{3}bh^2\sigma_y$	$\frac{1}{2}bh^2\sigma_y$	M_p
4	$\frac{1}{2}bh^2\sigma_y$	$bh^2\sigma_y$	M_p
5	$\frac{1}{2}bh^2\sigma_y$	$bh^2\sigma_y$	M_y

No.2 柱に軸方向の圧縮力が働くとき，圧縮力が増加すると柱は座屈する。このとき，柱両端の支持条件により柱の座屈後の変形の様子が異なる。柱両端の支持条件と座屈後の変形を定性的に示した図として最も妥当なのはどれか。

　なお，実線は座屈後の変形，破線は圧縮力を加える前の柱の状態をそれぞれ表している。　　　　　　　　　　　　　　　　　　　　　　　　　　　　　　　【国家Ⅱ種・平成16年度】

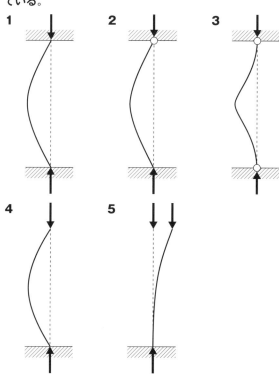

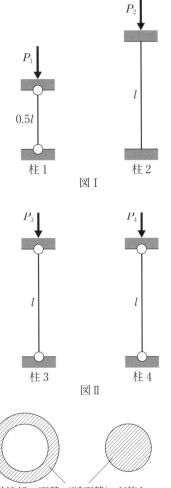

No.3 座屈荷重に関する次の記述の㋐, ㋑に当てはまるものの組合せとして最も妥当なのはどれか。

ただし, 柱の材質は同じで, いずれも線形弾性体であり, 柱の断面積もすべて等しいものとする。

「図Ⅰのような, 長さが $0.5l$ で両端ピン支持条件の柱1と, 長さが l で両端固定支持条件の柱2があり, 両者の断面形状は同一である。このとき, 柱1と柱2の座屈荷重 P_1, P_2 の大小関係は ㋐ である。

図Ⅱのような, 同一長さ l で両端ピン支持条件の柱3, 柱4がある。それぞれの断面形状は図Ⅲのように柱3が中空円, 柱4が中実円である。このとき, 柱3と柱4の座屈荷重 P_3, P_4 の大小関係は ㋑ である」

【国家Ⅱ種・平成20年度】

	㋐	㋑
1	$P_1 < P_2$	$P_3 = P_4$
2	$P_1 = P_2$	$P_3 = P_4$
3	$P_1 = P_2$	$P_3 > P_4$
4	$P_1 > P_2$	$P_3 = P_4$
5	$P_1 > P_2$	$P_3 > P_4$

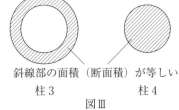

斜線部の面積（断面積）が等しい

柱3　　　　柱4

図Ⅲ

No.4 下の図の(a)，(b)について，座屈荷重を求めるときに用いる換算長（有効長さ）の比（a：b）として最も近いのはどれか。 　【市役所・平成25年度】

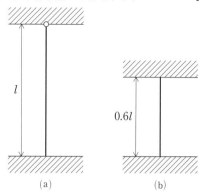

1 　5：3

2 　5：6

3 　7：3

4 　7：6

5 　10：3

No.5 図の長方形断面において，X-X′ 軸まわりの断面2次半径が，Y-Y′ 軸まわりの断面2次半径の2倍のとき，a は b の何倍か。 　【地方上級・平成20年度】

1 　8倍

2 　4倍

3 　2倍

4 　$\dfrac{1}{2}$ 倍

5 　$\dfrac{1}{4}$ 倍

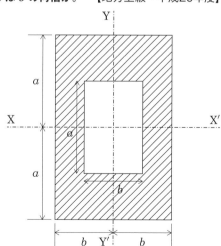

補習問題の解説

No.1 の解説　全塑性モーメント

[ア]について，図Ⅱのような塑性前の直線分布の応力の場合，曲げ応力の公式を使えばよい。ここでは長方形断面であるので，長方形断面の断面係数の公式を使って，梁の最大曲げ応力が降伏点 σ_y に等しいとすると，

$$\sigma_y = \frac{M_y}{\frac{bh^2}{6}} = \frac{6M_y}{bh^2} \qquad \therefore \quad M_y = \frac{1}{6}bh^2\sigma_y$$

これが[ア]に入る。

[イ]について，[ア]からさらに荷重が大きくなっても，完全弾塑性体では，応力は σ_y から大きくできないため，合力として大きな荷重を支えるため，降伏応力の範囲が増えていき，最後には断面全体が降伏する。これが図Ⅲの応力状態である。

これは等分布荷重であるので，以下のように集中荷重に直す。

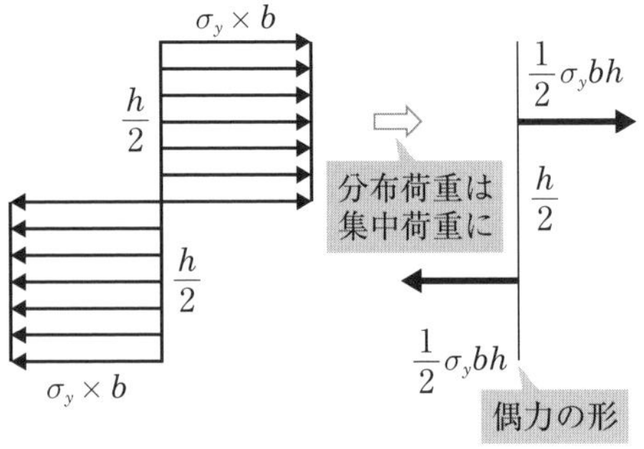

最後の偶力からモーメントを計算すると，これが全塑性モーメントで，

$$M_p = \frac{1}{2}\sigma_y bh \times \frac{h}{2}$$
$$= \frac{1}{4}\sigma_y bh^2$$

となる。これが[イ]となる。

[ウ]について，構造のある場所が[イ]の M_p に達すると，それ以上大きなモーメントをかけることができないので，その部分は折れ曲がってしまう。この折れ曲がった部分を「塑性ヒンジ」という。もっとも，図Ⅳは不静定構造であるので，1か所が折れ曲がっても，すぐに全体が崩壊するわけではない。

なお，曲げモーメントが M_y に達した時点では，まだ断面の上下端が塑性しただけで，その点が折れ曲がったわけではない。したがって，[ウ]には M_p が入る。

この様子を以下に示す。

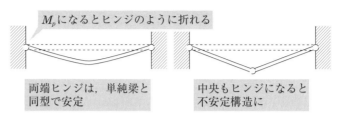

M_pになるとヒンジのように折れる

両端ヒンジは，単純梁と同型で安定

中央もヒンジになると不安定構造に

以上より，正答は**1**となる。

No.2 の解説 座屈

固定端では床に垂直になることに注意する。選択肢**1**の上下端，**2**の下端，**4**の下端はこの点でおかしい。

また，ヒンジは回転できるので垂直にならない。**3**の上下端はこの点でおかしい。

なお，**4**の自由端も移動しないのは不自然である。

以上より，正答は**5**となる。

No.3 の解説 座屈荷重

柱1と柱2では断面形，材質が同じなので，有効座屈長さの長いほうが座屈荷重は小さい。

柱1の有効座屈長も柱2の有効座屈長も $0.5l$ で等しいので，座屈荷重も等しい。したがって，$P_1 = P_2$ である。なお，この値は，曲げ剛性を EI として $\dfrac{\pi^2 EI}{(0.5l)^2}$ である。

次に柱3と柱4では断面形のみが異なっているので，断面2次モーメント I が大きいほうが座屈荷重が大きい。ところで，断面2次モーメントの定義式

$$I = \int y^2 b(y)\, dy$$

を考えると，同じ面積なら軸からの距離 y が大きいほうが断面2次モーメントは大きくなる。柱3と柱4では，柱3のほうが中心軸より遠い箇所にも断面が及んでいるため，断面2次モーメントは柱3のほうが大きい。したがって $P_3 > P_4$ である。

以上より，正答は**3**となる。

有効座屈長さの公式から,

$a : b = 0.7l : 0.3l = 7 : 3$

以上より, 正答は **3** となる。

No.5 の解説　断面2次半径

断面2次半径 r の定義は,

$$r = \sqrt{\frac{I}{A}}$$

である。I は断面2次モーメント, A は断面積である。

まず, X-X′軸まわりの断面2次半径を r_X とすると,

$$I = \frac{2b \cdot (2a)^3}{12} - \frac{ba^3}{12} = \frac{5ba^3}{4}$$

$$A = 2a \times 2b - ab = 3ab$$

となるので,

$$r_X = \sqrt{\frac{\frac{5ba^3}{4}}{3ab}} = \sqrt{\frac{5}{12}}\, a$$

Y-Y′軸まわりの断面2次半径 r_Y は, 上の a と b を逆にして,

$$r_Y = \sqrt{\frac{5}{12}}\, b$$

したがって, 設問の条件から

$$\frac{r_X}{r_Y} = \frac{a}{b} = 2$$

となるので, a は b の2倍である。

以上より, 正答は **3** となる。

補習問題

No.1 図のような単純梁の C 点における
せん断力の影響線と曲げモーメントの影響線
の組合せとして正しいのはどれか。

ただし，上段をせん断力，下段を曲げモーメントとする。

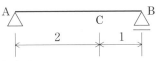

【国家Ⅱ種・平成13年度】

1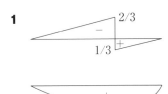

2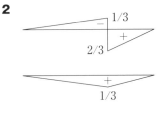

3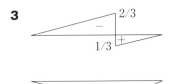

4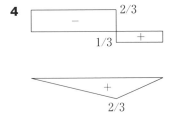

5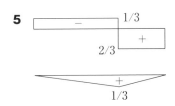

No.2 図Ⅰのように，長さ 50m の単純梁において，点 b のせん断力と曲げモーメントの影響線が示されている。図Ⅱのように，2 つの鉛直集中荷重が 5.0m の間隔で単純梁の点 a から点 c まで移動するとき，点 b に作用するせん断力の最大値と曲げモーメントの最大値の組合せとして最も妥当なのはどれか。

ただし，梁の自重は無視できるものとする。　　　　【国家一般職・平成28年度】

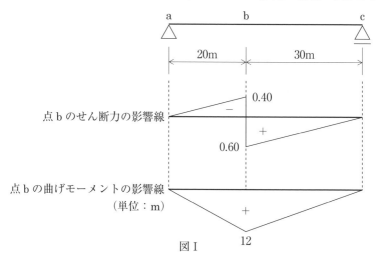

図Ⅰ

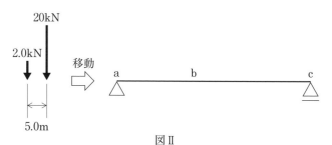

図Ⅱ

	せん断力の最大値	曲げモーメントの最大値
1	11.2kN	224kN·m
2	11.4kN	224kN·m
3	11.4kN	258kN·m
4	20.0kN	224kN·m
5	20.0kN	258kN·m

補習問題 の 解説

No.1 の解説 影響線図

　ミューラー・ブレスローの定理を考えると，せん断力はCで上下に1引き離したときの梁の形となる。A，Bの支点は動かしてはいけないので，選択肢**1**，**2**，**3**のいずれかの形となるが，Cの左右で平行でなければいけないので，**1**，**3**のいずれかである。平行でなければいけないのは，影響線図を描く場合には，Cで上下に引きはがす以外の変形を起こしてはならず，したがって，Cで梁の角度を変えてはいけないからである。

　また，曲げモーメントの影響線はCで折り曲げた形となるが，これは**3**の形であり，**1**の形は不適である。

　以上より，正答は**3**である。

No.2 の解説 影響線図と連行荷重

　せん断力，曲げモーメントともに最大となるのは，荷重の片方がbにかかっているときである。まずせん断力の最大値を考える。次図左のように，20kNの荷重がbに加わっているときには，20kNの荷重がbのやや左側にあるとき，

$$2 \times 0.3 + 20 \times 0.4 = 8.6\text{kN}$$

　bのやや右側にあるときには，20kNと2.0kNの符号が異なることから，

$$-2 \times 0.3 + 20 \times 0.6 = 11.4\text{kN}$$

　次に次図右のように，2.0kNの荷重がbに加わっている場合には，明らかにbのやや右にある場合が最大なので，

$$2 \times 0.6 + 20 \times 0.5 = 11.2\text{kN}$$

　したがって，最大値は11.4kNである。

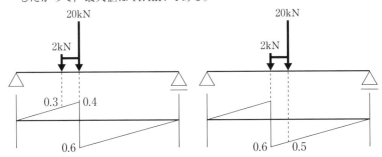

　次に曲げモーメントの最大値を考える。左下図のように，20kNの荷重がbに加わっているときには，

$$2 \times 9 + 20 \times 12 = 258\text{kN·m}$$

　右下図のように，2.0kNの荷重がbに加わっている場合には，

$$2 \times 12 + 20 \times 10 = 224\text{kN·m}$$

したがって，最大値は 258kN·m である。

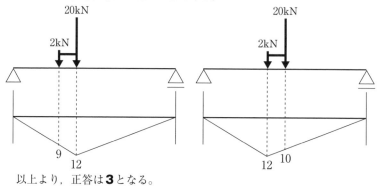

以上より，正答は **3** となる。

第2章

土質力学

土の基本的性質と有効応力の計算

補習問題

No.1 **土の基本的性質に関する記述㋐～㋓の正誤の組合せとして妥当なのはどれか。**

ただし，液性限界を w_L，塑性限界を w_p とする。　【国家Ⅱ種・平成14年度】

㋐ 液性限界とは，土が塑性状態から液状に移る限界の含水比で，土を直径約3mm のひも状にしてちょうどきれぎれになるときの含水比で表す。

㋑ 塑性限界とは，含水量をある量以下に減じてもその土の体積が減少せず，また，その量以上に増せば土の体積が増大するような限界点で，そのときの含水比で表す。

㋒ 塑性指数（I_p）とは，土が成形可能で塑性状態を保持しうる含水比の範囲を示すパラメータで，$I_p = w_L - w_p$ で定義される。

㋓ コンシステンシー指数（I_c）とは，その土が成形可能で，かつ塑性状態を保持しうる含水比の範囲に対して，現在の含水比 w が相対的にどの位にあるかを示すパラメータで，$I_c = \dfrac{w - w_p}{w_L - w_p}$ で定義される。

	㋐	㋑	㋒	㋓
1	正	正	誤	誤
2	正	誤	誤	正
3	誤	正	正	正
4	誤	誤	正	誤
5	誤	正	正	誤

No.2 **土の基本的性質に関する記述㋐～㋓の正誤の組合せとして最も妥当なのはどれか。**　【国家Ⅱ種・平成19年度】

㋐ 含水比は,土に含まれる水の質量の土全体の質量に対する百分率で与えられる。

㋑ 土が乾燥状態にあるときの飽和度は，100％である。

㋒ 水中（水浸）単位体積重量は，飽和単位体積重量より小さい。

㋓ 塑性図は，横軸に液性限界，縦軸に塑性指数をとったものである。

	㋐	㋑	㋒	㋓
1	正	正	誤	正
2	正	誤	正	誤
3	誤	正	正	誤
4	誤	正	誤	正
5	誤	誤	正	正

No.3 **土の締固めに関する次の記述の㋐，㋑，㋒に当てはまる語句の組合せとして正しいのはどれか。** 【国家Ⅱ種・平成13年度】

「ある一定のエネルギーの下で締固めを行うと，乾燥密度が最大になるような含水比が存在する。この含水比を最適含水比というが，土に与えられる締固めエネルギーが同一であれば，一般に細粒土に比べ，粗粒土のほうが最適含水比は[㋐]，また，締固め曲線が[㋑]なる。同じ土に対する最適含水比は，一般に締固めエネルギーが大きいほど[㋒]なる」

	㋐	㋑	㋒
1	低く	鋭く	低く
2	低く	平たく	高く
3	高く	平たく	低く
4	高く	鋭く	高く
5	高く	平たく	高く

No.4 **次は突固めによる土の締固め試験に関する記述である。A～Dに当てはまるものの組合せとして最も妥当なのはどれか。**

【国家Ⅱ種（農業土木）・平成22年度】

「突固めによる土の締固め試験では，[A]と呼ばれる容器の中に試料土を入れ，その上に[B]と呼ばれるおもりを規定の高さから繰り返し自由落下させて締固めを行う。この際，試料土の[C]を少なくとも6～8段階変化させて，締固め土の[C]と[D]の関係を調べる」

	A	B	C	D
1	カラー	モールド	含水比	乾燥密度
2	カラー	モールド	体積含水率	湿潤密度
3	モールド	カラー	体積含水率	湿潤密度
4	モールド	ランマー	含水比	湿潤密度
5	モールド	ランマー	含水比	乾燥密度

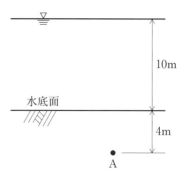

No.5 図のような地盤で，水底面から深さ 4m の点 A における鉛直方向の有効応力はおよそいくらか。

ただし，この土の飽和単位体積重量は 19kN/m³，水の単位体積重量は 10kN/m³ とする。　【国家Ⅱ種・平成23年度】

1 36kN/m²

2 76kN/m²

3 176kN/m²

4 190kN/m²

5 230kN/m²

No.6 図Ⅰのような広範囲に水平で一様な地盤において，地盤中の応力が静止土圧の状態にある。このとき，土要素は地下水位より上に存在し，土粒子比重 $G_s = 2.5$，間隙比 $e = 1$，含水比 $w = 20\%$ の湿潤状態にある。今，図Ⅱのように，地下水位が地表面から 2m の位置まで上昇し，土要素は飽和状態になった。さらに，図Ⅲのように，地下水位は地表面まで上昇し，地表面まで飽和状態になった。図Ⅰに示す土要素の鉛直応力，図Ⅱ，Ⅲに示す土要素の有効鉛直応力を，それぞれ σ_A，σ'_B，σ'_C とするとき，これら応力の大きさの比として最も妥当なのはどれか。

【国家総合職・平成26年度】

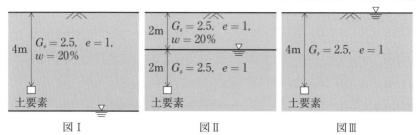

図Ⅰ　　　　　　　　　　図Ⅱ　　　　　　　　　図Ⅲ

$\sigma_A : \sigma'_B : \sigma'_C$

1 1 : 2 : 3

2 2 : 3 : 4

3 3 : 2 : 1

4 4 : 3 : 2

5 6 : 3 : 2

補習問題 の 解説

No.1 の解説　コンシステンシー

- **㋐✕** 塑性限界の説明である。
- **㋑✕** 収縮限界の説明である。
- **㋒○** 塑性指数の説明として正しい。
- **㋓✕** 前半の説明は正しいが，コンシステンシー指数の定義が誤っている。記述の式で表されるのは液性指数で，コンシステンシー指数は $I_c = \dfrac{w_L - w}{w_L - w_p}$ である。

　　　以上より，正答は**4**となる。

No.2 の解説　土の基本的性質

- **㋐✕** 土全体ではなく，土粒子の質量に対する百分率である。
- **㋑✕** 完全に乾燥状態にある場合の飽和度は0％である。100％のときは湿潤状態（飽和土）である。
- **㋒○** 正しい。飽和単位体積重量から水の単位体積重量を引いたのが水中単位体積重量である。
- **㋓○** 正しい。塑性図とは，記述にあるとおり，横軸に液性限界，縦軸に塑性指数をとったもので，土の分類に使われる。

　　　以上より，正答は**5**となる。

No.3 の解説　締固め曲線

　　締固め曲線が，粗粒土では細粒土よりも左上に，また，締固めエネルギーを増しても左上に移動することに注意してもらいたい。順に「低く」「鋭く」「低く」が入る。

　　以上より，正答は**1**となる。

No.4 の解説　締固め試験

　　締固め試験では，土を入れる容器を「モールド」という。また，数段階に分けて土を突き固める場合，モールドの上に枠を重ねて高さを高くする。この枠を「カラー」という。また，突き固めに使う棒を「ランマー」という。以上から，Aは「モールド」，Bは「ランマー」である。また，締固め試験は，含水比を変えてそれぞれの乾燥密度との関係を調べて，締固め曲線を描く。したがって，Cには「含水比」，Dには「乾燥密度」が入る。

　　以上より，正答は**5**となる。

　　直接有効応力を求める。水の重さは土粒子には伝わらず，すべて水圧となる。水底面より下にある土は飽和しており，この土の水中単位体積重量は $19 - 10 = 9\text{kN/m}^3$ である。この 4m 分の重さが有効応力となるので，求める有効応力は，

　　　$\sigma' = 9 \times 4 = 36\text{kN/m}^2$

　　なお，全応力は，

　　　$\sigma = 10 \times 10 + 19 \times 4 = 176\text{kN/m}^2$

　　間隙水圧は，

　　　$u = 10 \times 14 = 140\text{kN/m}^2$

であり，$176 - 140 = 36\text{kN/m}^2$ としても求めることができる。

　　以上より，正答は **1** となる。

No.6 の解説 有効応力と基本的物理量の計算

まず，地下水面より上の土の湿潤密度 ρ_t と，水中密度 ρ' を求める。なお，これらの値は図 I 〜図Ⅲで共通である。

まず湿潤密度について，含水比が与えられているので，含水比の公式 $w\rho_s = eSr\rho_w$ に値を代入する。ここでは仮に $\rho_s = G_s = 2.5$，$\rho_w = 1.0$ として，

$$20 \times 2.5 = 1 \times Sr \times 1$$

$$\therefore \quad Sr = 50\%$$

よって，湿潤密度の公式より，

$$\rho_t = \frac{\rho_s + \dfrac{eSr}{100}\rho_w}{1 + e} = \frac{2.5 + \dfrac{50}{100} \times 1}{1 + 1} = 1.5$$

次に，水中密度の公式より，

$$\rho' = \frac{\rho_s - \rho_w}{1 + e} = \frac{2.5 - 1.0}{1 + 1} = 0.75$$

となる。

以下，重力加速度を $g = 10$ としてそれぞれの応力を計算する。

A については，上に重さ $\rho_t g = 15$ の土が 4m 載っているので，

$$\sigma_A = 15 \times 4 = 60$$

B については，重さ 15 の土が 2m，有効重量 $\rho'g = 7.5$ の土が 2m 載っているので，

$$\sigma'_B = 15 \times 2 + 7.5 \times 2 = 45$$

C については，有効重量 7.5 の土が 4m 載っているので，

$$\sigma'_C = 7.5 \times 4 = 30$$

したがって，

$$\sigma_A : \sigma'_B : \sigma'_C = 60 : 45 : 30 = 4 : 3 : 2$$

以上より，正答は **4** となる。

正答 No.1＝4 No.2＝5 No.3＝1 No.4＝5 No.5＝1 No.6＝4

補習問題

No.1 一様な土壌に水を供給し続け，図に示す状態が継続しているとき，飽和した土壌の透水係数の値として最も妥当なのはどれか。

【国家一般職（農業農村工学）・平成28年度】

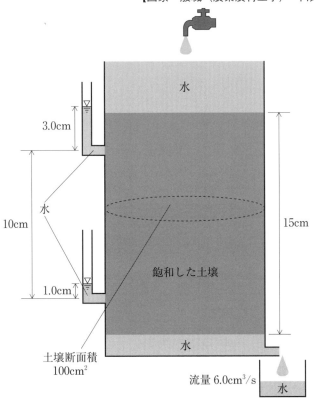

1　6.0×10^{-3}cm/s
2　3.0×10^{-2}cm/s
3　5.0×10^{-2}cm/s
4　1.8×10^{-1}cm/s
5　5.4×10^{-1}cm/s

No.2 図のように，断面積 100.0cm²，長さ 15.0cm の土試料を容器に詰めて変水位透水試験を行った。スタンドパイプの断面積は 1.0cm² である。1 時間にスタンドパイプ内の水面の高さと越流水槽内の水面の高さの差が 46.0cm から 23.0cm に減少したとき，土試料の透水係数の値はおよそいくらか。

ただし，越流水槽内の水面の高さは一定であるとし，$\log_e 2.0 = 0.693$ としてよい。

また，水温補正を考慮しなくてよい。

【国家総合職・平成24年度】

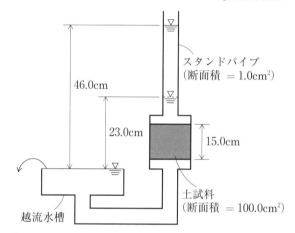

1 2.9×10^{-5} cm/s

2 3.7×10^{-5} cm/s

3 4.5×10^{-5} cm/s

4 5.2×10^{-5} cm/s

5 6.0×10^{-5} cm/s

図のように，礫質砂，砂，シルト質砂からなる土の飽和供試体があり，両端部の水頭差が H で保たれている。このとき，砂の両端 BC 間に作用する水頭差として最も妥当なのはどれか。

ただし，礫質砂の透水係数を $3k$，砂の透水係数を $2k$，シルト質砂の透水係数を k とする。　　　　　　　　　　　　　　　　　　　　【国家総合職・平成26年度】

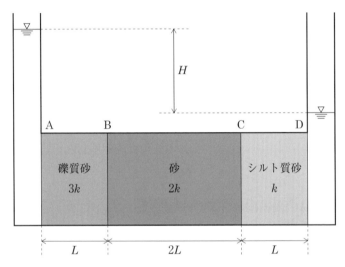

1 $\dfrac{1}{7}H$

2 $\dfrac{3}{7}H$

3 $\dfrac{5}{7}H$

4 $\dfrac{1}{7}L$

5 $\dfrac{3}{7}L$

補習問題 の 解説

No.1 の解説 ダルシーの法則

下図からわかるとおり，この土の計測している2点の水頭差は12cm，その間の透水距離は10cmなので，動水勾配は $i = \dfrac{12}{10} = 1.2$ である。

したがって，ダルシーの法則 $Q = kiA$ から，

$$k = \frac{Q}{iA} = \frac{6.0}{1.2 \times 100} = 5.0 \times 10^{-2}\,\mathrm{cm/s}$$

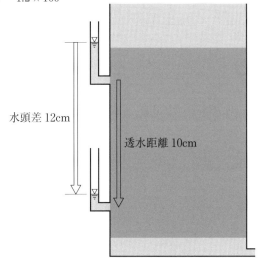

水頭差 12cm

透水距離 10cm

以上より，正答は**3**となる。

No.2 の解説 変水位透水試験

公式を導くため，一度スタンドパイプの断面積を a，土試料を断面積を A，長さを L と置いておく。水頭差は時間変化するので $h = h(t)$ とし，水面からスタンドパイプ下端の高さを h_a（定数）とする。また，最初の水頭差を h_0，最後の水頭差を h_1 とする。

まず流量を計算する。スタンドパイプ内の水の体積を V とすると，

$$V = a(h - h_a)$$

この水の減少速度が流量であるので（体積の時間微分が体積増加速度になることに注意して），求める流量 Q は，

$$Q = -\frac{dV}{dt} = -a\frac{dh}{dt} \qquad (a,\ h_a \text{は定数であることに注意})$$

第2章
土質力学

一方，ダルシーの法則より，

$$Q = kiA = k\frac{h}{L}A = \frac{kAh}{L}$$

以上2つの式より，

$$-a\frac{dh}{dt} = \frac{kAh}{L}$$

この微分方程式を変数分離法で解く。変形すると，

$$dt = -\frac{aL}{kA} \cdot \frac{dh}{h}$$

これを積分する。$t = 0$ で $h = h_0$，$t = T$ で $h = h_1$ として定積分すると，

$$\int_0^T dt = T = -\frac{aL}{kA}\int_{h_0}^{h_1}\frac{dh}{h} = \frac{aL}{kA}\ln\frac{h_0}{h_1}$$

$$\therefore \quad k = \frac{aL}{AT}\ln\frac{h_0}{h_1}$$

これが変水位透水試験の透水係数を表す式である。ここに本問の数値を代入すると，

$$k = \frac{1 \times 15}{100 \times 3600} \times 0.693 = 2.9 \times 10^{-5}\,\text{cm/s}$$

スタンドパイプ
断面積 a

h_0

h

h_a

L

土試料
断面積 A

越流水槽

変水位透水試験は，粘土など定水位透水試験よりも細かい土質で使われる透水試験である。公務員試験では，国家総合職または東京都などの記述式で出題されるが，計算問題としては国家一般職，地方上級ではほとんど出題されていない。出される可能性のある試験種を受ける場合には，上記の計算を覚えておく必要があるが，それ以外の人は，変水位透水試験がどのような試験であるかをこの問題を通して覚えてもらいたい。

以上より，正答は**1**となる。

No.3 の解説　ダルシーの法則

　AB 間の水頭差を h_{AB}，BC の水頭差を h_{BC}，CD の水頭差を h_{CD} と置く。そのうえで，それぞれの層についてダルシーの法則を使う。共通である断面積を A，流量を Q とする。

　AB について，

$$Q = 3k \frac{h_{\mathrm{AB}}}{L} A \qquad \therefore \quad h_{\mathrm{AB}} = \frac{QL}{3kA}$$

BC について，

$$Q = 2k \frac{h_{\mathrm{BC}}}{2L} A \qquad \therefore \quad h_{\mathrm{BC}} = \frac{QL}{kA}$$

CD について，

$$Q = k \frac{h_{\mathrm{CD}}}{L} A \qquad \therefore \quad h_{\mathrm{CD}} = \frac{QL}{kA}$$

これより，

$$h_{\mathrm{AB}} : h_{\mathrm{BC}} : h_{\mathrm{CD}} = \frac{QL}{3kA} : \frac{QL}{kA} : \frac{QL}{kA} = 1 : 3 : 3$$

$h_{\mathrm{AB}} + h_{\mathrm{BC}} + h_{\mathrm{CD}} = H$ であるので

$$h_{\mathrm{BC}} = \frac{3}{1+3+3} H = \frac{3}{7} H$$

である。

　以上より，正答は **2** となる。

第2章　土質力学

クイックサンド

補習問題

No.1 **図に示すような装置に砂が詰めてあり，装置の上流端と下流端の水位は常に一定に保たれている。水が定常状態で流れている場合，砂の上端から深さ z の点Aにおける平面に鉛直方向から作用する有効応力 σ_A' と，砂の液状化発生に対する安全率 F_s の組合せとして最も妥当なのはどれか。**

ただし，水の単位体積重量を γ_w，砂の水中単位体積重量を γ' とする。

【国家Ⅰ種・平成17年度】

	有効応力 σ_A'	安全率 F_s
1	$\gamma' z - \dfrac{\gamma_w z h}{L}$	$\dfrac{\gamma' L}{\gamma_w h}$
2	$\gamma' z - \dfrac{\gamma_w z h}{L}$	$\dfrac{\gamma_w h}{\gamma' L}$
3	$\gamma' z - \dfrac{\gamma_w z (b+h)}{L}$	$\dfrac{\gamma' L}{\gamma_w h}$
4	$\gamma' z - \dfrac{\gamma_w z (b+h)}{L}$	$\dfrac{\gamma_w (b+h)}{\gamma' L}$
5	$\gamma' z - \dfrac{\gamma_w z (b+h)}{L}$	$\dfrac{\gamma' L}{\gamma_w (b+h)}$

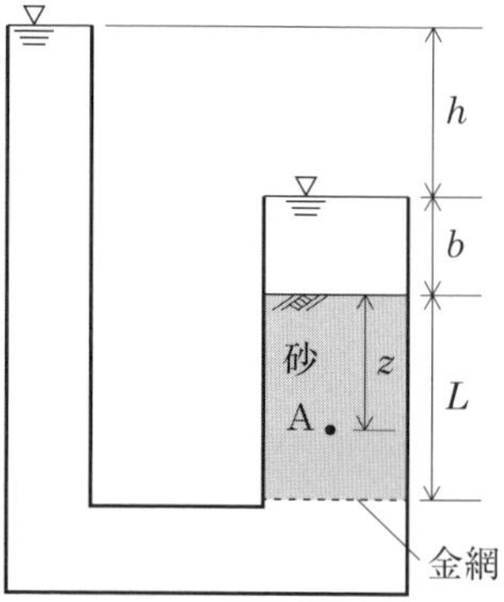

No.2 **土の毛管作用に関する次の記述の㋐，㋑に当てはまるものの組合せとして最も妥当なのはどれか。**

【国家Ⅱ種・平成22年度】

「不飽和状態にある土が，毛管作用によって水分を保持している力を土の [㋐] といい，[㋐] は土の含水比が [㋑] と増加する」

	㋐	㋑
1	ダイレイタンシー	上がる
2	浸透力	上がる
3	浸透力	下がる
4	サクション	上がる
5	サクション	下がる

補習問題 の 解説

No.1 の解説　クイックサンド

　有効応力は，A の上に載っている土の有効重量の合計であるが，この場合，上向きの透水力が加わるため，その分を引かなければならない。透水力の公式は単位長さ当たりであることに気をつける。

　まず，有効重量は単位長さ当たり γ' である。一方，動水勾配は，水位差が h，透水距離が L なので，$i = \dfrac{h}{L}$ である。したがって，透水力は単位長さ当たり $\gamma_w i = \dfrac{\gamma_w h}{L}$ である。A の上の土の長さが z であることから，有効応力は，

$$\sigma_{\mathrm{A}}' = \left(\gamma' - \frac{\gamma_w h}{L}\right)z = \gamma' z - \frac{\gamma_w z h}{L}$$

　一方，液状化つまりクイックサンドの安全率は，

$$F_s = \frac{i_c}{i} = \frac{\dfrac{\gamma'}{\gamma_w}}{\dfrac{h}{L}} = \frac{\gamma' L}{\gamma_w h}$$

以上より，正答は **1** となる。

No.2 の解説　毛管作用

　㋐には「サクション」が入る。毛管作用は水の表面張力によって，水が土粒子にしがみつくようにして，間隙中を上がっていく現象である。これと重力がつりあうことによって，土中の水分が保持されている。

　なお，毛管作用は含水比が下がると増加する（これを理解するためには，表面張力の正体を知らないといけないため，事実として覚えておくとよい）。

　以上より，正答は **5** となる。

正答　No.1＝**1**　No.2＝**5**

粘土の圧縮と圧密

補習問題

No.1 粘土の圧密に関する次の記述の㋐，㋑，㋒に当てはまるものの組合せとして最も妥当なのはどれか。 【国家Ⅱ種・平成21年度】

「乱さない飽和粘土の間隙比 e と圧密圧力 p の関係において，横軸に対数目盛で p を，縦軸に普通目盛で e をとって表すと，図のような e-$\log p$ 曲線と呼ばれる曲線が得られる。この曲線における直線部分の傾き $\dfrac{\Delta e}{\log_{10}\dfrac{p+\Delta p}{p}}$ を [㋐] といい，粘土の圧密が弾性的な挙動から塑性的な挙動に移行するときの圧力を [㋑] という。また，地盤の圧密履歴を表す指標として，[㋑] と粘土が現在受けている圧密圧力との比で表される [㋒] がある」

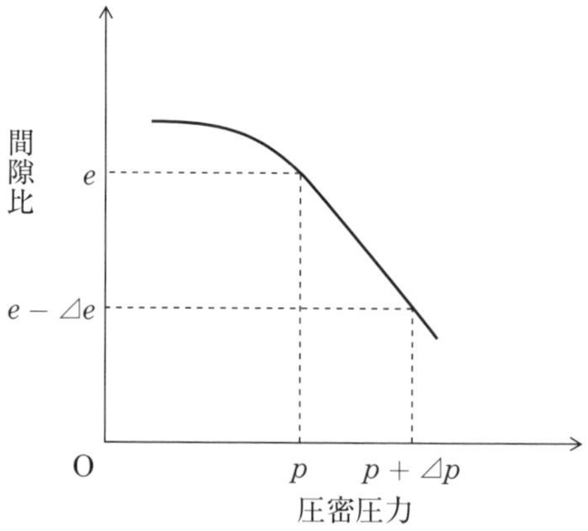

	㋐	㋑	㋒
1	圧密係数	有効土被り圧	鋭敏比
2	圧密係数	圧密降伏応力	過圧密比
3	圧縮指数	有効土被り圧	鋭敏比
4	圧縮指数	圧密降伏応力	鋭敏比
5	圧縮指数	圧密降伏応力	過圧密比

No.2 図のように，層厚が H で両面を排水層で挟まれた粘土層 A と層厚が $2H$ で片面を排水層，もう一方の面を非排水層で挟まれた粘土層 B が圧密を受けている。

粘土層 A，B の圧密係数 c_V が同じとき，A，B が同一の圧密度に達するまでの時間 $t_A : t_B$ の比はどれか。　　　　　　　　　　【国家Ⅱ種・平成13年度】

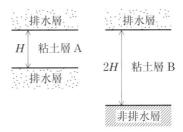

	t_A	:	t_B
1	1	:	1
2	1	:	2
3	1	:	4
4	1	:	8
5	1	:	16

No.3 図のような飽和正規圧密粘土層を持つ3つの地盤が，それぞれ一様鉛直載荷重の下で圧密沈下を起こす。このとき，最終沈下量が最大の地盤と，圧密に要する時間が最長の地盤の組合せとして正しいのはどれか。

ただし，q は一様鉛直載荷重の大きさ，H は粘土層各層の厚さ，m_v は体積圧縮係数，k は透水係数であり，これらはいずれも定数である。また，圧密はテルツァギの一次元圧密理論に従うとし，それぞれの地盤は水平方向について一様である。

【国家Ⅰ種・平成14年度】

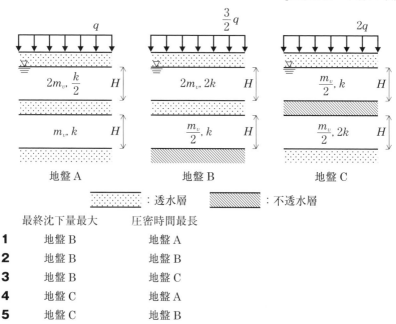

地盤A　　　　　　地盤B　　　　　　地盤C

░░░░：透水層　　▨▨▨：不透水層

	最終沈下量最大	圧密時間最長
1	地盤B	地盤A
2	地盤B	地盤B
3	地盤B	地盤C
4	地盤C	地盤A
5	地盤C	地盤B

No.4 圧密に関する㋐〜㋓の記述のうちから，妥当なもののみをすべて選び出しているのはどれか。
【国家Ⅱ種・平成16年度】

㋐　一般に，粘性土は砂質土よりも圧密が早く終了する。

㋑　土の圧密履歴によって正規圧密と過圧密の状態区別がある。

㋒　土の圧縮性の程度を表す尺度の一つとして，圧密度がある。

㋓　圧密の時間的経過を支配する尺度の一つとして，圧密係数がある。

1	㋐，㋑	**2**	㋐，㋒
3	㋑，㋒	**4**	㋑，㋓
5	㋒，㋓		

補習問題の解説

No.1 の解説　圧密

㋐について，e-$\log p$ 曲線の傾きは「圧縮指数」と呼ばれる。また，粘土の圧密が過圧密（弾性的）から正規圧密（塑性的）に移行する圧力は「圧密降伏応力」であり，これが㋑に入る。

最後に，現在の圧密応力と圧密降伏応力の比を「過圧密比」といい，これが㋒に入る。

なお，鋭敏比とは，乱された土の強度低下に関する量で，

$$S_t = \frac{(\text{乱さない土の一軸圧縮強度})}{(\text{乱した土の一軸圧縮強度})}$$

で定義される。

以上より，正答は**5**となる。

No.2 の解説　圧密時間

圧密時間は，排水距離の2乗に比例する。Aの排水距離は両面排水なので$H/2$，Bの排水距離は片面排水なので$2H$であるので，

$$t_{\mathrm{A}} : t_{\mathrm{B}} = \left(\frac{H}{2}\right)^2 : (2H)^2 = 1 : 16$$

以上より，正答は**5**となる。

　　まず，最終沈下量について考える。いずれも上下2つの層があるが，全体の最終沈下量は，両方の層の沈下量の合計になる。各層の沈下量の計算には，体積圧縮係数を使った沈下量の公式 $S = m_v pH$ を用いる。ここで H は層厚であるので，いずれの層も H となる。

　　地盤 A について，

$$S_A = 2m_v qH + m_v qH = 3m_v qH$$

　　地盤 B について，

$$S_B = 2m_v \cdot \frac{3}{2}qH + \frac{m_v}{2} \cdot \frac{3}{2}qH = \frac{15}{4}m_v qH$$

　　地盤 C について，

$$S_C = \frac{m_v}{2} \cdot 2qH + \frac{m_v}{2} \cdot 2qH = 2m_v qH$$

　　以上から，最終沈下量が最大となるのは地盤 B である。なお，選択肢の都合から A は計算しなくてもよい。

　　次に圧密時間を考える。上下2つの層は，同時に圧密が開始されるので，全体の圧密時間は上下のうち大きいほうに等しくなる（その時間以前に小さいほうは圧密が終了していることになる）。圧密時間の公式 $t = T\dfrac{H^2}{c_V} = \dfrac{Tm_v\gamma_w H^2}{k}$ において H は排水距離であることに注意する。A の上下層，B の上層は両面排水なので，排水距離は $\dfrac{H}{2}$ になる。また，B の下層，C の上下層は片面排水なので，排水距離は H になる。

　　地盤 A について，上層の圧密時間は $\dfrac{T \cdot 2m_v\gamma_w \left(\dfrac{H}{2}\right)^2}{\dfrac{k}{2}} = \dfrac{Tm_v\gamma_w H^2}{k}$，下層の圧密時間は $\dfrac{T \cdot m_v\gamma_w \left(\dfrac{H}{2}\right)^2}{k} = \dfrac{Tm_v\gamma_w H^2}{4k}$ となるので，全体の圧密時間 t_A は大きいほうを取って，

$$t_A = \frac{Tm_v\gamma_w H^2}{k}$$

　　地盤 B について，上層の圧密時間は $\dfrac{T \cdot 2m_v\gamma_w \left(\dfrac{H}{2}\right)^2}{2k} = \dfrac{Tm_v\gamma_w H^2}{4k}$，下層の圧密時間は $\dfrac{T \cdot \dfrac{m_v}{2}\gamma_w H^2}{k} = \dfrac{Tm_v\gamma_w H^2}{2k}$ となるので，全体の圧密時間 t_B は大きいほうを取って，

$$t_B = \frac{Tm_v\gamma_w H^2}{2k}$$

地盤 C について，上層の圧密時間は $\dfrac{T\cdot\dfrac{m_v}{2}\gamma_w H^2}{k} = \dfrac{Tm_v\gamma_w H^2}{2k}$，下層の圧

密時間は $\dfrac{T\cdot\dfrac{m_v}{2}\gamma_w H^2}{2k} = \dfrac{Tm_v\gamma_w H^2}{4k}$ となるので，全体の圧密時間 t_C は大きい

ほうを取って，

$$t_C = \frac{Tm_v\gamma_w H^2}{2k}$$

以上から，圧密時間最長なのは地盤 A であり，正答は**1**となる。

No.4 の解説　圧密

ア ✕ 粘性土は砂質土よりも透水係数が小さいので，圧密時間が長い。

イ 〇 正しい。正規圧密と過圧密の違いは過去の圧密荷重の状況が原因である。

ウ ✕ 圧密度は圧密の進行度合いを表す指標であって，土の圧縮性の程度，つまり，土が固いか軟らかいかを表していない。

エ 〇 正しい。圧密係数は圧密時間を支配する指標の一つである。

以上より，正答は**4**となる。

正答 No.1＝**2**　No.2＝**5**　No.3＝**1**　No.4＝**4**

第2章
土質力学

せん断力の計算とせん断破壊

補習問題

No.1 最大せん断応力 $\tau_{\max}$ を最大主応力 σ_1 と最小主応力 σ_3 で表したのはどれか。【地方上級・平成27年度】

1 $\dfrac{\sigma_1 + \sigma_3}{2}$

2 $\dfrac{\sigma_1 - \sigma_3}{2}$

3 $\dfrac{\sigma_1 - \sigma_3}{4}$

4 $\sqrt{\sigma_1^2 + \sigma_3^2}$

5 $\sqrt{\sigma_1 + \sigma_3}$

No.2 図のような平面応力状態（$\sigma_x = 3.0\mathrm{kN/m^2}$，$\sigma_y = 1.0\mathrm{kN/m^2}$，$\tau_{xy} = 2.0\mathrm{kN/m^2}$）において，最大せん断応力（$\mathrm{kN/m^2}$）として最も妥当なのはどれか。

【国家Ⅰ種（農学Ⅱ）・平成20年度】

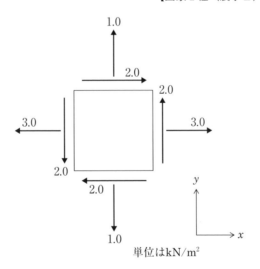

単位は $\mathrm{kN/m^2}$

1 2.2

2 2.4

3 2.8

4 4.1

5 4.2

補習問題 の **解説**

No.1 の解説　モール円

　主応力とは，せん断応力 τ が 0 となるときの直応力である。したがって，最大主応力が σ_1 の面からは座標 $(\sigma_1, 0)$，最小主応力が σ_3 の面からは座標 $(\sigma_3, 0)$ が読めるため，モール円は次のようになる。

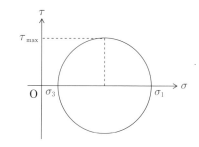

　最大せん断応力は，モール円の高さの最大値なので，それはモール円の半径となる。したがって，直径の $\sigma_1 - \sigma_3$ を 2 で割って，

$$\tau_{max} = \frac{\sigma_1 - \sigma_3}{2}$$

となる。

　なお，通常せん断応力の最大値は絶対値で考えるため（$\tau = -\dfrac{\sigma_1 - \sigma_3}{2}$ を最小せん断応力とは**いわない**），最大主応力面と最大せん断応力面のなす角度は $\pm 45°$ の 2 つである。

　以上より，正答は **2** となる。

与えられた応力状態の上面から（1.0, 2.0）の座標を読み取り，右側面から（3.0, −2.0）の座標を読み取る。そのうえでこの2点を直径とするモール円を描くと次のようになる。

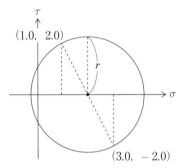

最大せん断応力はモール円の半径なので，

$$\tau_{max} = r = \frac{1}{2} \times \sqrt{(3-1)^2 + \{2-(-2)\}^2} = \sqrt{5} = 2.2$$

なお，この問題では，直応力 σ は引張を正，せん断応力 τ は正方形を時計回りに回る向きを正として座標を読み取った。仮に正負にこだわらず，側面について（3.0, 2.0）を読み取った場合，これと上面から読み取った（1.0, 2.0）の2点を通り，横（σ）軸上に中心を持つ円を描けば同じモール円となる。この場合，円の中心（2.0, 0.0）から半径を計算すれば同じ答えになる。

以上より，正答は **1** となる。

テーマ
20
せん断試験とダイレイタンシー

補習問題

No.1 室内で実施する土質試験とそれから求められる値の組合せとして最も妥当なのはどれか。　　　　　　　　　　　　　　　　　　【国家Ⅱ種・平成16年度】

	実施する試験	求められる値
1	一軸圧縮試験	鋭敏比
2	粒度試験	土粒子の密度
3	締固め試験	透水係数
4	CBR試験	内部摩擦角
5	液性限界・塑性限界試験	圧縮指数

No.2 次の土供試体㋐〜㋓のうちせん断が進行した時点で正のダイレイタンシー特性を示すものの組合せとして最も妥当なのはどれか。

【国家総合職・平成29年度】

㋐　緩く詰めた砂
㋑　密に締まった砂
㋒　正規圧密粘土
㋓　重過圧密粘土

1　㋐, ㋑
2　㋐, ㋒
3　㋑, ㋒
4　㋑, ㋓
5　㋒, ㋓

No.3 図のように，乾燥した密な砂と緩い砂のそれぞれの供試体について，ある一定の垂直荷重 N の下で，一つのせん断面に沿って水平にせん断力 T を加えて供試体を変位させ，そのせん断強さ s を調べる一面せん断試験を行った。

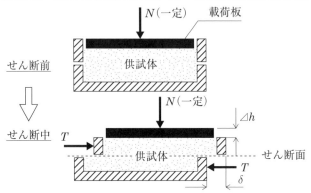

図 I ，II ，III はそれらの試験結果を定性的に表したもので，図 I は T と水平変位 δ の関係，図 II は垂直変位 Δh と δ の関係，図 III はそれぞれ異なる大きさで載荷した N の下で，一面せん断試験を行ったときの N と s の関係を表したものである。

図 I ，II ，III のそれぞれについて，緩い砂の供試体による一面せん断試験結果を定性的に表したグラフの組合せとして最も妥当なのはどれか。

ただし，Δh は載荷板が上昇する方向を正とする。　　【国家 II 種・平成 15 年度】

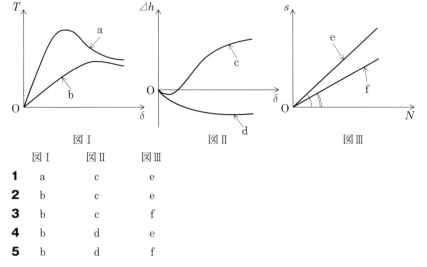

	図 I	図 II	図 III
1	a	c	e
2	b	c	e
3	b	c	f
4	b	d	e
5	b	d	f

補習問題 の 解説

No.1 の解説 土質試験

1 ◎ 鋭敏比は乱さない土の一軸強度と乱した土の一軸強度の比である。

2 ✕ 粒度試験からは，粒径加積曲線が得られるが，密度は密度試験で求める。

3 ✕ 締固め試験からは最適含水比が得られるが，透水係数は各種透水試験から求める。

4 ✕ CBR試験からは舗装の設計に使われるCBR値が求められるが，内部摩擦角は三軸圧縮試験や標準貫入試験から求める。

5 ✕ 液性限界，塑性限界試験からは液性限界，塑性限界が求められるが，圧縮指数は圧密試験から求める。

No.2 の解説 ダイレイタンシー

　　正のダイレイタンシー特性とは，せん断したときに体積が膨張する性質のことで，密に堆積した土質が発揮する。したがって，㋑の「密に締まった砂」と㋩の「重過圧密粘土」が該当する。なお，重過圧密粘土とは，極端に過密な粘土のことである。単なる過圧密粘土が正のダイレイタンシー特性を持つとは限らない。

　　以上より，正答は**4**となる。

No.3 の解説 ダイレイタンシー

　　まずこの問題がダイレイタンシーに関係するものであることに気づいてもらいたい。

　　図Ⅰを飛ばして図Ⅱから考える。cは最終的に体積膨張し，dは体積圧縮している。緩い砂はせん断によって体積圧縮しようとするのでdが相当する。

　　図Ⅲについて，緩い砂は接触が弱く，一般には内部摩擦角が小さいのでfが緩い砂に相当する。

　　図Ⅰについては，密な砂は明確なピーク強度が出るが，緩い砂ではこのような明確なピークが見られないので，密な砂がa，緩い砂がbである。

　　以上より，正答は**5**となる。

正答　No.1＝1　No.2＝4　No.3＝5

補習問題

No.1 図のような水底を有する地盤構成で，土中の点 A における有効土被り圧による水平方向の有効応力はおよそいくらか。

ただし，水の単位体積重量を 10kN/m³，水底下にある砂層の単位体積重量を 20kN/m³，粘土層の単位体積重量を 18kN/m³，静止土圧係数を 0.5 とする。

【国家Ⅱ種・平成20年度】

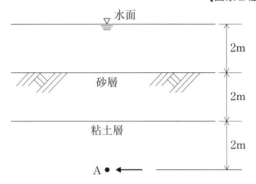

1 8kN/m²

2 18kN/m²

3 28kN/m²

4 38kN/m²

5 48kN/m²

No.2 直立剛擁壁に接する一様な地盤内の土要素を考える。図Ⅰに示すように，土要素は静止土圧状態にあり，鉛直応力 σ_v，側方応力 σ_{h0} を受けている。今，図Ⅱに示すように直立剛擁壁が土要素から離れていく方向に移動し，土要素はランキンの主働土圧状態に至り，側方応力は σ_{ha} となった。さらに図Ⅲに示すように，直立剛擁壁が土要素に近づく方向に移動し，土要素はランキンの受働土圧状態に至り，側方応力は σ_{hp} となった。これら側方応力の比として最も妥当なのはどれか。

ただし，静止土圧係数は $K_0 = 1 - \sin\phi$ とし，強度定数は $c = 0$，$\phi = 30°$ とする。

【国家総合職・平成27年度】

直立剛擁壁

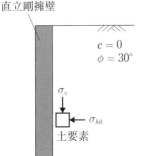

図Ⅰ 静止土圧状態　図Ⅱ 主働土圧状態

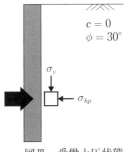

図Ⅲ 受働土圧状態

	σ_{h0}	:	σ_{ha}	:	σ_{hp}
1	3	:	2	:	18
2	3	:	2	:	6
3	3	:	2	:	4
4	2	:	1	:	9
5	2	:	1	:	3

[No.3] **土圧に関する次の記述の㋐，㋑に当てはまるものの組合せとして最も妥当なのはどれか。**

ただし，壁面に作用する単位幅当たりの土圧はランキンの土圧理論を用いて求めるものとし，土の飽和単位体積重量 γ_{sat} および湿潤単位体積重量 γ_t をそれぞれ 20kN/m^3，18kN/m^3，せん断抵抗角 $\phi = 30°$，粘着力 $c = 0$kN/m^2，水の単位体積重量 $\gamma_w = 10$kN/m^3 とする。 【国家総合職・平成30年度】

「図のような高さ10mの擁壁において，地下水面が地下4mにあり，地表面に3kN/m^{2}の等分布荷重が作用する場合を考える。このとき，主働土圧係数 $K_a =$ [㋐] であり，擁壁に作用する主働土圧と水圧の合力は [㋑] kN/m となる」

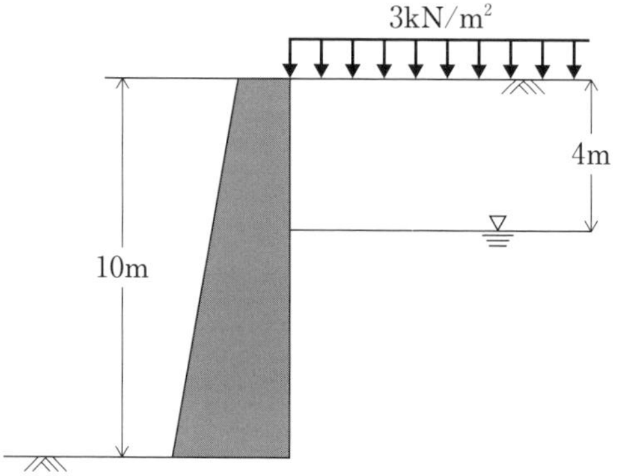

	㋐	㋑
1	$\frac{1}{3}$	430
2	$\frac{1}{3}$	442
3	$\frac{1}{2}$	555
4	$\frac{1}{2}$	573
5	3	2538

No.4 **図のような高さ h の擁壁がある。この擁壁の滑動に対する安全率として1.5以上を確保する場合に，h がとりうる最大の値はおよそいくらか。**

ただし，土の内部摩擦角 ϕ を30°，土の単位体積重量を18kN/m^3，擁壁の単位体積重量を24kN/m^{3}とし，擁壁と基礎地盤の摩擦係数を0.5とする。また，擁壁と擁壁背面土との摩擦は考慮しないものとし，土の粘着力を0とする。

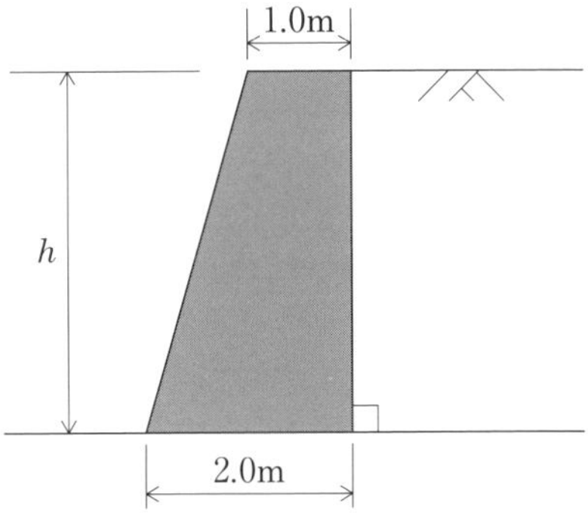

【国家一般職・平成24年度】

1 3.5m
2 4.0m
3 4.5m
4 5.0m
5 5.5m

No.5 **港湾施設の設計をする際に考慮する土圧に関する次の記述の㋐，㋑，㋒に当てはまるものの組合せとして最も妥当なのはどれか。**

【国家総合職・平成30年度】

「施設の背後にある地盤を支える重力式岸壁などの係留施設の設計において，背後の地盤が砂質土の場合，地震動などの変動する作用が働かない状態で壁面に作用する土圧を算出するときは，壁面との摩擦が考慮可能な[㋐]の式を用いる。[㋐]の計算式は，背後の地盤内を通る破壊直線を考え，その直線で[㋑]状に切り出された背後の地盤を剛体と仮定して，土塊に対する力のつりあい式により定式化されたものである。

一方，地震時に壁面に作用する土圧を算出するときは，震度を用いた静的な地震力と[㋐]を組み合わせた外力として計算可能な[㋒]を用いる」

	㋐	㋑	㋒
1	クーロン土圧	四角形	ミュラー・ブレスロー式
2	クーロン土圧	三角形	物部・岡部式
3	クーロン土圧	三角形	ミュラー・ブレスロー式
4	ランキン土圧	三角形	物部・岡部式
5	ランキン土圧	四角形	ミュラー・ブレスロー式

No.1 の解説　静止土圧

まずAの鉛直方向の有効応力 σ'_V を計算する。砂層の水中単位体積重量が $20 - 10 = 10\text{kN/m}^3$，粘土層の水中単位体積重量が $18 - 10 = 8\text{kN/m}^3$ である。これより，Aの土粒子には，10kN/m^3 の砂が 2m，8kN/m^3 の粘土が 2m 載っていることになる。したがって，

$$\sigma'_V = 10 \times 2 + 8 \times 2 = 36\text{kN/m}^2$$

これに土圧係数を掛ければ，水平方向の有効応力 σ'_H になるので，

$$\sigma'_H = 0.5\sigma'_V = 18\text{kN/m}^2$$

以上より，正答は**2**となる。

No.2 の解説　土圧

鉛直応力 σ_v はいずれも等しいので，側方応力の比は，土圧係数の比に等しい。

静止土圧係数は与えられた公式より，

$$K_0 = 1 - \sin\phi = \frac{1}{2}$$

ランキンの主働土圧係数は，

$$K_A = \tan^2\left(45° - \frac{\phi}{2}\right) = \frac{1}{3}$$

ランキンの受働土圧係数は，

$$K_P = \tan^2\left(45° + \frac{\phi}{2}\right) = 3$$

したがって，

$$\sigma_{h0} : \sigma_{ha} : \sigma_{hp} = K_0 : K_A : K_P = \frac{1}{2} : \frac{1}{3} : 3 = 3 : 2 : 18$$

以上より，正答は**1**となる。

No.3 の解説　土圧

主働土圧係数は，せん断抵抗角から，

$$K_a = \tan^2\left(45^\circ - \frac{30^\circ}{2}\right) = \frac{1}{3} \quad \cdots\cdots ㋐$$

次に，主働土圧を求める。そのために土圧分布を描くと次のようになる。このとき，地下水面下の水中単位体積重量 $\gamma' = \gamma_{sat} - \gamma_w = 10\text{kN/m}^3$ が，地下水面より上の湿潤単位体積重量 $\gamma_t = 18\text{kN/m}^3$ より小さいことに注意して，有効応力分布を描く。

鉛直方向の有効応力は，地表面では，

$$\sigma'_{v1} = 3\text{kN/m}^2$$

地下水面の高さでは，

$$\sigma'_{v2} = 3 + 18 \times 4 = 75\text{kN/m}^2$$

壁底面の高さでは，

$$\sigma'_{v3} = 3 + 18 \times 4 + 10 \times 6 = 135\text{kN/m}^2$$

それぞれに主働土圧係数を掛けると水平方向応力になる（左下図）。

左下図の分布の合力を面積として計算すると，主働土圧の合力 P_A は，

$$P_A = \frac{1}{2} \times 4 \times (1 + 25) + \frac{1}{2} \times 6 \times (25 + 45) = 262\text{kN/m}$$

次に水圧分布は右下図のようになる。水圧は水平方向にも等しく加わる。したがって，全水圧 P_w を分布の面積として求めると，

$$P_w = \frac{1}{2} \times 6 \times 60 = 180\text{kN/m}$$

求める合力は，

$$P_A + P_w = 442\text{kN/m} \quad \cdots\cdots ㋑$$

主働土圧分布

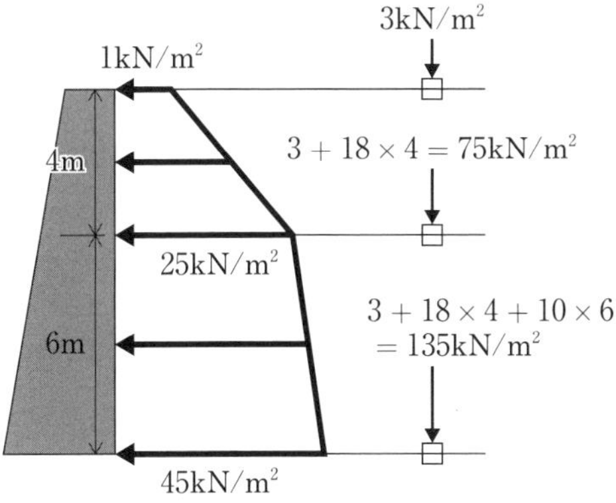

水圧分布

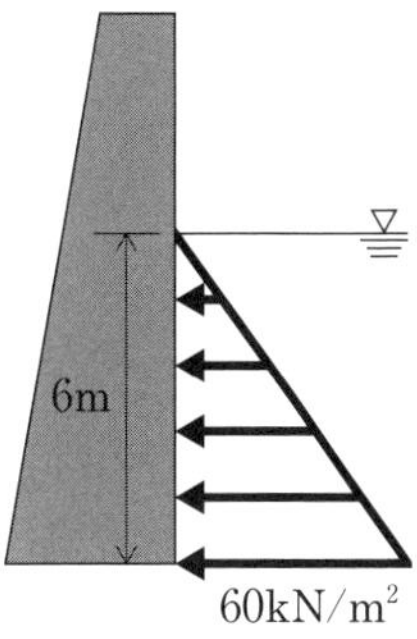

以上より，正答は**2**となる。

土圧分布を求めると下の図のようになる。

擁壁を前面に押す力が主働土圧 P_A であり，これに抵抗するのが摩擦力 μN（μ は摩擦係数）である。したがって，安全率は，

$$F_s = \frac{\mu N}{P_A}$$

となる。

まず，摩擦力を求める。壁についての鉛直方向の力のつりあいから，垂直抗力 N は，壁の重力 W に等しい。これは，与えられた擁壁の単位体積重量を使って，

$$N = 24 \times \frac{1}{2} \times (1.0 + 2.0) \times h = 36h$$

したがって，$\mu N = 0.5 \times 36h = 18h$ である。

次に主働土圧を求める。擁壁底面の鉛直方向応力は $18h$ であり，主働土圧係数 K_A は，

$$K_A = \tan^2\left(45° - \frac{30°}{2}\right) = \frac{1}{3}$$

なので，底面での水平方向応力は $\frac{1}{3} \times 18h = 6h$ である。これより，主働土圧は，

$$P_A = \frac{1}{2} \times h \times 6h = 3h^2$$

これより，安全率について，

$$F_s = \frac{18h}{3h^2} = \frac{6}{h} = 1.5$$

$$\therefore \quad h = 4.0$$

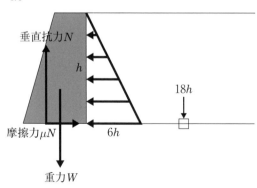

以上より，正答は **2** となる。

No.5 の解説　土圧

㋐は「クーロン土圧」が入る。クーロン土圧は背後地盤を剛体とみて，その力のつりあいから求めている。また，㋑には「三角形」が入る。クーロン土圧では基本的に斜めのすべり面を仮定するため，土塊は三角形となる。

最後に㋒には「物部・岡部式」が入る。これは地震外力を水平慣性力として加えて求めた式である。地震時の土圧の設計に使われる。ここで覚えておいてもらいたい。なお，仮にこれがわからなくても，ミューラー・ブレスローの式（定理）は，構造力学の影響線を求めるためのもので，ここではまったく関係がないことからも判断できる。

以上より，正答は**2**となる。

正答　No.1=**2**　No.2=**1**　No.3=**2**　No.4=**2**　No.5=**2**

斜面安定・支持力

補習問題

No.1 図Ⅰのように固い地層上にある粘着力 $c = 12\text{kN/m}^2$，内部摩擦角 $\phi = 0°$，単位体積重量 $\gamma_t = 15\text{kN/m}^3$ の均質な水平地盤土を掘削し，傾斜角 $\beta = 30°$，高さ $H = 4.0\text{m}$ の切土斜面を施工する予定である。図Ⅱに示すテイラーの安定図表を利用して求められる，この斜面の高さに関する安全率として最も妥当なのはどれか。

なお，深さ係数 $n_d = H_1/H$ である。

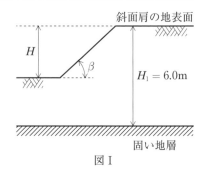

図Ⅰ

【国家Ⅱ種・平成23年度】

1 1.2

2 1.4

3 1.6

4 1.8

5 2.0

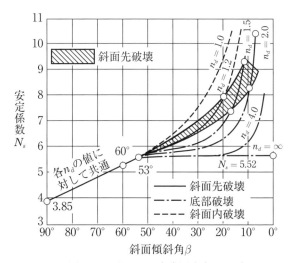

図Ⅱ　テイラーの安定図表（$\phi = 0°$）

No.2 均質な土質で構成される単純な斜面において，図のように仮定したすべり面上で，垂直応力 $\sigma = 75\text{kN/m}^2$ とせん断応力 $\tau = 50\text{kN/m}^2$ が作用しているとき，この斜面のすべりに対する安全率 F_s はおよそいくらか。

ただし，この土の粘着力は 10kN/m^2，内部摩擦角は $30°$ とする。また，$\sqrt{3} = 1.73$ とする。　　　　　【国家Ⅱ種・平成16年度】

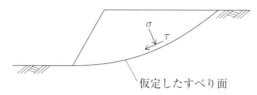

仮定したすべり面

1 1.01

2 1.03

3 1.05

4 1.07

5 1.09

No.3 次の表は，斜面崩壊を崖崩れ，地すべり，土石流に分類したものである。A ～ C はそれぞれ崖崩れ，地すべり，土石流のどれになるか。

【地方上級・平成27年度】

	A	B	C
土質	すべり面は主に粘性土	砂質土の中で多く発生	強風化岩，表土で多く発生
地形	緩斜面に多い	急傾斜地に多く発生	急傾斜地や，渓流で発生
移動速度	一般に小さい	きわめて大きい	きわめて大きい
土塊	乱れは少ない	乱れる	流動化する

	A	B	C
1	崖崩れ	地すべり	土石流
2	崖崩れ	土石流	地すべり
3	地すべり	崖崩れ	土石流
4	地すべり	土石流	崖崩れ
5	土石流	崖崩れ	地すべり

No.1 の解説 テイラーの安定図表法

　　テイラーの安定図表は，斜面傾斜角と斜面崩壊するときの斜面高さを図表にまとめたものである。ここで縦軸の安定係数は，

$$N_s = \frac{\gamma_t H_c}{c}$$

で定義される。ただし，γ_t は地盤の単位体積重量，c は粘着力，H_c は崩壊するときの高さ（限界高さ）である。

　　本問では，$n_d = \dfrac{H_1}{H} = \dfrac{6.0}{4.0} = 1.5$ であり，$\beta = 30°$ である。これをテイラーの安定図表で見ると，$N_s = 6.1$ である。安定係数の定義から，

$$6.1 = \frac{15 H_c}{12} \qquad \therefore \quad H_c = 4.88\text{m}$$

この高さまでは安定するので，求める安全率は，

$$F_s = \frac{H_c}{H} = \frac{4.88}{4} = 1.22$$

　　なお，テイラーの安定図表によるとこの破壊は底部破壊である。テイラー図表における，「斜面先破壊」「斜面内破壊」「底部破壊」の３つは斜面安定の形式で以下のとおりとなっている。

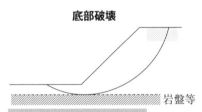

底部破壊

岩盤等

斜面の傾斜が緩く，斜面の下の浅い部分に固い地盤がある場合に起こる

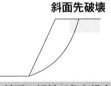

斜面先破壊

斜面の傾斜が急な場合に起こる

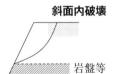

斜面内破壊

岩盤等

斜面内に固い地盤がある場合に起こる

　　以上より，正答は**1**となる。

No.2 の解説 　斜面安定

与えられた内部摩擦角と粘着力から，せん断抵抗力 τ_f は，

$$\tau_f = \sigma \tan 30° + c = 75 \times \frac{\sqrt{3}}{3} + 10 = 53.3 \text{kN/m}^2$$

この力で発生したすべりのせん断応力に抵抗しているので，安全率は，

$$F_s = \frac{\tau_f}{\tau} = \frac{53.3}{50} = 1.07$$

以上より，正答は**4**となる。

No.3 の解説 　斜面崩壊

斜面崩壊の形態には，設問で挙げられたように「崖崩れ」「地すべり」「土石流」の3つがあるとされている。このうち崖崩れは急傾斜地で発生する。地すべりは比較的緩斜面でも起き，すべり面よりも上の土塊が（ほかと比べると）ゆっくりと移動する。一方，土石流は大雨時などに，土砂混じりの水が高速で（流動化して）流れ落ちる現象である。

以上を前提とすると，移動速度が小さく，土塊が乱れずに崩壊する A は「地すべり」である。また，土塊が流動化して崩れる C は「土石流」であり，土塊が乱れて崩れる B は「崖崩れ」である。

以上より，正答は**3**となる。

正答 No.1＝1 　No.2＝4 　No.3＝3

支持力・基礎・地盤改良工法

補習問題

No.1 杭基礎と地盤に関する次の記述の㋐，㋑，㋒に当てはまる語句を正しく組み合わせているのはどれか。　【国家Ⅰ種・平成10年度】

「非圧縮性の砂質土層およびその下の軟弱粘土層を貫いて支持層まで杭を打ち込んだ後に軟弱粘土層が圧密沈下すると，　㋐　の杭に鉛直　㋑　の周面摩擦力が発生する。また，一般に粘性土中に摩擦杭を群杭として用いる場合には，杭相互の影響が現れ，引抜き抵抗や支持力が　㋒　する」

	㋐	㋑	㋒
1	軟弱粘土層と砂質土層の両方	下向き	減少
2	軟弱粘土層と砂質土層の両方	上向き	増加
3	軟弱粘土層のみ	下向き	減少
4	軟弱粘土層のみ	下向き	増加
5	軟弱粘土層のみ	上向き	減少

No.2 次は地盤改良工法に関する記述であるが，㋐，㋑，㋒に当てはまる語句を正しく組み合わせているのはどれか。　【国家Ⅱ種・平成12年度】

「プレローディング工法は，主に　㋐　地盤の改良に用いられるものであり，工期を短縮させるために，同時に　㋑　工法を用いて　㋒　を行うことがある」

	㋐	㋑	㋒
1	粘性土	サンドドレーン	地盤からの排水
2	粘性土	サンドコンパクションパイル	土粒子の固結
3	砂質土	サンドドレーン	土粒子の固結
4	砂質土	サンドコンパクションパイル	地盤からの排水
5	砂質土	サンドコンパクションパイル	土粒子の固結

No.3 軟弱地盤対策に関する記述㋐～㋓の正誤の組合せとして正しいのはどれ
か。　【国家Ⅱ種・平成13年度】

㋐ サンドドレーン工法は，軟弱地盤中に砂の排水柱を設け，排水距離を短縮す
ることによって圧密沈下を促進させる工法である。

㋑ サンドコンパクションパイル工法では，通常，圧密沈下の促進効果は期待で
きない。

㋒ プレローディング工法は，構造物の建設後，構造物の周辺に盛土荷重などを
載荷して沈下の減少を図る工法である。

㋓ 深層混合処理工法は，セメントや石灰と原位置の地盤土を強制的に撹拌混合
し，その化学的固結作用で地盤を強化する工法である。

	㋐	㋑	㋒	㋓
1	正	正	誤	誤
2	正	誤	誤	正
3	誤	正	誤	正
4	誤	誤	正	正
5	誤	誤	正	誤

No.4 液状化対策工法に関する記述㋐，㋑，㋒の正誤の組合せとして最も妥当
なのはどれか。　【国家一般職・平成24年度】

㋐ グラベルドレーン工法は，化学処理を行う工法の一種である。

㋑ ディープウェル工法は，地下水位を低下させる工法の一種である。

㋒ 連続地中壁工法は，せん断変形を抑制する工法の一種である。

	㋐	㋑	㋒
1	正	正	誤
2	正	誤	正
3	誤	正	正
4	誤	正	誤
5	誤	誤	誤

No.1 の解説　杭基礎

　　周面地盤が圧密沈下すると，その地盤部分の杭には下向き（イ）の負の周面摩擦力が加わる。本問では，軟弱地盤層は砂地盤の下にあるため，軟弱地盤層が圧密沈下すると，その上の砂質土層も沈下するため，その両方（ア）に負の周面摩擦が起こる。

　　また，群杭効果があると，支持力が減少（ウ）する。

　　以上より，正答は **1** となる。

No.2 の解説　地盤改良工法

　　プレローディング工法は粘性土の地盤改良に用いられる。ただし，圧密時間を短縮するために，サンドドレーン工法によって，排水を促進する。

　　以上より，正答は **1** となる。

No.3 の解説　地盤改良工法

ア〇　正しい。

イ✕　粒度の大きい材料の杭を貫入するのであるから，排水柱としても効果も期待できる。

ウ✕　建設前に載荷する。「プレ」とは「事前」の意味である。

エ〇　正しい。

　　以上より，正答は **2** となる。

No.4 の解説　液状化対策

ア✕　グラベルドレーン工法は，レキ質材料の杭を形成するもので，化学処理は行わない。

イ〇　正しい。

ウ〇　正しい。

　　以上より，正答は **3** となる。

正答　No.1＝1　No.2＝1　No.3＝2　No.4＝3

第3章

水理学

補習問題

No.1 図のような円弧形のテンターゲートがある。このゲートの単位幅当たりに作用する水圧の合力 P〔kN/m〕の水平方向成分 P_x〔kN/m〕と鉛直方向成分 P_z〔kN/m〕の大きさの組合せとして最も妥当なのはどれか。

ただし，水の単位体積重量を10kN/m³，円周率を3.1，$\sqrt{3} = 1.7$ とする。

【国家Ⅱ種・平成19年度】

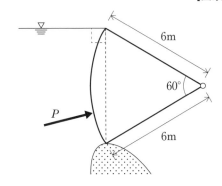

	P_x	P_z
1	180	0
2	180	33
3	180	44
4	360	33
5	360	44

補習問題 の 解説

No.1 の解説　曲面に加わる静水圧

水平成分は，ゲートを鉛直にしてそこに加わる水平成分を求めればよい。その水圧分布を下のように図示してその面積を求める。水深6mの水圧は $6 \times 10 = 60\text{kN/m}^2$ なので，

$$P_x = \frac{1}{2} \times 60 \times 6 = 180\text{kN/m}$$

次に，鉛直成分を求める。これは結果的に右下図の打点部の水の重さ W に等しくなる（理由は後述）。

この打点部の面積は扇形から正三角形を引けばよい。1 辺 a の正三角形の面積は $\frac{\sqrt{3}}{4}a^2$ なので，この面積は，

$$\frac{1}{6} \times \pi \cdot 6^2 - \frac{\sqrt{3}}{4} \times 6^2 = 6\pi - 9\sqrt{3} = 3.3$$

よって，鉛直成分は単位体積重量を掛けて，

$$P_z = 3.3 \times 10 = 33\text{kN/m}$$

以上より，正答は **2** となる。

なお，鉛直成分については正確には次のように考える。下の図のように，ゲートの上半分と下半分を分ける。ゲートの上半分は，ゲートの上に水があるので，斜線部の水の重さが下向きに加わる。一方，ゲートの下半分は，ゲートの下に水があるので，灰色部の水の重さが上向きに加わる。この差が求める鉛直成分で，これは打点部の水の重さとなる。つまり，

$$P_z = P_2 - P_1$$

となる。

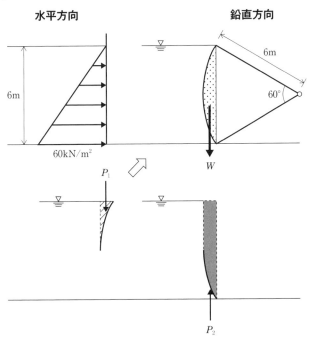

正答 No.1＝2

トリチェリの定理

補習問題

No.1　図のように，高さ H の台の上に固定された水槽があり，水槽の底面から水面までの高さを H とする。今，水槽の底面から高さ h の位置に穴を開け，水を横方向に噴出させるとき，水平面において水を最も遠くに届かせる（図の L を最大にする）ためには，h をおよそいくらにすればよいか。

ただし，水槽の断面積は穴の断面積より十分大きいものとする。

【国家Ⅱ種・平成20年度】

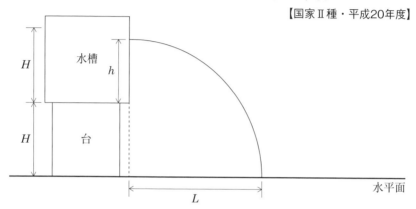

1　0

2　$\dfrac{H}{4}$

3　$\dfrac{\sqrt{2}H}{4}$

4　$\dfrac{H}{2}$

5　$\dfrac{\sqrt{2}H}{2}$

補習問題 の 解説

No.1 の解説　最大到達距離

　　水平到達距離は，水平面と水面のちょうど中間の高さに小孔を開けたとき
に最大となる。このとき $h = 0$ である。なお，このとき $L = 2H$ となる。
　　以上より，正答は **1** となる。
　　なお『技術系　新スーパー過去問ゼミ　土木』の 348 ページを参照。

正答　No. 1 ＝ 1

管水路のベルヌーイの定理

補習問題

No.1 図のように，2つの水槽を長さ L_1，直径 D_1 の円管でつなぎ，水位差を H で一定に保ったときの管路内を流れる水の流量は Q であった。次に，同じ材質で長さ L_2，直径 D_2 の円管でつなぎ，水位差を H で一定に保ったときの流量が $2Q$ であったとすると，L_1，D_1，L_2，D_2 の関係を表すものとして最も妥当なのはどれか。

ただし，管路内における水の流れは乱流で摩擦損失係数は一定であり，円管内における摩擦損失以外のエネルギー損失は無視できるものとする。また，水槽内における流速は無視できるものとする。【国家一般職・平成25年度】

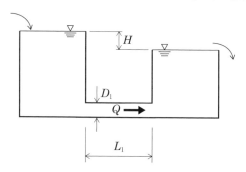

1 $\dfrac{L_1}{D_1} = \dfrac{2L_2}{D_2}$

2 $\dfrac{L_1}{D_1} = \dfrac{4L_2}{D_2}$

3 $\dfrac{L_1}{D_1^3} = \dfrac{4L_2}{D_2^3}$

4 $\dfrac{L_1}{D_1^5} = \dfrac{4L_2}{D_2^5}$

5 $\dfrac{L_1}{D_1^6} = \dfrac{4L_2}{D_2^6}$

補習問題 の 解 説

No.1 の解説　管水路のベルヌーイの定理

　流量が Q の場合を考える。摩擦損失以外は無視できるので，左右の水位差はすべて摩擦損失になる。したがって，流速を v とすると，

$$H = f\frac{L_1}{D_1} \cdot \frac{v^2}{2g}$$

ここで，連続式から出てくる

$$v = \frac{Q}{\dfrac{\pi D_1^2}{4}} = \frac{4Q^2}{\pi D_1^2}$$

を代入すると，

$$H = \frac{8f}{g\pi^2} \times \frac{L_1}{D_1^5}Q^2$$

この式の L_1 を L_2 に，D_1 を D_2 に変えると，Q の部分が $2Q$ となるので，

$$H = \frac{8f}{g\pi^2} \times \frac{L_2}{D_2^5}(2Q)^2 = \frac{8f}{g\pi^2} \times \frac{4L_2}{D_2^5}Q^2$$

これより，

$$\frac{L_1}{D_1^5} = \frac{4L_2}{D_2^5}$$

以上より，正答は **4** となる。

第3章

水理学

補習問題

No.1 図のような左右対称の複断面に等流状態で水が流れているとき，複断面全体の流量はおよそいくらか。

ただし，縦断勾配は $\frac{1}{900}$，マニングの粗度係数 $n_f = 0.04$，$n_m = 0.03$ とし，各断面における潤辺は断面幅と近似するものとし，断面 I，II，III の境界で働くせん断力はないものとする。

なお，必要ならば，h^p の換算表の値を用いてもよい。

【国家一般職・平成30年度】

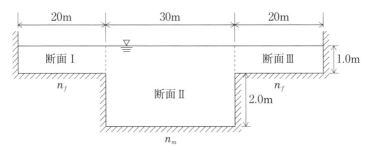

1 $103\mathrm{m}^3/\mathrm{s}$

2 $139\mathrm{m}^3/\mathrm{s}$

3 $207\mathrm{m}^3/\mathrm{s}$

4 $225\mathrm{m}^3/\mathrm{s}$

5 $241\mathrm{m}^3/\mathrm{s}$

h^p の換算表

p	h	
	2.0	3.0
1/2	1.41	1.73
3/2	2.83	5.20
5/2	5.66	15.6
1/3	1.26	1.44
2/3	1.59	2.08
4/3	2.52	4.33
5/3	3.17	6.24

No.2 図のように，断面幅と水路勾配が一定な一様矩形開水路に水が定常的に流れている。

　今，この開水路において限界水深 h_c と等流水深 h_0 の管径が $h_c < h_0$ であり，水の流れは全域にわたって常流であった。

　このとき，この開水路の水路勾配 i と限界勾配 i_c の関係式と，水深 h が存在し得るすべての領域の組合せとして正しいのはどれか。　【国家Ⅱ種・平成14年度】

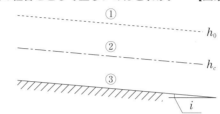

	i_c の関係式	h の存在領域
1	$i < i_c$	①
2	$i < i_c$	①，②
3	$i < i_c$	③
4	$i > i_c$	①，②
5	$i > i_c$	③

第3章

水理学

No.3 次は開水路における突起状の流れに関する記述である。A ～ D に当てはまる語句の組合せとして正しいのはどれか。

【国家Ⅱ種（農業土木）・平成15年度】

「図のように底の高さが滑らかに変化する突起を持つ開水路がある。単位幅当たりの流量 q が与えられているとき，この q に対応して，水深と比エネルギーの関係から，水路の各断面で2つの水深 h_1, h_2 が求まる。この2つの水深の組を　A　水深といい，水深の深いほうに対応する水面形を持つ流れが常流になり，水深の浅いほうに対応する流れが射流になる。流れが水路床の突起部を通過するとき，常流では水面が　B　し，射流では　C　する。また，突起の高さを上昇させると，頂部で h_1 と h_2 が等しくなる水深が存在する。このとき頂部では水面形が交錯して，流れは常流から射流へ移ったり，射流から常流へ移ったりすることが可能になる。このときの水深を限界水深といい，このような断面を　D　断面と呼ぶ」

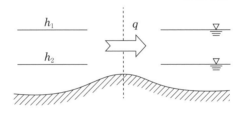

	A	B	C	D
1	共役	上昇	低下	限界
2	共役	低下	上昇	支配
3	交代	上昇	低下	支配
4	交代	低下	上昇	限界
5	交代	低下	上昇	支配

補習問題 の 解説

No.1 の解説　マニングの公式

　断面Iと断面IIIは同じであることに注意する。まず、断面Iについて、流量を Q_1 とする。潤辺を断面幅と近似すると、径深は水深となる（断面積が断面幅と水深の積となるため）。したがって、径深は 1.0m である。よって、マニングの公式より、流量は、

$$Q_1 = (20 \times 1) \times \frac{1}{0.04} \times 1^{\frac{2}{3}} \times \sqrt{\frac{1}{900}} = \frac{20}{1.2} = 16.7 \mathrm{m^3/s}$$

　断面IIについて、流量を Q_2 とする。同様に潤辺は水深の 3.0m となるので、与えられた表を使って、

$$Q_2 = (30 \times 3) \times \frac{1}{0.03} \times 3.0^{\frac{2}{3}} \times \sqrt{\frac{1}{900}} = \frac{90 \times 2.08}{0.03 \times 30} = 208 \mathrm{m^3/s}$$

　断面IIIの流量は Q_1 なので、求める流量 Q は、

$$Q = 16.7 \times 2 + 208 = 241.4 \mathrm{m^3/s}$$

以上より、正答は **5** となる。

No.2 の解説　開水路流れ

　$h_0 > h_c$ なので緩勾配であり、$i < i_c$ となる。また、流れが常流ならば、限界水深より上に水深があるので、水深は①、②にある。

　以上より、正答は **2** となる。

　空欄 A について，比エネルギーが等しい水深は，交代水深と呼ばれる。つまり，「交代」が入る。

　この流れの突起部では，全エネルギーは一定に保たれるが，比エネルギーは突起に向かって減少する。そのため，突起の頂点に向かう場合，下の図から，常流では水深が減少し，射流では水深が増加する。したがって，空欄 B には「低下」が，空欄 C には「上昇」が入る。

　最後に，このような射流，常流の遷移が可能な断面は支配断面と呼ばれるため，空欄 D には「支配」が入る。

　なお，グラフからわかるのは水深の変化であり，水面の変化ではないことが気になる人もいるかもしれない。その場合でも，破線（45°に引かれているため，比エネルギーと水深の変化が等しいときにこの線に平行になる）を参考にすると，常流では，比エネルギーの変化以上に水深が減少するため，結局水面の高さ自体も，常流では減少することがわかる。一方，射流の場合には水深自体が増加しているため，水面の高さが増加するのは明らかである（突起の高さに水深の増加が加わる）。

　以上より，正答は**5**となる。

流量 *Q* が一定の場合

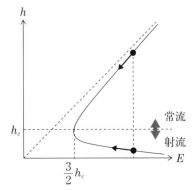

その他の問題

補習問題

No.1 河川の流量に関する次の記述の[ア]，[イ]，[ウ]に当てはまるものの組合せとして最も妥当なのはどれか。 【国家Ⅱ種・平成18年度】

「河川のある地点で，洪水が増水し最高水位を経て減水する過程の流量 Q と水深 h の関係が図のとおりであった。このように Q と h の関係がループ状になるのは，流れが [ア] であるからである。

このとき，最大水深 h_{max}，最大流量 Q_{max}，最大流速 V_{max} が現れる時刻を t_h，t_Q，t_V とすると，それらの間には $t_V < t_Q < t_h$ の関係があり，水深が最大に達したとき流量は [イ] 状態にあり，流速が最大に達したとき流量は [ウ] 状態にある」

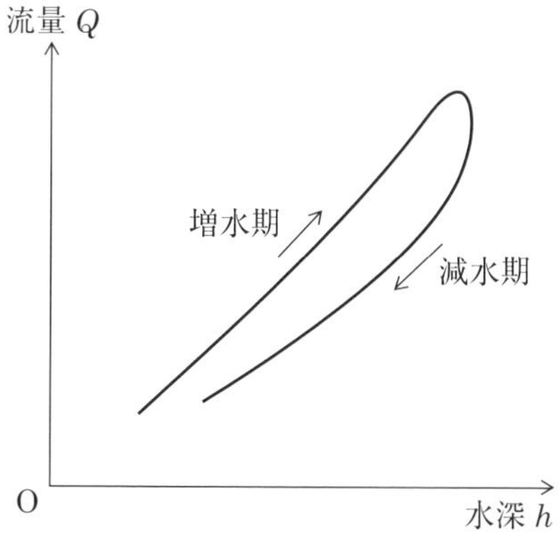

	[ア]	[イ]	[ウ]
1	非定常流	増加	減少
2	非定常流	減少	増加
3	非定常流	減少	減少
4	不等流	増加	減少
5	不等流	減少	増加

段波には図の㋐～㋓の 4 種類がある。次の A，B の説明に合うものを図㋐～㋓からそれぞれ選んだものとして正しいのはどれか。

ただし，段波前後の水深を h_1，$h_2 (h_1 < h_2)$，それぞれに対応する流速を v_1，v_2 とし，段波の速さを ω とする。また，段波の移動方向は図に矢印で示したとおりである。 【地方上級・平成28年度】

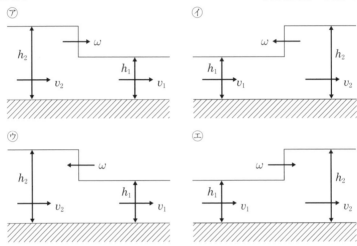

A　下流の堰を急に閉じたときに，堰の上流に生じる段波

B　一定流量が流れていた開水路の堰の開度を急に開いたときに堰の下流にできる段波

	A	B
1	㋑	㋐
2	㋑	㋓
3	㋒	㋐
4	㋒	㋑
5	㋒	㋓

No.3 次は図のような広頂堰の水深，流量に関する記述である。ア，イ，ウに当てはまるものの組合せとして最も妥当なのはどれか。

【国家Ⅱ種（農業土木）・平成23年度】

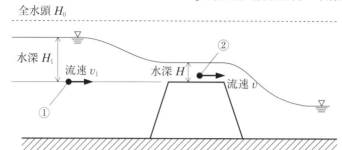

「図において，堰頂を基準にとって全水頭を H_0 とし，水面低下が生じていない上流側の点①と堰の頂面②について，ベルヌーイの定理を適用すると，流速は $v =$ 　ア　 と表すことができる。ここで g は重力加速度である。また堰頂は平面であり，そこでの流れは水深 H で頂面にほぼ平行であり，流速は v で一様であるとした。したがって，水路幅を B，流量係数を C とすると流量は $Q = CBHv = CBH$ 　ア　 … (1)。

②の断面では，流量 Q が最大となるような水深，すなわち限界水深となることが理論的に示されている。その限界水深は，(1)式より 0 から H_0 の範囲にあり，(1)式を微分した $\dfrac{dQ}{dH}$ が 0 となるときの H である。ゆえに，$H =$ 　イ　。

これを(1)式に代入すると，流量は　ウ　に比例することがわかる。実際に流量を求めるに当たっては，実験等で求められる流量係数 C を用いて，$Q = 1.70CB$ 　ウ　 を利用することができる。堰が比較的高いときは図の①での接近流速 v_1 を無視して，全水頭 H_0 が①の断面での水深 H_1 に等しいものとして計算される」

	ア	イ	ウ
1	$\sqrt{g\,(H_0 - H)}$	$\dfrac{1}{2}H_0$	$H_0^{\frac{3}{2}}$
2	$\sqrt{g\,(H_0 - H)}$	$\dfrac{2}{3}H_0$	$H_0^{\frac{3}{2}}$
3	$\sqrt{g\,(H_0 - H)}$	$\dfrac{2}{3}H_0$	$H_0^{\frac{5}{2}}$
4	$\sqrt{2g\,(H_0 - H)}$	$\dfrac{1}{2}H_0$	$H_0^{\frac{5}{2}}$
5	$\sqrt{2g\,(H_0 - H)}$	$\dfrac{2}{3}H_0$	$H_0^{\frac{3}{2}}$

No.1 の解説 洪水流

㋐：流量，水深が時間変化する流れなので，この流れは「非定常流」である。

㋑：水深が最大となる前に流量が最大となっているので，流量は「減少」していることがわかる。

㋒：流速が最大のときには，まだ流量は最大になる前なので，流量は「増加」していることがわかる。

以上より，正答は **2** となる。

No.2 の解説 段波

A について

下流の堰を閉じると，その上流部では，堰が閉じたことによる水深の高い部分が上流に 伝わっていく。これを表した図は㋑である。

B について

上流の堰を開くと，その下流へ流れる流量が増加し，水深が大きくなる。これが下流へと流れていくことになる。これを表した図は㋐である。

なお，㋓は A の場合に堰の下流にできる段波，㋒は B の場合に堰の上流にできる段波である。

以上より，正答は **1** となる。

No.3 の解説　堰の流れ

堰頂で持っている全水頭は，

$$H_0 = H + \frac{v^2}{2g}$$

なので，

$$v = \sqrt{2g(H_0 - H)}$$

となる。これが空欄アに入る。

次に，(1)は

$$Q = \sqrt{2g}\,CBH(H_0 - H)^{\frac{1}{2}}$$

であるので，積の微分公式より，

$$\frac{dQ}{dH} = \sqrt{2g}\,CB(H_0 - H)^{\frac{1}{2}} - \frac{1}{2}\sqrt{2g}\,CBH(H_0 - H)^{-\frac{1}{2}} = 0$$

$$\therefore \quad 2(H_0 - H) - H = 0$$

これより $H = \frac{2}{3}H_0$ となり，これが空欄イに入る。

なお，この問題のエネルギーは比エネルギーそのものなので，限界水深の場合，流速が限界流速となり，

$$H_0 = H + \frac{(\sqrt{gH})^2}{2g} = \frac{3}{2}H$$

と計算することもできる。

これを(1)に代入すれば，

$$Q = \sqrt{2g}\,CB \times \frac{2}{3}H_0 \times \sqrt{\frac{H_0}{3}} = \frac{2}{3}\sqrt{\frac{2g}{3}}\,CBH_0^{\frac{3}{2}}$$

となるので，流量は $H_0^{\frac{3}{2}}$ に比例する。これが空欄ウに入る。

以上より，正答は**5**となる。

正答　No.1＝**2**　No.2＝**1**　No.3＝**5**

第4章

測量

誤差と最確値

補習問題

No.1 次は水準測量の結果を表したものである。点 P の標高の最確値を求めよ。

【市役所・平成25年度】

点	標高〔m〕	点 P からの距離〔km〕	点 P との標高差〔m〕
点 A	10.20	1.0	＋0.29
点 B	8.60	3.0	＋1.95
点 C	12.50	2.0	－1.98

1 10.51m
2 10.52m
3 10.53m
4 10.54m
5 10.55m

補習問題 の 解説

No.1 の解説 水準測量

それぞれから計測される P の標高は次のようになる。

点	点 P の標高〔m〕	路線長〔km〕
点 A	10.49	1.0
点 B	10.55	3.0
点 C	10.52	2.0

軽重率は，距離に反比例するので，

$$p_A : p_B : p_C = \frac{1}{1} : \frac{1}{3} : \frac{1}{2} = 6 : 2 : 3$$

10.50m を基準として，0.01m 単位で計算すると，

$$0.01 \times \left(\frac{-1 \times 6 + 5 \times 2 + 2 \times 3}{6 + 2 + 3} \right) = \frac{0.1}{11} = 0.0090$$

したがって，求める最確値は 10.50 + 0.009 = 10.509m となるので，四捨五入して 10.51m である。

以上より，正答は **1** となる。

正答 No.1＝1

トラバース測量

補習問題

No.1 下図のようなA～Dの4点について閉合トラバース測量を行った。その結果，修正内角は角Aが100度21分40秒，角Bが48度13分00秒，角Cが96度18分00秒，角Dが115度7分20秒であった。また測線ABの方向角は63度42分00秒であった。測線DAの方向角として最も妥当なのはどれか。

【国家Ⅱ種（農業土木）・平成21年度】

1 344度2分20秒
2 344度2分40秒
3 344度3分20秒
4 344度3分40秒
5 344度4分20秒

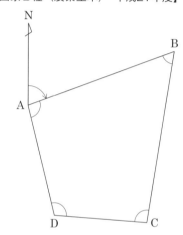

補習問題 の 解説

No.1 の解説 方位角の計算

ADの方位角は，ABの方位角に角Aを加えればよいので，

$63°42'0'' + 100°21'40'' = 163°63'40'' = 164°3'40''$

DAの方位角は，これと180°方向が逆なので，

$164°3'40'' + 180° = 344°3'40''$

以上より，正答は**4**となる。

正答 No.1＝4

第5章

土木材料・
土木設計・
土木施工

土木材料

補習問題

No.1 次はセメントの水和作用に関する記述であるが，㋐～㋓に当てはまる語句の組合せとして正しいのはどれか。 【国家Ⅱ種・平成11年度】

「一般にセメントの水和作用は，セメントが [㋐] ほど，粉末度が [㋑] ほど，水量が [㋒] ほど，さらに温度が [㋓] ほど速くなる」

	㋐	㋑	㋒	㋓
1	古い	低い	多い	高い
2	古い	高い	多い	低い
3	新しい	低い	少ない	高い
4	新しい	高い	少ない	高い
5	新しい	高い	多い	低い

No.2 コンクリート構造物では近年，トンネル覆工の剥落の原因とされている「コールドジョイント」が問題となっている。

連続打設によるコンクリート施工におけるコールドジョイントの抑止策に関する次の記述の㋐，㋑，㋒に当てはまる語句の組合せとして妥当なのはどれか。

【国家Ⅱ種・平成14年度】

① コンクリートの打ち重ね時間間隔を [㋐] とるようにする。
② コンクリートの混和剤に [㋑] を用いる。
③ コンクリートの細骨材率を [㋒] する。

	㋐	㋑	㋒
1	長く	促進剤	高く
2	長く	遅延剤	低く
3	短く	促進剤	低く
4	短く	遅延剤	低く
5	短く	遅延剤	高く

No.3 次は，コンクリートの性質に関する記述である。A ～ D に当てはまるものの組合せとして妥当なのはどれか。　【国家Ⅱ種（農業土木）・平成19年度】

「練り混ぜられて流動性のある状態から固体に変化するまでの状態のコンクリートを ┌ A ┐ という。この性質を表す用語の一つとして ┌ B ┐ があり，コンクリートの変形や流動の性質と材料の分離に対する抵抗性とを合わせた包括的な性質で，運搬や打込み等の作業性を表している。 ┌ B ┐ は，粘着力や塑性粘土，内部摩擦角，凝集力などの材料個々の性質が複雑に関係するため，これを直接に測定し，定量的に評価することはできない。 ┌ C ┐ をスランプ試験によって測定し，さらにタッピングによって ┌ D ┐ を観察する方法がとられている」

	A	B	C	D
1	フレッシュコンクリート	コンシステンシー	ワーカビリティ	プラスティシティ
2	フレッシュコンクリート	ワーカビリティ	コンシステンシー	プラスティシティ
3	フレッシュコンクリート	ワーカビリティ	プラスティシティ	コンシステンシー
4	マスコンクリート	コンシステンシー	ワーカビリティ	プラスティシティ
5	マスコンクリート	ワーカビリティ	コンシステンシー	プラスティシティ

【地方上級・平成20年度】

1 コンクリートの強度は，材料の品質や配合だけではなく，養生期間にも影響を受けるが，養生温度には影響を受けない。

2 コンクリートの骨材に砕石を用いると，丸みを帯びた骨材に比べて強度は小さくなるが，ワーカビリティーが向上する。

3 粗骨材の最大寸法の標準的な値は，鉄筋コンクリートの一般的な断面のもので 40mm，断面の大きいもので 80mm，無筋コンクリートで 150mm である。

4 コンクリートは，温度が上がると膨張し，温度が下がると収縮する。熱膨張係数は 1℃につき平均 $7 \times 10^{-6} \sim 13 \times 10^{-6}$ で，鋼のそれとほぼ同じである。

5 硬化した普通コンクリートの密度は約 3,200kg/m^3 であるが，AE 剤を入れると重くなり，AE コンクリートのそれは約 3,500kg/m^3 である。

No.5 **図は，鋼材の引張試験により得られた応力とひずみの関係を示したものである。この図に関する次の記述の㋐，㋑，㋒に当てはまるものの組合せとして最も妥当なのはどれか。**

【国家Ⅱ種・平成18年度】

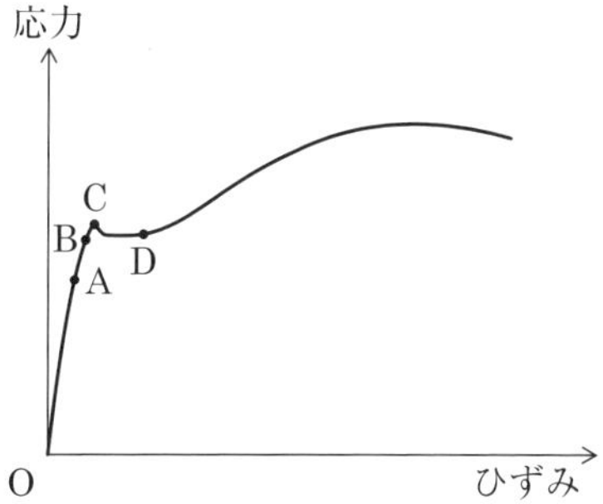

「点Aまでは，応力とひずみは比例関係にある。[㋐]と呼ばれる点Bまでは，荷重を取り去ったときひずみは消滅し残留ひずみは残らない。この後，点Cに達して応力は低下したが，点Dからは再び増加した。このような，ひずみが増加することにしたがって応力が増加する現象を[㋑]という。このひずみの進行は顕著であり，やがてこの鋼材は破断する。軟鋼は，破断時のひずみが20～30%と大きく，[㋒]に富んでいることがわかる」

	㋐	㋑	㋒
1	弾性限界	クリープ	展性
2	弾性限界	ひずみ硬化	延性
3	降伏点	クリープ	延性
4	降伏点	ひずみ硬化	延性
5	降伏点	ひずみ硬化	展性

No.1 の解説　水和作用

　水和作用はセメントが新しいほど，粉末度が高いほど，水量が少ないほど，さらに温度が高いほど速くなる。

　セメントが風化するということは，すでに水和作用が進んでいることを意味し，したがって，水和作用は遅くなる。また，粉末度が高いほど表面積が大きくなり，セメントと水の接触が増え，反応は速くなる。また，水は遅延剤として働くため，水が少ないほうが反応は速い。また，温度が高いと反応が速くなる。

　以上より，正答は**4**となる。

No.2 の解説　コールドジョイント

　コールドジョイントは，施工の予定外の一時中止などにより，コンクリートに不連続な面ができるもので，構造上の弱点となる。

　これを防ぐためには，まず，打ち重ね時間間隔を短くして，不連続面が生じないようにし，さらに，水和反応がすぐに終わらないように遅延剤を用いる。また，細骨材率が低いと材料が分離するため，細骨材率は高くする。

　以上より，正答は**5**となる。

No.3 の解説　フレッシュコンクリートの性質

　固体になるまでのコンクリートはフレッシュコンクリートという。作業性のことはワーカビリティというが，これは直接測定できないので，スランプ試験でコンシステンシーを測ったり，タッピングでプラスティシティを観察して判断する。

　以上より，正答は**2**となる。

No.4 の解説 コンクリート

1 ✕ 一般に同じ材齢では，養生温度が高いと強度も高い。

2 ✕ 砕石は，丸みを帯びた砂利と比べ付着がよいため強度が高いが，ワーカビリティーは減少する。

3 ✕ 粗骨材の最大寸法の標準的な値は，鉄筋コンクリートの一般的な断面のもので20または25mm，断面の大きいもので40mm，無筋コンクリートで40mmである。

4 ◎ 正しい。熱膨張係数が等しいことが，コンクリートと鉄を組み合わせる一つの理由である。等しくないと，熱により不等膨張し，内部応力が発生するからである。

5 ✕ AE剤はコンクリート中に空気を連行させるもので，むしろ密度は小さくなる。

No.5 の解説 鋼材

　点Bは弾性限界である。また，ひずみが増加すると応力も増加する性質は，ひずみ硬化という。鉄鋼において，引張強さを発揮してから破断強度まで余裕がある性質を延性という。

　以上より，正答は**2**となる。

第5章 土木材料・土木設計・土木施工

土木設計

補習問題

No.1　設計法に関する次の記述の㋐，㋑，㋒に当てはまる語を正しく組み合わせているのはどれか。　【国家Ⅱ種・平成９年度】

「［㋐］は，構造物または部材がその機能を果たさなくなり，設計目的を満足しなくなるすべての限界状態について検討するものである。

［㋑］は，構造物に要求された供用期間中に使用に耐えうるための条件が満たされなくなる状態をいう。

また，［㋒］は，最大耐荷能力に対応する限界状態であって，構造物に過大な荷重等が作用して，これ以上の荷重作用に耐えられなくなる状態をいう」

	㋐	㋑	㋒
1	終局強度設計法	使用限界状態	終局限界状態
2	終局強度設計法	供用限界状態	許容応力状態
3	限界状態設計法	使用限界状態	終局限界状態
4	限界状態設計法	使用限界状態	許容応力状態
5	限界状態設計法	供用限界状態	許容応力状態

No.2　コンクリート構造物の限界状態設計法に関する次の記述㋐，㋑，㋒の名称の組合せとして最も妥当なのはどれか。　【国家Ⅱ種・平成17年度】

㋐　構造物や部材が過度のひび割れ変位，変形などを起こし，正常な使用ができなくなったり，耐久性を損う状態。

㋑　構造物や部材が破壊したり，転倒，座屈，大変形などを起こし，安定性や機能を失う状態。

㋒　供試体と構造物中との材料特性の差異，材料特性が限界状態に及ぼす影響，材料特性の経時変化などを考慮するための係数。

	㋐	㋑	㋒
1	使用限界状態	終局限界状態	構造物係数
2	使用限界状態	終局限界状態	材料係数
3	終局限界状態	使用限界状態	構造物係数
4	終局限界状態	使用限界状態	材料係数
5	終局限界状態	使用限界状態	部材係数

No.3 次は構造物の耐震設計に関する記述である。A, B, C に当てはまる語句の組合せとして妥当なのはどれか。 【国家Ⅱ種（農業土木）・平成17年度】

「構造物の耐震設計は，地震動に耐える強度を構造物に与える設計で，設計において地震による揺れを ┌─ A ─┐ として与え，力学的な計算を行うことにより地震時の安定性を照査する方法である。この耐震設計の方法には，震度法や修正震度法，応答変位法，動的解析法などがある。

これに対して，地盤からの地震動が，構造物に伝わる影響を軽減することによって，構造物の安全性を維持する方策が ┌─ B ─┐ である。これには，建築物を積層ゴムなどのクッション上に建設し，構造物の固有周期を地盤の卓越周期から大きくずらすなどの方法がある。また，地震時の構造物の揺れをモニターし，自動的に構造物内のおもりを移動させたり，力を加えたりして揺れを軽減させるような方策を ┌─ C ─┐ という」

	A	B	C
1	荷重や変位	制震	減震
2	荷重や変位	免震	制震
3	加速度	制震	免震
4	地震波の周期	免震	減震
5	地震波の周期	免震	制震

No.4 わが国の橋梁の耐震設計に関する次の記述の㋐，㋑，㋒にあてはまる語句の組合せとして正しいのはどれか。 【国家Ⅱ種・平成14年度】

「橋梁の耐震設計法のうち，静的解析法として主に震度法と地震時保有水平耐力法が挙げられる。

このうち，震度法は構造物の[㋐]領域における振動特性を考慮した耐震設計法であるのに対し，地震時保有水平耐力法は構造物の[㋑]領域におけるエネルギー[㋒]性能を考慮した耐震設計法であるといえる」

	㋐	㋑	㋒
1	弾性	塑性	発散
2	弾性	弾塑性	吸収
3	弾性	塑性	吸収
4	塑性	弾性	発散
5	塑性	弾塑性	吸収

補習問題の解説

No.1 の解説　限界状態設計法

限界状態について考えていく設計法は，限界状態設計法である。終局強度設計法は，破壊時のみを考える設計法である。使用に耐えうる状態の限界状態は，使用限界状態である。また，最大耐荷力に対応する限界状態は，終局限界状態である。

以上より，正答は**3**となる。

No.2 の解説　限界状態設計法

㋐：正常な使用が不可能となる限界状態は，使用限界状態という。

㋑：構造物が破壊する状態は，終局限界状態という。

㋒：供試体が構造物で使われることにより，特性に違いが出るが，これを考慮するための安全係数を材料係数という。構造物係数は，外力と耐力の間の安全率を考慮するための係数である。

以上より，正答は**2**となる。

No.3 の解説　耐震設計

耐震設計の計算では，地震動を慣性力として外力として入力するか，あるいは地盤の変位として入力する。したがって，Aには「荷重や変位」が当てはまる。

また，地震のエネルギーの構造物への影響を減らす仕組みを免震，入力した地震のエネルギーが減衰，吸収される仕組みを制震という。したがって，Bには「免震」，Cには「制震」が当てはまる。

なお，入力した地震エネルギーに構造物が耐えられるように強固に建設することを耐震という。

以上より，正答は**2**となる。

No.4 の解説　耐震設計

震度法は，弾性領域で設計を行う方法である。大地震に対しては，この方法では経済的な設計が困難となる。

地震時保有水平耐力法は，塑性領域におけるエネルギー吸収能力も考慮した設計法である。大地震を想定した設計法といえる。

以上より，正答は**3**となる。

正答　No.1=**3**　No.2=**2**　No.3=**2**　No.4=**3**

補習問題

No.1 下の図のような土積曲線からいえることとして，正しいものはどれか。

【地方上級・平成17年度】

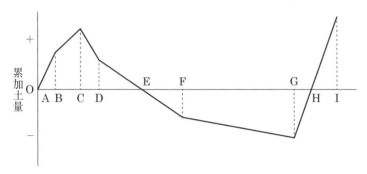

1 区間 AB はすべて盛土である。

2 区間 DG はすべて盛土である。

3 区間 AE では残土が生じている。

4 区間 EH では残土が生じている。

5 区間 AI での切土量と盛土量は同じである。

補習問題 の 解説

No.1 の解説 土積図

　　土積図が上昇している場合は切土,減少している場合は盛土となる。また,Eでは累積土量が0になっているので,残土は生じていない。EHも同様である。また,最後のIでは累積土量が+となっているので,残土が生じていることになる。

　　以上より,正答は**2**となる。

《必修問題》

　トンネル工事に関する次の記述の㋐，㋑，㋒に当てはまるものの組合せとして最も妥当なのはどれか。　【国家総合職・令和元年度】

「トンネル掘削の代表的な工法のうち，吹き付けコンクリートとロックボルトで補強した地山自体の支持力を利用し，一体化した周辺地盤でトンネルを支持しながら掘り進む工法を ㋐ という。また，未固結層にも適用可能であることから都市部でよく用いられる，掘削機を地中で前進させて後方に覆工を組み立てていく工法を ㋑ といい，地表から土留めなどで崩壊を防止しながら掘削し，トンネルを構築した後に埋め戻す工法を ㋒ という」

	㋐	㋑	㋒
1	NATM	シールド工法	開削工法
2	NATM	シールド工法	沈埋工法
3	NATM	推進工法	沈埋工法
4	URT工法	シールド工法	沈埋工法
5	URT工法	推進工法	開削工法

必修問題 の 解説

㋐：「NATM」が入る。山岳トンネルの工法で，「吹き付けコンクリート」「ロックボルト」「地山の強度を利用」のキーワードに当てはまるのは「NATM（New Austrian Tunneling Method）」である。これは簡単にいうと，トンネル掘削後，速やかに吹き付けコンクリート，ロックボルトといった支保を施工することで，周辺地盤の支持力を利用する形でトンネルを構築する工法である。一方，URT（Under Rail/Road Tunneling Method）工法は，主に都市部で，鉄道や道路のアンダーパスを掘削するときに利用される工法である。

㋑：「シールド工法」が入る。主に都市部の軟弱地盤の掘削に使われ，掘削した工法で覆工を組み立てるのはシールド工法である。推進工法もやはり都市部で使われるが，こちらは下水管の施工などで，反力を工法で取りながら，掘削と同時に管を押し出す工法である。

㋒：「開削工法」が入る。地表から掘削し，トンネル構築後に埋め戻す工法は開削工法である。一方，沈埋工法は主に海底トンネルで，あらかじめ構築したトンネル（ケーソン）を船で運んで沈めてからトンネルを接続して埋め戻す工法である。

正答 1

P◎INT

重要ポイント 1 橋梁の形式

橋梁には次のような形式がある。

①プレートガーダー橋

　I 型の桁を橋脚に架ける構造の橋のこと。桁橋。

近江鉄道愛知川橋梁

②トラス橋

　トラス構造を使い，自重に対して曲げる力が加わらないようにした橋のこと。

上田電鉄千曲川橋梁

③アーチ橋

　弓状の梁を用い，軸方向圧縮力で荷重を持つように設計されたアーチを利用した橋のこと。

錦帯橋

④ラーメン橋

主に橋台，橋脚を剛結した構造の橋のこと。剛結部に大きな曲げモーメントが加わる。

大坂橋

⑤斜張橋

塔からの引張材によって，主桁を支える構造の橋のこと。

札内清柳大橋

⑥吊り橋

ケーブルを主体として作られた橋のこと。材料の進歩により，長大橋に使われるようになっている。

白鳥大橋

ダムには次のような形式がある。

①重力式コンクリートダム

よく用いられている形式で，ダムの堤体をコンクリートで作るもの。重量が大きいため，高い水圧にも耐えることができる一方で，重量に耐えるための強固な地盤が必要で，場合によっては地盤改良を必要とする。

滝沢ダム

②中空式コンクリートダム

重力式と同様であるが，中を空洞にしてコンクリート使用量を節約したダム。数は多くない。

③アーチ式コンクリートダム

ダムをアーチ形にして，水圧をアーチの効果で両端の岩盤に伝えて水圧を支える構造。コンクリート量は重力式コンクリートダムよりも少なくて済むが，両端の岩盤には大きな圧縮力が伝わるため，強固でなければならない。

高根第一ダム

④アースダム

粘土や土などを堤体に利用するダム。農業用水用のダムに用いられる。

160

⑤ロックフィルダム

岩石，土砂などの土質材料を堤体に利用したダム。重量はコンクリートダムより小さく，基礎地盤の制約が小さいが，堤体は大きくなる。通常，堤体に使う材料は，運搬経費の削減のためダムの周辺のものを利用する。そのため，適切な材料が近くで得られることが望ましい。中央に透水性の小さい遮水部分をつくるものをゾーン型，表面に透水性の小さい遮水部分をつくるものを表面遮水型という。

御母衣ダム

第5章 土木材料・土木設計・土木施工

重要ポイント 3 トンネルの工法

①開削工法

地上から必要な深さまで掘削してトンネルを施工して埋め戻す工法。土被りが浅い場合で用いられるが，上部の交通に影響を与えることがある。

②沈埋工法

海底トンネルで用いられる工法で，地上部で組み立てたトンネル部材を船で運び，海底に沈めた後につなぎ合わせる工法。

③シールド工法

切り羽が密閉されたシールドマシンを使ってトンネルを施工する一方で，工法でセグメントを組んでトンネルを施工する工法。地山の強度が少ない場合でも施工できる。また，地上部への影響が少ないため，市街地でも施工できる。ただし，断面，地質構造によってシールドマシンを作るため，地盤や断面が大きく変化するようなトンネルには向かない。

④ TBM 工法

TBM を用いてトンネルを掘削する方法。シールドマシンと異なり，切り羽が開放されているが，工法でセグメントを組む点は同じである。主に山岳トンネルで用いられる。

⑤ NATM 工法

トンネルを掘削した後，速やかに吹付けコンクリート，ロックボルトといった支保工を施工する工法。軟弱地盤の山岳トンネルで用いられる。

①掘削運搬機械

ブルドーザー	土砂の掘削，押土，短距離の運搬作業に使用する
スクレーパー	掘削，積み込み，運搬，敷ならしを一連の作業として行う

②掘削機械

本体とアタッチメントに分かれている。

バックホー	機械の位置よりも低い位置の掘削に用いる
ローディングショベル	機械の位置よりも高い位置の掘削に用いる
クラムシェル	ワイヤーでつり下げたバケットで掘削するもので，水中掘削，狭い場所での掘削で用いられる
ドラグライン	バケットを引き寄せて掘削するもので，水路の掘削，砂利の採取に用いられる

③運搬機械

ダンプトラック	荷台を傾けて土砂を捨てることができるトラック
トレーラー	大きな荷物を運ぶのに使用される

演習問題

No.1 以下の文章の正誤を判断せよ。

1 シールド工法は，地山をシールドマシンにより掘削していくので，地質の変化への適応性がよい。

2 シールド工法は，地山の耐力を最大限に活用する工法のため，自立不良の地山には適さない。

3 シールド工法は，鋼製の枠を推進してトンネルを構築するため，立坑以外はトンネル上の土地利用状況に左右されない。

4 シールド工法は，市街地でのトンネル工事でのみ用いられており，山岳トンネルには適用されない。

5 シールド工法は，鋼製の枠をジャッキで推進し，掘削と同時に後方でプレキャストのセグメントを組み立ててトンネルを構築していく工法で，立坑部を除き，路上交通への影響は少ない。

6 山岳工法は，地山を掘削し，掘削された空間を支保構造物で安定させながらトンネルを構築していく工法で，軟弱な地山の場合にも適用できる。

7 開削工法は，地表面から掘り下げて所定の位置にトンネルを築造し，その後埋め戻す工法で，自由な断面のトンネルを建設することができる。

8 沈埋工法は，他所で製作したトンネル函体をユニットごとに沈設し，継手で接続した後土砂を埋め戻して築造する工法で，水底トンネルに用いられる。

演習問題 の **解説**

No.1 の解説 トンネル

1 ✕ シールド工法では，地盤に合わせてシールドマシンを作るため，地山の変化への適応性はよくない。

2 ✕ シールド工法は，地山の強度を利用する方法ではない。

3 ◎ 正しい。

4 ✕ シールド工法は，市街地でも山地でも使われる。

5 ◎ 正しい。

6 ✕ 山岳工法は，軟弱な地山には使えない。NATM 工法などほかの方法を使うべきである。

7 ◎ 正しい。

8 ◎ 正しい。

No.1 単純桁橋と比較した連続桁橋の特徴に関する次の記述㋐〜㋓のうち，正しいもののみをすべて挙げているのはどれか。　【国家Ⅱ種・平成10年度】

　㋐　連続桁橋は，部材が支点の不同沈下に対して強い。

　㋑　連続桁橋は，伸縮継目の数が減り，交通の走行性が向上する。

　㋒　連続桁橋は，温度変化の影響を受けやすい。

　㋓　連続桁橋は，支間中央の正の曲げモーメントが小さいので，支間を大きくすることが可能である。

1　㋐，㋒

2　㋐，㋓

3　㋐，㋑，㋓

4　㋑，㋒

5　㋑，㋒，㋓

No.2 次は NATM 工法に関する記述であるが，㋐，㋑，㋒に当てはまる語句の組合せとして正しいのはどれか。　【国家Ⅱ種・平成11年度】

「トンネル掘削工法の一種である NATM 工法とは，　㋐　や吹付けコンクリートなどで地山を補強し，地山自身の　㋑　を利用してトンネルを構築する工法である。施工中は地盤の挙動を計測し，　㋒　，覆工の強度などを逐次決定するところに特徴がある」

	㋐	㋑	㋒
1	セグメント	強度	基礎工
2	セグメント	圧密度	基礎工
3	ロックボルト	強度	基礎工
4	ロックボルト	強度	支保工
5	ロックボルト	圧密度	支保工

No.3 **土の締固めに関する記述㋐，㋑，㋒の下線部の正誤の組合せとして最も妥当なのはどれか。** 【国家一般職・平成25年度】

㋐ 締固め曲線とは，一定のエネルギーで締固めを実施した際の湿潤密土と含水比の関係を表した曲線をいう。

㋑ 日本工業規格（JIS）では，静的な圧力で土の締固めを実施する試験方法を採用している。

㋒ 細粒分が多く，含水比が高い土を締め固めすぎると強度が低下する減少が見られる。この現象を過圧密といい，締固めに注意を要する。

	㋐	㋑	㋒
1	正	正	正
2	正	誤	誤
3	誤	正	誤
4	誤	誤	正
5	誤	誤	誤

No.1 の解説　連続桁橋

　　連続桁橋は不静定構造物である。この点に注意して考えていくとよい。

㋐✕　不同沈下すると全体に影響が出るため，不同沈下には弱い。

㋑○　正しい。

㋒○　正しい。温度変化による伸びを吸収する遊びが支間に設けられない。

㋓○　正しい。静定構造物である単純桁橋と比べると，正の曲げモーメントは小さ
　　くなる。

　　以上より，正答は**5**となる。

No.2 の解説　NATM 工法

　　そのまま NATM 工法の説明になっているが，NATM 工法では，地山の
強度を最大限に利用するため，掘削直後にロックボルトを打ち込み，吹きつ
けコンクリートで補強する。また，地盤の挙動を計測して支保工を決定する。
支保工とは，トンネル外周を支える構造物のことである。

　　以上より，正答は**4**となる。

No.3 の解説　土の締固め

㋐✕　締固め曲線は，乾燥密度と含水比の関係を表した曲線である。

㋑✕　土質工学では，載荷重が一定となる荷重を静的という。締固め荷重は動的で
　　ある（他の力学では，調べている物が静止していれば静的，運動していれば
　　動的というのが普通である）。

㋒✕　過圧密ではなく，過締固めである。

　　以上より，正答は**5**となる。

正答　No.1＝5　No.2＝4　No.3＝5

第6章

土木計画・
衛生工学・
環境工学

《 必 修 問 題 》

　防災におけるタイムラインの策定に関する次の記述中の①〜④の｛　｝に入るものを a，b の中から正しく選んだものはどれか。

【地方上級・平成29年度】

「タイムラインの策定時には，災害の状況を①｛a. 現場確認し　b. 想定し｝，防災関係機関がとるべき防災行動を②｛a. 事前に決めずに　b. あらかじめ決定して｝おくことから，災害時，実務関係者はタイムラインに従って③｛a. 時刻どおりの　b. 先を見越した｝行動ができる。

　また，タイムラインの策定時には，防災関係機関がとるべき防災行動を整理し見える化しておくことから，災害時の判断を④｛a. 現場により近い者　b. 中央で指揮する者｝に委譲することが可能となる」

	①	②	③	④
1	a	a	a	b
2	a	b	a	b
3	a	b	b	a
4	b	a	b	a
5	b	b	b	a

必修問題 の 解説

災害発生時には，関係機関相互の連絡や，状況把握が困難になる一方で，防災関係機関には，一刻も早い対応が必要となる。これを踏まえて，防災におけるタイムラインとは，災害の状況をあらかじめ「想定し」，その想定の下で，どのような行動をとるのか「あらかじめ決定」しておくことで，どの関係機関がどのような行動をしているのか，お互いに想定しながら次の行動がとれるようにし，これにより，「先を見越した」行動がとれるようにしておくものである。

したがって，災害時の判断を「現場により近い者」が現場の状況に合わせて行うことが可能となる。

タイムラインが策定されていない場合，誰がどこで何をしているのかを取りまとめる中央の指揮系統がなければ効率的な行動ができず，その場合には，中央と現場との連絡を緊密に行わなければならない。しかし，災害時にはそのような時間や人員の猶予がないばかりか，それが不可能である場合も存在することに注意してもらいたい。

以上を踏まえると，①に b，②に b，③に b，④に a が入る。

正答 5

第6章

土木計画・衛生工学・環境工学

重要ポイント 1 　国土形成計画

　国土形成計画は，かつて存在した全国総合開発計画の制度を改め（全国総合開発計画法を改正する形で国土形成計画法が制定された）て制定された，全国の国土計画の基本をなす計画である。2005 年に国土形成計画法が，全国総合開発計画法を改正する形で制定され，2008 年に最初の国土形成計画が閣議決定された。現在，全国計画とすべての広域地方計画がすでに策定されている。

重要ポイント 2 　全国計画・広域地方計画

　国土形成計画は，全国計画と広域地方計画からなる。

　全国計画は，

①国土の形成に関する基本的な方針

②国土の形成に関する目標

③①，②を達成するために全国的な見地から必要と認められる基本的な施策

について定められる。策定に際しては，国民の意見を反映させるために必要な措置をとり，都道府県および政令指定都市の意見を聴き，ならびに国土審議会の調査審議を経なければならない。

　広域地方計画は，「1　東北圏」「2　首都圏」「3　北陸圏」「4　中部圏」「5　近畿圏」「6　中国圏」「7　四国圏」「8　九州圏」の 8 つの地域に分けられ，それぞれ定められている。

全国総合開発計画

　全国総合開発計画は，政府が全国の区域について定める総合開発計画であり，国民活動の基礎をなす国土の総合的な利用，開発，保全に関して基本的な方向を示す計画であった。第五次まで策定され，その後，国土形成計画に変わった。

※注：全国総合開発計画は国政に大きな影響を与え，過去の公務員試験では，非常によく出題されたが，近年は歴史的意義しかなく，出題はほとんど見られない。ただし，市役所等を中心に，過去問を流用した場合には出題されることがある。実戦問題に当時の問題を 1 問のみ残しておくので，参考にすること。

重要ポイント 3 建設マネジメントの用語

略語	正式名称	説明
BOO	Build Own Operate	民間事業者が施設等を建設し，維持・管理および運営し，事業終了時点で民間事業者が施設を解体・撤去する等の事業方式
BOT	Build Operate Transfer	民間事業者が施設等を建設し，維持・管理および運営し，事業終了後に公共施設等の管理者等に施設所有権を移転する事業方式
BTO	Build Transfer Operate	民間事業者が施設等を建設し，施設完成直後に公共施設等の管理者等に所有権を移転し，民間事業者が維持・管理および運営を行う事業方式
CM	Construction Management	工事の専門家ではない一般企業などの発注者に代わり，専門家であるコンストラクションマネジャー（Construction Manager ＝ CMr）が技術的中立性を保ちつつ発注者の側に立ち，設計・発注・工事の各段階での品質・コスト・スケジュールなどの各種マネジメント業務を行う方式
JV	Joint Venture	大規模な工事などを一企業で資金や技術，労働力をまかないきれない場合に，複数の企業が共同で連帯して工事に参加すること
PFI	Private Finance Initiative	公共施設等の建設，維持管理，運営等を民間資金，経営能力および技術能力を活用して行う手法。公共施設等の建設，維持管理，運営等に，民間の資金，経営能力および技術的能力を活用し，効率的かつ効果的に社会資本整備を図る事業手法
PI	Public Involvement	施策の立案や事業の計画・実施等の過程で，関係する住民・利用者や国民一般に情報を公開したうえで，広く意見を聴取し，それらに反映すること
VE	Value Engineering	目的物の機能を低下させずにコストを低減する，または同等のコストで機能を向上させるための技術

第6章 土木計画・衛生工学・環境工学

重要ポイント 4　入札方式

　公共工事の発注先は入札によって異なるが，公平に入札が行われるように入札制度が決められている。

一般競争入札	不特定多数の間で競争を行い，最も国に有利な者が落札者となる方式。現在の原則の方式。落札者の決定方法には主に下の2つがある	
	最低価格落札方式	価格の低い者を落札者とする方式。ダンピングが横行する危険がある
	総合評価落札方式	価格のみならず，技術，実績なども点数化して落札者を決定する方式
指名競争入札	あらかじめ指定した者のみに限定して入札を行う方式。以前は一般的であったが，現在は極めて限定的に用いられる。談合が横行する危険がある	
随意契約	特定の者と契約すること。現在は例外的に用いられる。汚職が横行する危険がある	

(1)公共工事の品質確保の促進に関する法律

　平成26年に改正された法律で，公共工事の品質確保と公共工事の品質確保の担い手の中長期的な育成確保を目的とした法律である。基本理念としては，これに加え，ダンピングの防止，適切な維持管理の実施，地域維持の担い手の確保，労働環境の改善などが挙げられている。

　この法律によって，予定価格の適切な設定，歩切りの根絶，ダンピング受注の防止が期待されている。

　また，技術提案交渉方式，段階的選抜方式など，多様な入札方式を導入することとなっている。

(2)ダンピング，歩切り

　ダンピングとは，不当に安い価格で落札することである。一見，安価な落札は，受注者にとって有利に見えるが，なんらかの不当な目的（競争相手の妨害や手抜き工事）をもって行われるのが普通であり，禁止されている。

　歩切りとは，発注者側がさまざまな理由で予定価格を減ずる行為で，公共工事の品質確保の促進に関する法律で禁止されている。

重要ポイント 5 費用便益分析

プロジェクトによって得られる利便と失われる効用をすべて金額換算し，さらに現在価値に直して比較する分析方法のこと。将来価値を社会割引率を通して現在価値に換算する点が特徴的である。費用と便益が等しくなるときの割引率を内部収益率という。

このように換算された費用 C と便益 B の比を**費用便益比**（B/C）といい，実際のプロジェクトの可否の決定によく使われている。B/C＞1 となるプロジェクトが社会的に有用なプロジェクトである。

また，費用と便益の差を費用便益差（B − C）といい，B − C＞0 であれば社会的に有用なプロジェクトだと判断することになる。

道路建設の場合，通常，便益には，走行時間短縮効果，走行費用削減効果，交通事故減少効果が，費用には事業費（建設費等）と維持修繕費が見積もられる。

重要ポイント 6 工程表

ネットワーク図以外にもさまざまな工程表が使われる。以下に代表例を挙げる。

①バーチャート

横軸に日数をとったもので，わかりやすく作りやすいため，よく使われる。

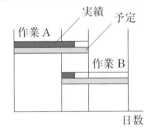

②ガントチャート

横軸に出来高比率を示したもので，進捗状況がわかりやすい。

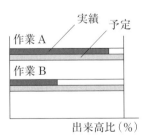

出来高比（％）

③グラフ式工程表

横軸に日数，縦軸に出来高比率を示したものである。

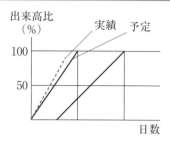

④斜線式工程表

トンネルのような一方向のみへ進む場合の工程表で，横軸に距離がとられている。

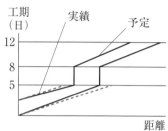

重要ポイント 7 地震

わが国は世界でも有数の地震大国であり，何度か甚大な被害を被っている。そのため，地震に対する備えは欠かせないものとなっている。

一口に地震といっても種類があり，主に次の2種類に分けることができる。

①プレート境界型地震（海溝型）

プレートの沈み込みの起きている部分で起こる地震である。プレートの移動により徐々に蓄えられたひずみが限界を超えて反発を起こすときに地震が発生する。このタイプの地震では，マグニチュードの大きな地震が発生しうるが，震源が海底であったり，深かったりするために，地震に伴う被害が，規模の割に小さい場合がある。しかし，津波が発生し，これによって壊滅的な被害が出る場合がある。

②都市直下型（直下型・内陸型・活断層型）

内陸部の活断層に蓄えられたひずみによって発生する地震である。陸地の直下の割と浅い部分を震源とするため，マグニチュードがあまり大きくなくても地上に壊滅的な被害をもたらす場合がある。

地震の被害で大きなものは，火災・建物倒壊・津波・土石流（山崩れ）などである。

重要ポイント 8 津波

　地震に伴って発生する巨大な波のことで，時に地震自体が小さくとも被害を壊滅的にする場合がある。津波が発生するのは，地震によって海底に断層のずれが現れる場合である。一般に津波は，水深の深いところと比べて，浅いところでは速度が遅くなり，波高が急激に増大する。

重要ポイント 9 液状化現象

　地震動によって，水を多く含んだ砂が有効応力を失い，液状になる現象である。地盤上の重いものは地盤の中に沈み，逆に軽いものは地盤の上に浮くようになり，時に破壊する。埋立地盤のように地下水位が高く，粒径のそろった砂地盤で発生しやすい。

重要ポイント 10 高潮

　台風に伴う海水面の上昇のことである。規模の大きな洪水被害が出る場合がある。これには次の2つの要因がある。
①吸い上げ効果
　気圧が低下することによって海面が上昇すること。
②吹き寄せ効果
　上昇した水面が台風の強い風によって陸地に押し寄せること。特にV字型になった湾奥では，これによって波高が高くなる場合がある。

重要ポイント 11 ハザードマップ・タイムライン

　ハザードマップとは，津波，地震，洪水等の災害が起きた場合に，どこにどの程度の被害が出るのかを予測して地図上に表したものである。住民の避難行動の目安として利用される。
　一方，タイムラインとは，あらかじめ行政等の関係者が，災害が起こった場合に，どのような行動をとるのかを決めておくことである。災害発生時には，必要の物資，行動が把握できないため，中央の司令部を中心としたトップダウン形式の指示系統では機能しない。そこであらかじめ誰がどのようなことを行動するのかを決めておくことで，お互いの連絡が取れない場合でも，それを信用して現場で必要な判断，行動をとることが可能となる。

第6章

土木計画・衛生工学・環境工学

No.1 以下の文章の正誤を判断せよ。

1 公共事業プロジェクトの評価においては，公共事業にかかる費用やそれにより整備された施設の量による数値指標のみならず，事業によって国民生活がどのように改善されるかを示す数値指標も併せて用いることが必要となってきている。

2 PFI（Private Finance Initiative）とは，公共施設の建設，維持管理および運営等を公共主体が金利の低い民間資金を調達して行う手法であり，この手法により公共事業にかかる費用の削減や，国民に対し質の高いサービスの提供が期待できる。

3 公共事業プロジェクトの経済性を向上させるためには，初期の建設コストのみではなく，建設された施設の供用開始後の維持管理コストなど，プロジェクトライフ全体において必要なコストを検討することが重要である。

4 建設工事において副次的に発生する物品のリサイクルが求められているが，これらの物品のうち，コンクリート塊やアスファルト塊については再利用や再生利用が困難であることから，それらの大半は埋立処分されているのが現状である。

5 社会資本の整備や管理において，民間部門の資金や能力を活用することは，さまざまな問題があり，わが国では行われていない。

6 VE（Value Engineering）とは，目的物の機能を低下させずにコストを低減する，または同等のコストで機能を向上させるための技術のことであり，社会資本整備においても設計時や入札時などで活用されている。

7 建設工事における総合評価落札方式とは，技術提案と価格について総合的に評価を行い，落札者を決める契約方式である。

8 建設工事におけるBOT方式とは，民間事業者が施設等を建設し，その完成直後に管理者等に所有権を移転し，民間事業者が維持，管理および運営を行う事業方式である。

9 建設工事における設計施工一括発注とは，設計と工事を一体的に発注する契約方式で，民間技術の活用によるコスト縮減，品質向上の効果が期待されるものである。

10 費用便益分析において，費用と便益の測定には，需要予測の誤差などによる不確実性が含まれる。

11 費用便益分析の対象とするプロジェクトライフは，プロジェクトの供用期間とする。

12 費用便益分析において，総便益が総費用の内数となる場合の社会的割引率を内部収益率という。

13 費用便益分析において，費用便益比が1を下回っている事業は，社会的に意義があるといえる。

14　費用便益分析において，費用と便益を同一時点の価値に換算するときは，社会的割引率を用いて現在価値に換算する。

15　道路の費用便益分析において，費用は，整備に要する工事費，用地費，補償費などの事業費によって算定しており，供用後に必要となる維持管理費は加算しない。

16　道路の費用便益分析において，便益は，走行時間短縮便益，走行費用減少便益，交通事故減少便益および沿道の地価上昇便益の 4 つの便益から算定される。

1 高潮とは，台風の接近による吹き寄せ，気圧低下による吸い上げ，および波浪による高波，これらが重なり合うことによって潮位が異常に上昇する現象をいう。

2 遠浅の砂浜と，急峻な入り江が互いに隣接している状況を考えた場合，津波が発生したときの危険性が高いのは遠浅の砂浜のほうである。

3 高潮や津波などによる浸水被害を軽減するためには，堤防や護岸などの施設の整備と併せて，災害発生時の危険性などの情報をあらかじめ住民に伝えておくことが重要である。

4 わが国において戦後，海岸侵食は深刻な問題であったが，その後海岸堤防や離岸堤，人工リーフ等の整備が進んだため，近年では海岸の侵食量はわずかなものとなっている。

5 内水浸水災害のような都市型水害が発生する要因の一つとして，河川流域の急激な都市化の進展に伴い，その流域の持つ保水・遊水機能が低下していることが挙げられる。

6 現在，活断層に関する調査が実施されているが，いずれの調査においても，将来想定される地震の発生時期やその規模に関する予測結果は公表されていない。

7 一般に，兵庫県南部地震のような活断層において発生する地震が放出するエネルギーは，海洋プレート境界において発生する地震が放出するエネルギーよりも大きい。

8 火山噴火については，噴火を予知し，事前に避難などの対策を行うことが人的被害を防ぐうえで重要であり，実際に噴火を予知し，避難を行った事例がある。

9 プレートの移動により発生するひずみが限界に達し，元に戻ろうとする際に発生する海洋型地震に比べ，活断層を震源として発生する地震は規模は一般に小さいが，震源が浅い場合には局地的に大被害を及ぼす可能性がある。

10 地震の規模を示すマグニチュードの大きさが1増えると，地震のエネルギーは10倍になる。

11 津波は，水深が浅くなるにつれて速度が大きくなり，波の高さも高くなる。

12 液状化とは，地震の発生などにより，砂中の間隙水圧が低下し，砂が液体のような挙動を呈する現象で，地盤にひび割れや沈下などを引き起こし，構造物に大きな被害を与える。

13 ハザードマップとは，災害の発生するおそれのある区域や避難先の位置，名称，情報伝達経路および緊急連絡先等，災害時の警戒，避難に必要な情報をまとめた図面情報である。

14 多発する災害や市民の社会的な意識の変化を受け，地域の防災の担い手として地域ごとに活動する消防団員数は，全国的に増加傾向にある。

15 大都市部では，中心部の気温が周辺部より高くなる「ヒートアイランド現象」
が進行していることから，海面上昇による高潮被害の増大が懸念されている。

16 大規模な自然災害が発生した場合，都道府県が被災者に当面の生活資金を支給
したり，壊れた住居家屋を撤去する制度は未だ設けられていない。

17 わが国は，河川の氾濫により土砂が堆積して形成された洪積台地に人口が集中
しているため，洪水による被害を受けやすい。

18 高潮は，台風や低気圧の接近に伴い，気圧低下による海面の吸い上げと風によ
る吹き寄せ効果で海面が上昇する現象である。

19 土石流は，山腹や川底などの土砂・石が大雨などによって勢いよく下流に押し
流されてくる現象のことである。

20 兵庫県南部地震のようなプレート内部の地震（内陸型地震）は，プレート境界
型（海洋型）の地震と違ってひずみの蓄積速度は非常に速い。

21 兵庫県南部地震を考慮して改訂された道路橋示方書では，鉄筋コンクリート橋
脚の設計として帯鉄筋の原則廃止が規定された。

22 地震で引き起こされる津波は，水深が深い所から浅い所に伝播するにしたがっ
て波速が遅くなる。

23 地震による液状化現象は，緩く堆積した砂質土地盤よりも固い粘性土地盤のほ
うが発生しやすい。

24 平成7年に発生した阪神・淡路大震災では，死者・行方不明者は6,000名以上
に及んだが，その多くは住宅等の倒壊によるものだった。

25 わが国における防災計画の体型では，地方公共団体の防災会議が作成する地域
防災計画より，中央防災会議が作成する防災基本計画の方が上位の計画として位
置づけられている。

26 住民の不安感を刺激するおそれがあるため，ハザードマップを現在公開してい
る市町村はない。

27 地震波のS波は横波で，その速度はP波より遅い。

28 地震による津波の波長が海の深さより十分大きいとき，地震による津波の伝播
速度は長波の式で与えられる。

第6章 土木計画・衛生工学・環境工学

No.1 の解説　建設マネジメント等

1◎　正しい。

2✕　PFI では，資金のみならず民間の技術，経営能力も活用する。

3◎　正しい。

4✕　平成 30 年度のアスファルト・コンクリート塊のリサイクル率は 99.5％であり，その割合は高い。

5✕　PFI といわれ，積極的に推進されている。

6◎　正しい。

7◎　正しい。

8✕　BOT は，建設・運営して投資資金を回収してから，所有権を移転する方式である。

9◎　正しい。

10◎　正しい。

11✕　供用期間を超えた影響も考慮する場合がある。

12◎　正しい。

13✕　1 を下回るということは，費用のほうが大きいということであり，費用に見合う社会的意義はないとされる。

14◎　正しい。

15✕　維持管理費も費用に加算する。

16✕　地価上昇便益は便益に加算しない。

No.2 の解説 防災

1 ◎ 正しい。

2 × 入り江のような複雑な海岸では，津波のエネルギーが集中する場合があるので，危険である。

3 ◎ 正しい。

4 × 最近でも，海岸の侵食は大きな問題となっている。

5 ◎ 正しい。

6 × 東海地震などの，プレート境界型地震で，近い将来起きると思われているものについて，監視体制が敷かれている。

7 × プレート境界型地震のほうがエネルギーは大きい。ただし，震源が大都市部からは離れているため，被害の大小は一概にはいえない。

8 ◎ 正しい。

9 ◎ 正しい。

10 × およそ32倍になる。

11 × 水深が浅くなると，速度は遅くなるが，エネルギーが集中するため，高さは高くなる。

12 × 間隙水圧は増加する。

13 ◎ 正しい。

14 × 消防団員の数は長期的に減少傾向にある。たとえば，平成の約30年で約15％減少した。

15 × 海面上昇は，ヒートアイランドが原因ではなく，地球規模の温暖化が原因である。

16 × たとえば被災者生活再建支援制度などがある。

17 × 人口は平野部に集中している。

18 ◎ 正しい。

19 ◎ 正しい。

20 × ひずみの蓄積速度はさまざまである。

21 × 帯鉄筋は，せん断破壊を防ぐ役割がある。

22 ◎ 正しい。

23 × 液状化は，砂質土地盤のほうが起きやすい。

24 ◎ 正しい。

25 ◎ 正しい。

26 × ハザードマップは水防法に従って公開することになっている。

27 ◎ 正しい。

28 ◎ 正しい。

第6章 土木計画・衛生工学・環境工学

No.1 国土形成計画についての以下の記述 A ～ D には正しいものが２つある。それはどれか。 【地方上級・平成23年度】

    A 全国総合開発計画に代わるものである。

    B 国土調査法で定められる。

    C 全国計画と広域地方計画からなる。

    D 平成 20 年 7 月に第 5 次計画が閣議決定された。

1 A，B

2 A，C

3 A，D

4 B，C

5 B，D

No.2 わが国の国土計画に関する次の記述の㋐, ㋑, ㋒に当てはまるものの組合せとして最も妥当なのはどれか。 【国家Ⅱ種・平成22年度】

「国土形成計画は， ㋐ と ㋑ で構成されている。 ㋐ は総合的な国土の形成に関する施策の指針となるべきものとして全国の区域について定められるものであり， ㋑ は ㋐ を基本として ㋒ 定められる」

	㋐	㋑	㋒
1	全国計画	広域地方計画	全国 8 区域において
2	全国計画	地方開発促進計画	一つの都道府県内の複数の市町村の区域をとりまとめて
3	全国総合開発計画	地方開発促進計画	全国 8 区域において
4	全国総合開発計画	広域地方計画	全国 8 区域において
5	全国総合開発計画	広域地方計画	一つの都道府県内の複数の市町村の区域をとりまとめて

No.3 全国総合開発計画に関する次の記述 A ～ D を，古い順から正しく並べているのはどれか。　　　　　　　　　　　【国家Ⅱ種・平成９年度】

A．大都市への人口と産業の集中を抑制し，一方，地方を振興し，過密過疎問題に対処しながら，全国土の利用の均衡を図りつつ人間居住の総合的環境の形成を図る。

B．東京等の既成大集積と関連させつつ開発拠点を配置し，交通通信施設によりこれを有機的に連絡させ相互に影響させると同時に，周辺地域の特性を活かしながら連鎖反応的に開発を進め，地域間の均衡ある発展を実現する。

C．地域が主体となった個性豊かな地域づくりを行い，一方，地域間の交流を支える高速交通体系等の整備を図る。さらに交流の機会づくりを推進し，交流の拡大による地域相互の分担と連携関係の深化を図る。

D．新幹線，高速道路等のネットワークを整備し，産業開発，環境保全に関する大規模プロジェクトを推進することにより国土利用の偏在を是正し，過密過疎，地域格差を解消する。

1 A，C，B，D　　**2** B，C，D，A
3 B，D，A，C　　**4** D，B，C，A
5 D，A，B，C

No.4 わが国の PFI における以下の事業方式 A，B，C と定義㋐，㋑，㋒の組合せとして最も妥当なのはどれか。　　　　　【国家Ⅱ種・平成18年度】

（事業方式）
　A：BOO　　　　B：BOT　　　C：BTO
（定義）
　㋐　民間事業者が施設等を建設し，維持・管理および運営し，事業終了時点で民間事業者が施設を解体・撤去する等の事業方式
　㋑　民間事業者が施設等を建設し，維持・管理および運営し，事業終了後に公共施設等の管理者等に施設所有権を移転する事業方式
　㋒　民間事業者が施設等を建設し，施設完成直後に公共施設等の管理者等に施設所有権を移転し，民間事業者が維持・管理および運営を行う事業方式

	A	B	C
1	㋐	㋑	㋒
2	㋐	㋒	㋑
3	㋑	㋒	㋐
4	㋒	㋐	㋑
5	㋒	㋑	㋐

No.5 **公共工事の品質確保の促進に関する法律に関する次の記述の㋐，㋑，㋒に当てはまるものの組合せとして最も妥当なのはどれか。**

【国家総合職・平成29年度】

「この法律は，公共工事の品質確保が，[㋐]を通じて，豊かな国民生活の実現およびその安全の確保，環境の保全（良好な環境の創出を含む），自立的で個性豊かな地域社会の形成等に寄与するものであるとともに，現在および将来の世代にわたる国民の利益であることに鑑み，公共工事の品質確保に関する基本理念，[㋑]，基本方針の策定等その[㋒]の促進その他の公共工事の品質確保の促進に関する基本的事項を定めることにより，現在および将来の公共工事の品質確保の促進を図り，もって国民の福祉の向上および国民経済の健全な発展に寄与することを目的とする」

	㋐	㋑	㋒
1	再生資源の十分な利用	国民の権利	担い手の中長期的な育成および確保
2	再生資源の十分な利用	国民の権利	建設資材の分解解体および再資源化
3	再生資源の十分な利用	国等の責務	建設資材の分解解体および再資源化
4	良質な社会資本の整備	国民の権利	担い手の中長期的な育成および確保
5	良質な社会資本の整備	国等の責務	担い手の中長期的な育成および確保

実戦問題 の 解説

No.1 の解説　国土形成計画

A○ 正しい。全国総合開発計画法を改正する形で制定された。
B× 根拠法は国土調査法である。
C○ 正しい。
D× 閣議設定されたのは，最初の国土形成計画である。
　　以上より，正答は**2**となる。

No.2 の解説　国土形成計画

　　国土形成計画は，全国計画と広域地方計画からなる。広域地方計画は，全国の8つの区域で定められる。
　　以上より，正答は**1**となる。

No.3 の解説　全国総合開発計画

A：人間居住の総合的環境の整備は，三全総のキーワードである。
B：拠点開発構想は，一全総のキーワードである。
C：地域間の均衡ある発展は，四全総のキーワードである。
D：大規模プロジェクトは，新（第二次）全総のキーワードである。
　したがって，古い順に B，D，A，Cとなり，正答は**3**となる。

No.4 の解説　PFI

　　BOO は Build Own Operate の略で，建設から撤去まで民間企業が行う方式である。BOT は Build Operate Transfer の略で，建設した後，運営して投下資本を回収するまでを民間企業が行い，その後，管理者に所有権を移転する方式である。BTO は，管理者に所有権を移転して，その後に投下資本を回収する方式である。
　　以上より，正答は**1**となる。

No.5 の解説　品確法

　　順に，「良質な社会資本の整備」「国等の責務」「担い手の中長期的な育成および確保」が入る。この法律は，リサイクルに関するものではなく，公共工事の入札側の国などの責務についてのものであることに注意してもらいたい。
　　以上より，正答は**5**となる。

正答　No.1＝2　No.2＝1　No.3＝3　No.4＝1　No.5＝5

必 修 問 題

用途地域に関する次の文章のうち，正しいのはどれか。

【地方上級・平成29年度】

1 用途地域は，市街化区域では定めるが，市街化調整区域では原則として定めない。

2 高度利用地区は，建築物の高さの最高限度を定める地区で，高さの最低限度は定めない。

3 特別用途地区は，用途地域が定められていない土地の区域内において，特定の建築物等の用途の概要を定める地域である。

4 風致地区は，自動車交通が著しく多い地区において，地区内に駐車場の整備を促進するために定められる地区である。

5 生産緑地地区は，市街化調整区域において商工業を確保するために，緑地率の最低限度を定める地区である。

必修問題 の 解説

1 ◎ 正しい。市街化区域には用途地域を定める。市街化調整区域は，市街化を抑制する区域であるため，市街化することを前提に，その用途について誘導する用途地域は原則として定めない（都市計画法13条1項7号）。

2 ✕ 高度利用地区は高さの制限に関する地区ではなく，土地の特別な高密度利用（これを高度利用という）を認める地区のことである。高さの制限に関する区域区分は「高度地区」である。なお，法律上の高度利用地区は，「用途地域内の市街地における土地の合理的かつ健全な高度利用と都市機能の更新とを図るため，建築物の容積率の最高限度及び最低限度，建築物の建蔽率の最高限度，建築物の建築面積の最低限度並びに壁面の位置の制限を定める地区」である（都市計画法9条19項）。また，高度地区は，「建築物の高さの最高限度又は最低限度を定める地区」である（都市計画法9条18項）ので，本肢の内容は高度地区としても誤っている。

3 ✕ 特別用途地区は，用途地域が定められている土地の区域内で，用途地域の指定を補完して定める地区のことである（都市計画法9条14項）。本肢の内容は特定用途制限地域のことである（都市計画法9条15項）。

4 ✕ 風致地区は都市の風致を維持するために設けられる地区である（都市計画法9条22項）。本肢の内容は駐車場法3条に設けられた駐車場整備地区についてのものである。

5 ✕ 生産緑地地区は，生産緑地法で定められたものであり，市街化調整区域ではなく，市街化区域内の農地に対して定められるものである（生産緑地法3条）。これは都市内において緑地を確保する目的で定められたもので，生産緑地に指定されると営農義務が生じる一方で，税制面で優遇を得られる。したがって，商工業の確保が目的ではなく，また，緑地率の最低限度を定めた地区でもない。

正答 **1**

POINT

....

重要ポイント **1** **都市計画の基本理念**

　都市計画の基本理念は都市計画法 2 条に表されている。引用すると次のとおりである。特に，無秩序な市街化（スプロール現象）を防ぎ，計画的な市街化を行うことが大切である。

　都市計画は，農林漁業との健全な調和を図りつつ，健康で文化的な都市生活及び機能的な都市活動を確保すべきこと並びにこのためには適正な制限のもとに土地の合理的な利用が図られるべきことを基本理念として定めるものとする。

....

重要ポイント **2** **都市計画決定の手順**

　都道府県が定める都市計画決定は，以下のフローに従って行われる。

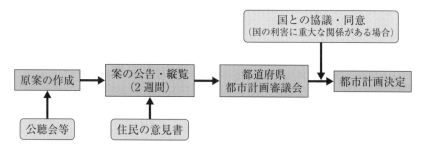

市町村が定める都市計画決定は，以下のフローに従って行われる。

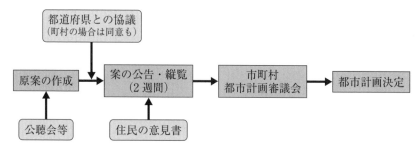

　以前は上位機関の同意が必要であったが，現在は特定の場合を除いては必要がない。ただし，都市計画区域，および区域区分の決定については，上のフローとは別に，国土交通大臣の同意が必要となる。なお，市町村が定める場合の都道府県との協議は，都市計画決定までに行えばよい。

⑴国と都市計画

　2 以上の都府県の区域にわたる都市計画区域に係る都市計画は，国土交通大臣および市町村が定める。

　また，国の利害に重大な関係のある事項に関し，必要があると認めるときは，都

道府県に対し，または都道府県知事を通して市町村に対して，期限を定めて，都市計画区域の指定または都市計画の決定もしくは変更のため必要な措置をとるべきことを指示することができる。このとき，都道府県または市町村は，正当な理由がない限り，当該指示に従わなければならない。さらに，都道府県が指示に従わない場合には，社会資本整備審議会の確認を得たうえで，国は自ら措置をとることができ，市町村が指示に従わない場合には，都道府県にその措置をとるように指示することができる。

さらに，国の機関は，国土交通大臣の承認を受けて，国の利害に重大な関係を有する都市計画事業を施行することができる。

(2) NPO による計画提案

都市計画法では，NPO（非利益団体，利益を目的としない団体）が都道府県や市町村に都市計画の提案をする制度を設けている。提案を受けた自治体は，必ずしもその計画を実施する必要はないが，行うまたは行わないことが決定された場合には，遅滞なく連絡する義務を負うことになる。

また，0.5ha 以上の土地の所有権，地上権，または貸借権を有する者も都市計画の提案をすることができる。

重要ポイント 3　基本方針（マスタープラン）

都道府県は，すべての都市計画区域について都市計画区域の整備，開発および保全の方法を定めなければならない。これを「都市計画区域マスタープラン」という。これは，長期的な（20年程度をめど）都市像を明らかにし，さらに区域区分の有無，および都市計画決定の方針を定めたもので，都市計画決定手続きを経て，決定される。また，これとは別に，市町村が定める都市計画にも「市町村の都市計画に関する基本的な方針（市町村都市計画マスタープラン）」が定められる。こちらは都市計画法上の都市計画ではなく，公聴会等住民の意見を反映させる手続きを経たうえで策定されるが，法律上の拘束力はない。

重要ポイント 4　都市計画区域・区域区分

(1) 都市計画区域

都市計画区域とは，都市計画を行う区域である。都道府県知事が，国土交通大臣の許可を受けて指定する。都市計画法は，基本的に都市計画区域内に適用されることになる。ただし，近年，都市計画区域外でも，急速な都市化が進み，無秩序な市街化が懸念される場所が多く見られるようになったことから，都市計画区域外にも，一部の都市計画法の適用を受ける準都市計画区域が設けられている。これも指定権者は都道府県である。

都市計画区域に入ると，都道府県は，市街化区域と市街化調整区域に線引きすることができる。これを区域区分という。ただし，この線引きは一部の地域を除いて

は行わなくてもよい。行わない場合，市街化区域でも市街化調整区域でもないため，非線引き区域と俗に呼ばれる。これはいわば線引きを保留した区域となる。ここに用途地域を指定すると，ほぼ市街化区域と同等の規制が加わることになる。

　市街化調整区域では原則として用途地域が定められ，計画的な市街化が進められるのに対し，市街化調整区域になると，基本的に開発は認められないことになり，都市施設の整備も市街化を促進しない範囲で行われることになる。

　結局，都市計画法の規定の及ぶ都市計画区域は，①市街化区域，②市街化調整区域，③線引きされない都市計画区域に分かれることになり，さらに都市計画区域の外にある準都市計画区域にも一部の規定が及ぶことになる。

(2)準都市計画区域

　都市計画区域の外に設けられる区域で，将来の都市計画に支障が出ないように設けられる区域である。

　準都市計画区域に指定されると，都市計画制限に関するいくつかの規定が適用される。ただし，都市計画を行うわけではないため，街作りに関する規定，たとえば次のことはできない。

　①市街地開発事業
　②地区計画

区域			趣旨	開発許可	用途区域
都市計画区域	市街化区域	区域市街化	すでに市街地を形成している区域およびおおむね10年以内に優先的にかつ計画的に市街化を図るべき区域	1000m^{2}以上は必要*	定める
	市街化調整区域		市街化を抑制すべき区域	原則必要	原則定めない
	区域非線引き			3000m^{2}以上は必要*	定めれば市街化区域と同等の規制
(都市計画区域外)	準都市計画区域		都市計画区域外の区域のうち，相当数の建築物や敷地の造成が行われ，または行われる見込みの区域で，放置すれば，将来における一体の都市としての整備，開発・保全に支障が生じると認められる区域	3000m^{2}以上は必要*	指定することができる

＊条例によって（市街化区域は場所によっても）引き下げられる場合がある
※都市計画区域外で準都市計画区域外の場合は1ha（＝10000m^2）のときに開発許可が必要

190

重要ポイント 5 地域地区

　区域区分が定められた後，市町村によって，地域ごとの性格に応じて用途，容積率，建蔽率などの各種規制を定めた地域が定められる。これを地域地区という。この中では用途地域が重要で，市街化区域に定められると，まず用途地域が指定される。一方，市街化調整区域は，原則として用途地域を定めない。この用途地域は次の13種類に分けられる。

	第一種低層住居専用地域	低層住宅に係る良好な住居の環境を保護するため定める地域
住居系	第二種低層住居専用地域	主として低層住宅に係る良好な住居の環境を保護するため定める地域
	第一種中高層住居専用地域	中高層住宅に係る良好な住居の環境を保護するため定める地域
	第二種中高層住居専用地域	主として中高層住宅に係る良好な住居の環境を保護するため定める地域
	第一種住居地域	住居の環境を保護するため定める地域
	第二種住居地域	主として住居の環境を保護するため定める地域
	準住居地域	道路の沿道としての地域の特性にふさわしい業務の利便の増進を図りつつ，これと調和した住居の環境を保護するため定める地域
	田園住居地域	農業の利便の増進を図りつつ，これと調和した低層住宅に係る良好な住居の環境を保護するため定める地域
商業系	近隣商業地域	近隣の住宅地の住民に対する日用品の供給を行うことを主たる内容とする商業その他の業務の利便を増進するため定める地域
	商業地域	主として商業その他の業務の利便を増進するため定める地域
工業系	準工業地域	主として環境の悪化をもたらすおそれのない工業の利便を増進するため定める地域
	工業地域	主として工業の利便を増進するため定める地域
	工業専用地域	工業の利便を増進するため定める地域

　用途地域に定められると，まず，次の表（概要のみ）に定められた建築物の用途制限のほか，容積率，建築物の敷地面積の最低限度が定められ，これに加え，それぞれの用途地域に応じた規制がなされている（主に建築基準法）。
　なお，容積率，建蔽率の定義は次のようになっている。

$$容積率 = \frac{延面積}{敷地面積} \quad 建蔽率 = \frac{建築面積}{敷地面積}$$

第6章　土木計画・衛生工学・環境工学

	住宅	共同住居・寄宿舎・下宿	学校	図書館・博物館等	大学・高専等	診療所	病院	神社・寺院・教会	店舗・飲食店	ホテル・旅館	自動車教習所	ボウリング等運動施設	劇場・映画館等	環境悪化のない工場	工場	大規模集客施設
第一種低層住居専用地域									1							
第二種低層住居専用地域																
第一種中高層住居専用地域																
第二種中高層住居専用地域																
第一種住居地域																
第二種住居地域																
準住居地域																
田園住居地域 3																
近隣商業地域																
商業地域																
準工業地域																
工業地域																
工業専用地域									2							

※表中のグレー部分は建築できない。ただし，上表では敷地面積の制限は省略している
1：住宅を兼ねるもののみ
2：飲食店，物品販売店は不可
3：その他，農作物の生産に付随する施設やそれを販売，飲食する施設も可

　この中では，以下を特に覚える。
①「低層住居系」の地域には，「大学」「病院」を建築できない。
②「大規模集客施設」は，「準住居地域」「近隣商業施設」「商業地域」のみ。
③商業地域は，（環境悪化する）工場以外はだいたい建築できる。特に住居は可。
④工業地域には，「学校」は建築できない。
⑤工業専用地域は④に加え，住居も建築できない。

用途地域以外でも以下のような地域地区（一部のみ）が規定されている。

特別用途地区	**用途地域内**の一定の地区における当該地区の特性にふさわしい土地利用の増進，環境の保護等の特別の目的の実現を図るため当該用途地域の指定を補完して定める地区
特定用途制限地域	**用途地域が定められていない**土地の区域（市街化調整区域を除く）内において，その良好な環境の形成または保持のため当該地域の特性に応じて合理的な土地利用が行われるよう，制限すべき特定の建築物等の用途の概要を定める地域
高度地区	用途地域内において市街地の環境を維持し，または土地利用の増進を図るため，建築物の高さの最高限度または最低限度を定める地区
高度利用地区	用途地域内の市街地における土地の合理的かつ健全な高度利用と都市機能の更新とを図るため，建築物の容積率の最高限度および最低限度，建築物の建蔽率の最高限度，建築物の建築面積の最低限度ならびに壁面の位置の制限を定める地区
景観・保全地区	景観地区	市街地の良好な景観の形成を図るために定める地区
	風致地区	都市の風致を維持するため定める地区
	生産緑地地区	市街化区域内の農地で，良好な都市環境を確保するため，都市部に残存する農地の計画的な保全を図る地区

重要ポイント 6　都市施設

円滑な都市活動を支え，都市生活者の利便性の向上，良好な都市環境の確保のうえで必要な施設を都市施設という。都市計画法では11条に都市施設として都市計画に定めることができるとされている。定めるべき都市施設も11条に規定されているが，主なものを列挙すると，「道路，都市高速鉄道，駐車場，公園，緑地，広場，墓園，水道，下水道，ゴミ焼却場，河川，運河，学校，図書館，病院」などとなる。

市街化区域では，少なくとも道路，公園，下水道を定め，そのほか必要に応じて小規模なものを定める。

市街化調整区域では，市街化を促進するような都市施設は定めないものとする。

なお，都市施設は，必要に応じて，都市計画区域外にも定めることができる。

重要ポイント 7 　**地区計画**

　建築物の建築形態，公共施設その他の施設の配置等からみて，一体としてそれぞれの区域の特性にふさわしい態様を備えた良好な環境の各街区を整備し，開発し，および保全するための計画を地区計画という。

　地区計画を定めると，地区施設および地区整備計画が定められ，用途制限，高さ制限，容積率，建蔽率などさまざまな規制を課すことができるようになる。地区計画制度では，用途地域などの制度と比べると，小さな範囲の地区について，より強力な都市計画誘導を行うことを目的としている。

　地区計画は，市街化区域のみならず，一定の要件を満たして入れば市街化調整区域にも定めることができる。

　なお，地区計画そのものには強制力はなく，各種の規制に反しても，市町村はそれに基づいて勧告を行うことができるのみである。ただし，地区計画に基づいて建築条例が定められると法的な強制力を持つ（建築確認が必要となる）。

重要ポイント 8 　**市街地開発事業**

　公共施設の整備状況や土地利用状況を踏まえ，計画的かつ良好な市街地を一体的に整備する必要があるときに定められる事業をいう。具体的には都市計画法 12 条に定められた事業のことで，市街化区域または非線引き区域で行われる。主なものを以下に挙げる。

(1)土地区画整理事業

　都市計画区域内において，公共施設の整備改善および宅地の利用の増進を進めるため，土地区画整理法の定めるところに従って行われる土地の区画形態の変更をいう。

　土地区画整理事業を行うことで，スプロール化した複雑な街路が整えられると同時に，公共施設が整備される。

　土地区画整理事業の施行者には，国，地方公共団体のほか，個人，組合，会社などもなることができる。また，土地区画整理事業は都市計画区域内で行われるが，個人，組合，会社が施行者の場合は市街化調整区域でも行うことができる。

　土地区画整理事業で使われる開発手法は，換地と減歩である。

換地		土地を交換し，区画整理された土地を割り当てること
減歩		換地において，減少して新規に充てられる土地のこと
	公共減歩	（売却などで）土地区画整理事業の原資とするために空けられた土地のこと
	保留地減歩	公民館，道路など公共施設の建設に充てられる土地のこと

⑵市街地再開発事業

　都市再開発法に基づき，市街地内の老朽木造建築物が密集している地区等において，細分化された敷地の統合，不燃化された共同建築物の建築，公園，広場，街区等の公共施設の整備等を行うことにより，都市における土地の合理的かつ健全な高度利用と都市機能の更新を図るための事業である。

　具体的には，密集市街地をまとめて高層ビルなどを建築し，そこに従来の居住者を転居させるような場合である。

　「権利変換方式」の第一種事業と，緊急性が高い「用地買収方式」の第二種事業に分かれる。

　第一種事業の場合，従来の土地権利者の権利が，原則として等価で新しいビルの床に置き換えられ（権利床），新たに増設された床を売却して事業費に充てる（保留床）ことができる。

重要ポイント 9 　住区基幹公園，都市基幹公園

　都市施設のうち，住民の日常生活に定着した基本的な公園として，住区基幹公園と都市基幹公園がある。住区基幹公園は住区を基準として，都市基幹公園は都市を基準としてその規模が分けられている。

	種別誘致距離	規模	街区との関係
街区公園	250m	0.25ha	1 街区に 4 公園
近隣公園	500m	2ha	1 街区に 1 公園
地区公園	1,000m	4ha	1 公園に 4 街区

第6章 土木計画・衛生工学・環境工学

1898年	田園都市 （ハワード）	・職住近隣型の郊外都市 ・人口数万程度の都市と農村の結合 ・住民によるコミュニティ形成
1924年	近隣住区論 （C.A. ペリー）	・小学校を単位として含む街区を一つのコミュニティととらえる。 ・近隣住区を幹線道路で囲み，通過交通を処理 ・公共施設を中心に，商業施設を幹線道路近くに配置
1928年	ラドバーン計画 （ライト・スタイン）	・近隣住区論を参考に,アメリカのラドバーンで実現 ・歩車分離 ・通過交通を一切排除，隣り合う住区は歩行車道で接続 ・中心部に緑地帯を配置
1976年	ボンネルフ	・歩車共存型の街づくり ・自動車が街区に入る場合に，速度が出ないように道路を工夫 ・オランダのデルフトで最初に実現

重要ポイント **11** 近隣住区論

　コミュニティを重視した都市形成をめざして，C.A. ペリーが1924年に提唱した都市計画理論。幹線道路で囲まれた小学校区の広さを一つのまとまりとして都市計画を行い，通過交通は地区の外側のバイパスを通過させ，地区内は歩車分離を行うことが特徴である。その特徴は以下のとおりである。

- 小学校区の広さを基準とする。
- 通過交通は地区の外側の幹線道路に迂回させ，地区内に不必要な交通が入らないようにする。
- 公民館，学校，公園等の公共用地は地区の中央付近に配置する。
- 商業施設は集合させて，地区の外側の幹線道路近辺に配置する。

重要ポイント **12** 立地適正化計画・コンパクトシティ構想

　コンパクトシティとは，中心市街地などの一定の範囲に行政施設や病院，商業施設をまとめ，その範囲に重点的に社会投資をするとともに，中心市街地に居住地を構えやすくするような施策のことである。

　このコンパクトシティ構想に，公共交通ネットワークの再編を合わせて制度化し，コンパクトシティ構想の推進を図ったのが，立地適正化計画である。

　立地適正化計画では，まず，都市計画区域内に立地適正化区域（原則として都市計画区域全体とする）を定め，その中に次の2つの区域を決めなければならない。

居住誘導区域	一定エリアにおいて人口密度を維持することにより，生活サービスやコミュニティが持続的に確保されるよう，居住を誘導すべき区域。市街化区域に定める
都市機能誘導区域	医療・福祉・商業等の都市機能を都市の中心拠点や生活拠点に誘導し集約することにより，これらの各種サービスの効率的な提供を図る区域。原則，居住誘導区域内に定める。複数あってもよい

　立地適正化計画が立てられると，居住誘導区域外の開発について届出が必要となる。

　立地適正化計画は，市町村の都市計画の根幹をなす計画であるため，市町村マスタープランの一部として位置づけられる。

第6章 土木計画・衛生工学・環境工学

　従来から，景観の保護のために景観条例が制定される場合があったが，より厳しい規制をかけることができるよう，景観法が制定された。景観法では，景観行政団体（中核市以上，および自ら志望した自治体）が景観計画を定めることができ，その中で「景観計画区域」「景観地区」「準景観地区」などを定めることができる。

「景観計画区域」では，建築物，構造物などの新築，改築，あるいは修繕などで意匠，色彩などの変更が伴う場合，景観行政団体の長に届出が必要となり，これに対し，設計の変更などの措置を命じることができ，さらにこれに従わない場合には原状回復命令を出すこともできる。このほか，景観重要建造物，景観重要樹木などを指定し，景観協定を結ぶことができる。

「景観地区」は都市計画区域または準都市計画区域内に定められる，都市計画法上の地域地区である。一方，「準景観地区」は，都市計画区域または準都市計画区域の外に定められる。この場合，形態意匠，色彩に関する制約が定められ，より積極的な誘導がなされる。この規制に対しても，景観行政団体の長による強制的な措置がとられる。

演習問題

No.1 以下の文章の正誤を判断せよ。

1 今後も引き続き自動車利用の拡大が想定されるため，用地が確保しやすい郊外の交通利便性の高い地域に，大規模商業施設などの広域的都市機能を都市計画手法により誘導していくことを原則とすべきである。

2 無秩序に薄く拡散する都市構造では，インフラだけでなく各種公共的サービスの提供効率が低下するなどの課題を引き起こす懸念がある。

3 すべての都市計画は，都道府県知事の承認に基づき，市町村長が定める。

4 地方自治の観点から，都道府県は，都市計画区域を指定するときは，国土交通大臣の同意を得る必要がない。

5 都市計画区域内において自動車の通行が可能となる道路は，すべて都市計画決定する必要がある。

6 都市計画の決定に際しては，案の縦覧およびその案についての意見書の提出等，住民の関与する一定の手続きが定められている。

7 用途地域は根幹的な都市計画であり，地方公共団体が一律の基準で決定することから，その決定や変更に際して地域住民が意見をいうことはできない。

8 都市計画決定は，都市計画法に従いすべて市町村の都市計画地方審議会を経て行われる。

9 都市計画地方審議会の開催に先立ち，必ず都市計画案の公告および縦覧が行われる。

10 市町村が都市計画区域について都市計画を決定しようとするときには都道府県知事に協議しなければならない。

11 国の機関は国土交通大臣の承認を受けて国の利害に重大な関係を有する都市計画事業を施行することができる。

12 都市計画決定に当たっては，必ず先行して法律に基づく環境影響評価が行われる。

13 都市計画区域ごとのマスタープランとなる「都市計画区域の整備，開発，保全の方針」は，原則として国土交通大臣が定める。

14 市町村ごとのマスタープランとなる「市町村の都市計画に関する基本的な方針」は，市町村が定める。

15 「市町村の都市計画に関する基本的な方針」は，「都市計画区域の整備，開発及び保全の方針」に則して定める。

16 市町村が定める都市計画は，「市町村の都市計画に関する基本的な方針」に則したものでなければならない。

17 大規模商業施設や廃棄物処理施設などが郊外部の土地や山間部などに散発的に立地する傾向があることから，必要な場合には，市街地だけでなく郊外部の土地

や山間部などの土地利用についても，都市計画の観点から配慮すべきである。

18 都市計画区域においては，一体の都市として総合的に整備，開発および保全する必要があるため，市街化区域と市街化調整区域との区分を定めなければならない。

19 市町村は都市計画に市街化区域と市街化調整区域との区分を定めることができる。

20 市街化区域とは，すでに市街地を形成している区域であり，市街化調整区域とはおおむね10年以内に優先的かつ計画的に市街化を図るべき区域である。

21 市街化区域，市街化調整区域，広域的・根幹的な都市施設，市街地開発事業に関する都市計画は国が定める。

22 都市計画区域外の区域において，放置すれば将来における都市としての整備，開発および保全に支障が生ずるおそれのある区域を準都市計画区域として指定することができる。

23 都市計画区域は，準都市計画区域と重複して指定することができる。

24 区域区分を定めていない都市計画区域のことを準都市計画区域という。

25 都市計画法に基づく開発許可は，市街化区域の開発については規模に関係なく必要としない。

26 市街化調整区域では，開発行為は原則的に禁止されているが，道路などの都市施設は，必要に応じて都市計画に定めることができる。

27 市街化調整区域において，個人の住宅建設のための開発などは，小規模なものであれば許可を要しない。

28 市街化調整区域における開発行為であっても，学校や病院等の公共公益施設の場合は，開発許可が不要である。

29 用途地域は，都市計画法の地域地区の一つであり，住居，商業，工業などの土地利用の用途を定めるものである。

30 用途地域における具体的な建築制限は，都市計画法に定められている。

31 都市計画区域については，住居，商業，工業およびその他の用途を適正に配分するため，いずれかの用途地域を定めなければならない。

32 用途地域は住居地域のように商業施設の設置を制限するなど，建築物の用途を制限するが，高さのような形態は制限しない。

33 都市計画において用途地域を定めた場合は，用途地域に関する都市計画として，建築物の容積率（建築物の延べ面積の敷地面積に対する割合）を定めなければならない。

34 第一種住居地域は，低層住宅にかかわる良好な住居の環境を保護するために定める地域である。

35 商業地域は，商業その他の業務の利便を増進するために定める地域であり，住宅の建築は原則としてできない。

36 準工業地域は，主として環境の悪化をもたらすおそれのない工業の利便を増進するために定める地域である。

37 工業地域内には原則として学校を建築してはならない。

38 用途地域以外の地域地区として，高度利用地区，景観地区，風致地区などがある。

39 用途地域と風致地区を重複して指定することができる。

40 都市計画区域は，都市計画を定める区域であるから，この区域外に，道路，都市高速鉄道，ごみ焼却場等の都市施設を定めることはできない。

41 都市計画は，土地利用に関する計画であるため，道路や鉄道などの公共施設の位置を定めることはない。

42 都市施設を都市計画決定する場合，都市施設の種類，名称，位置および区域は必ず定めなければならない。

43 都市計画施設の区域内において，将来の施設整備の支障となる建築物の建築は，いかなる場合であってもそれを行うことはできない。

44 地区計画は用途地域が定められていない土地の区域では定めることができない。

45 一定の地区に限って建築物の用途の制限等を決定する地区計画は，土地所有者等に影響を与えることから全員の合意がなければ決定できない。

46 市街地開発事業のうち，都市計画決定された面積が最も大きいのは市街地再開発事業である。

47 土地区画整理事業は，道路，公園等の公共施設を整備・改善し，土地の区画を整え宅地の利用の増進を図る事業である。

48 土地区画整理事業の施行に当たり，公共施設が不十分な区域では，地権者からその権利に応じて少しずつ土地を提供してもらい，この土地を道路，公園等の公共用地が増える分に充てるほか，その一部を売却し事業資金の一部に充てることができる。このように地権者から提供してもらう土地のことを換地という。

49 土地区画整理事業はわが国の市街地整備を代表する手法であり，土地区画整理事業で生み出された公園面積は，全国の開設済みの街区公園，近隣公園，地区公園の約半分に相当している。

50 都市計画税は都市計画法に基づいて行う都市計画事業または土地区画整理法に基づいて行う土地区画整理事業に要する費用に充てるために設けられた税である。

51 立地適正化計画制度における居住誘導区域は市街化調整区域内に定めない。

No.1 の解説 都市計画

1✕ 郊外に大規模商業施設を誘致すると, 中心市街地の空洞化を招き, さらに, 郊外部の無秩序な市街化を招きかねないため, その誘致は慎重に検討されなければならない。

2◎ 正しい。

3✕ 都市計画には, 市町村が定めるものも, 都道府県が定めるものもある。市が定める場合は都道府県知事との協議で足りる。

4✕ 都道府県の都市計画決定に原則として国の同意は不要であるが, 都市計画区域, 区域区分の決定においては必要である。

5✕ 私道などには不要である。

6◎ 正しい。

7✕ 都市計画決定において, 住民が意見書を提出することができる。

8✕ 都道府県の都市計画審議会を経るものもある。

9◎ 正しい。

10◎ 正しい。

11◎ 正しい。

12✕ 小規模なものについては必要ない。

13✕ 国ではなく, 都道府県が定める。

14◎ 正しい。

15◎ 正しい。

16◎ 正しい。

17◎ 正しい。

18✕ 都市計画区域内でも, 市街化区域と市街化調整区域に分ける必要はない。分けない区域を「非線引き区域」という。

19✕ 市町村ではなく, 都道府県である。

20✕ ともに市街化区域の説明である。市街化調整区域は, 市街地化を抑制すべき地域である。

21✕ 都道府県知事が定める。

22◎ 正しい。

23✕ 準都市計画は都市計画区域外に定めるもので, 重複して指定されることはない。

24✕ 区域区分を定めていない都市計画区域はいわゆる非線引き区域である。

25✕ 市街化区域であっても, 一定の規模以上では開発許可は必要である。

26◎ 正しい。

27✕ 市街化調整区域では, 私宅の建築であっても原則開発許可が必要である（例外はある）。

28✕ 開発許可制度の例外は, 都市計画法 29 条 1 項に書かれている。このうち, 公益目的の建築物については 3 番目に挙げられており,「駅舎その他の鉄道

の施設，図書館，公民館，変電所その他これらに類する公益上必要な建築物のうち」となっていて，この中に学校や病院は含まれていない。したがって，開発許可が必要である。

29 ◎ 正しい。

30 × 容積率などは建築基準法で決められている。

31 × 必ずしも用途地域を定めなければならないものではない。

32 × 高度制限も存在する。

33 ◎ 正しい。

34 × 文章は，第一種低層住居専用地域の説明である。

35 × 住宅の建築も可能である。

36 ◎ 正しい。

37 ◎ 正しい。

38 ◎ 正しい。

39 ◎ 正しい。用途地域が重複することはないが，用途地域と，制度の異なるほかの地域地区の指定は重複してもよい。

40 × 定めることは可能である。たとえば，山間部にも道路はある。

41 × 道路や鉄道も，都市施設に含まれている（都市計画法11条）。

42 ◎ 正しい。

43 × 建築規制を守っていて，開発許可を得ていれば可能である。

44 × 都市計画法12条の5に定められた要件を満たせば，用途地域が定められていない土地の区域でも定めることができる。

45 × 全員の合意は必要ない。

46 × 最も面積が大きいのは「土地区画整理事業」である。

47 ◎ 正しい。

48 × 文章は換地ではなく減歩の説明である。

49 ◎ 正しい。

50 ◎ 正しい。

51 ◎ 正しい。

第6章 土木計画・衛生工学・環境工学

実戦問題

No.1　わが国の都市計画法における都市計画の理念に関する次の記述の㋐，㋑，㋒に当てはまるものの組合せとして最も妥当なのはどれか。

【国家Ⅱ種・平成18年度】

「都市計画は，[㋐]との健全な調和を図りつつ，健康で文化的な都市生活及び機能的な都市活動を確保すべきこと並びにこのためには適正な[㋑]のもとに土地の合理的な[㋒]が図られるべきことを基本理念として定めるものとする」

	㋐	㋑	㋒
1	農林漁業	競争	利用
2	農林漁業	制限	利用
3	商工業	競争	保全
4	商工業	競争	利用
5	商工業	制限	保全

No.2　景観法に関する次の記述の㋐，㋑，㋒に当てはまるものの組合せとして最も妥当なのはどれか。

【国家Ⅱ種・平成22年度】

「景観法の目的は『我が国の都市，[㋐]等における良好な景観の形成を促進するため，景観計画の策定その他の施策を総合的に講ずることにより，[㋑]，潤いのある豊かな生活環境の創造及び個性的で活力ある地域社会の実現を図り，もって国民生活の向上並びに国民経済及び地域社会の健全な発展に寄与すること』とされている。

地方公共団体が『景観計画』を都市計画区域について定める場合には，『都市計画区域の整備，開発及び保全の方針』に適合するとともに，[㋒]の意見を聴かなければならないものとされている」

	㋐	㋑	㋒
1	観光地	観光産業の振興	都道府県都市計画審議会または市町村都市計画審議会
2	観光地	美しく風格ある国土の形成	国土交通大臣
3	観光地	美しく風格ある国土の形成	都道府県都市計画審議会または市町村都市計画審議会
4	農山漁村	観光産業の振興	国土交通大臣
5	農山漁村	美しく風格ある国土の形成	都道府県都市計画審議会または市町村都市計画審議会

No.3 用途地域に関する次の記述のうち，正しいのはどれか。

【国家Ⅱ種・平成11年度】

1 第一種住居地域：低層住宅にかかわる良好な住居の環境を保護するために定める地域。

2 商業地域：主として商業その他の業務の利便を増進するために定める地域。

3 準住居地域：近隣の住宅地の住民に対する日用品の供給を行うことを主たる内容とする，商業その他の業務の利便を増進するために定める地域。

4 準工業地域：工業の利便を増進するために定める地域。

5 工業専用地域：主として環境の悪化をもたらすおそれのない工業の利便を増進するために定める地域。

No.4 都市計画に関する以下の㋐～㋓の文章の正誤の組合せとして正しいのはどれか。

【地方上級・平成23年度】

㋐ 都市計画において，市街化区域と市街化調整区域は，原則として国土交通大臣が定める。

㋑ 市街化区域とは，すでに市街地を形成している区域と，おおよそ10年以内に優先的に市街地を形成する区域をさす。

㋒ 都市整備や生活基盤整備への公共投資は，市街化区域より市街化調整区域を優先する。

㋓ 市街化区域は用途地域を定めないが，市街化調整区域は用途地域を定める。

	㋐	㋑	㋒	㋓
1	正	正	正	誤
2	正	誤	正	誤
3	正	誤	誤	正
4	誤	正	誤	誤
5	誤	誤	誤	正

第6章
土木計画・衛生工学・環境工学

No.5 **都市計画法に規定されている都市施設に関する次の㋐～㋓の記述の正誤の組合せとして最も妥当なのはどれか。** 【地方上級・平成25年度】

㋐ 都市施設には，学校，市場，火葬場が含まれるが，河川，運河は含まれない。

㋑ 都市施設は，必要であれば都市計画区域外にも設けることができる。

㋒ 市街化調整区域には都市施設は一切設けない。

㋓ 都市計画施設は，都市施設のうちで都市計画決定したもののことをいう。都市計画において，市街化区域と市街化調整区域は，原則として国土交通大臣が定める。

	㋐	㋑	㋒	㋓
1	正	正	誤	誤
2	正	正	誤	正
3	正	誤	正	誤
4	誤	正	誤	誤
5	誤	誤	誤	正

No.6 **表は地区交通計画のシステムおよびその考え方をまとめたものである。各システムの考え方㋐，㋑，㋒とそれに当てはまる記述A～Eの組合せとして妥当なのはどれか。** 【国家Ⅱ種・平成14年度】

地区交通計画システム	システムの考え方
ボンエルフ（Woonelf）	㋐
ラドバーン・システム	㋑
近隣住区論	㋒

A　1920年代前半にアメリカのペリーが唱えたもので，住区は幹線街路によって囲われ，まとまった交通系を持つべきとしたもの。

B　スウェーデンのエテボリ（Goteborg）で採用された。市街地をいくつかの地区に分割し，その相互間の自動車交通は直接には認めず，外周環状道路を迂回させる強力な方式。

C　都心地区の自動車交通混雑とそれによる都心機能の低下を防ぐため，同地区内街路から自動車交通を排除し，歩行者区域としたもの。

D　1970年代にオランダのデルフトで採用された。住区内街路を歩行者用の空間として計画し，自動車は必須不可欠の交通のみ徐行して進入する歩車共存方式。

E　1920年代後半のアメリカでスタインとライトによって提唱された。自動車と歩行者の交通動線を完全に分離する方式。

	㋐	㋑	㋒
1	B	D	C
2	B	E	A
3	D	B	C
4	D	E	A
5	E	B	C

実戦問題の解説

No.1 の解説　都市計画法２条

都市計画法2条がもとの条文である。設問の記述を参考にしてもらいたい。

㋐：農林漁業

㋑：制限

㋒：利用

以上より，正答は**2**となる。

No.2 の解説　景観法

㋐：農山漁村

㋑：美しく風格ある国土の形成

㋒：都道府県都市計画審議会または市町村都市計画審議会

以上より，正答は**5**となる。

No.3 の解説　用途地域

1 × 第一種低層住居専用地域である。

2 ◎ 正しい。

3 × 近隣商業地域である。

4 × 工業地域である。

5 × 準工業地域である。

No.4 の解説　都市計画法

㋐ × 線引きを行うのは都道府県である。

㋑ ○ 正しい。

㋒ × 市街化調整区域は市街化を抑制する区域であるため，市街化区域が優先される。

㋓ × 原則として用途地域を定めるのは市街化区域である。市街化調整区域は用途地域を定めない。

以上より，正答は**4**となる。

No.5 の解説　都市施設

[ア][×] 都市施設には，河川，運河も含まれる。
[イ][○] 正しい。都市施設自体は，道路なども含まれることを考えれば，当然に都市計画区域外にも設けられるはずである。
[ウ][×] 都市施設に学校や道路を含むことに注意してもらいたい。
[エ][×] 国土交通大臣ではなく，都道府県知事である。
以上より，正答は**4**となる。

No.6 の解説　都市交通計画

㋐：ボンエルフはデルフトで採用された歩車共存方式の都市計画であり，Dが該当する。
㋑：ラドバーン・システムはスタインとライトが提唱した，歩車分離方式の都市計画であり，Eが該当する。
㋒：近隣住区論はペリーが提唱した都市計画であり，Aが該当する。
以上より，正答は**4**となる。

[正答] No.1=**2**　No.2=**5**　No.3=**2**　No.4=**4**　No.5=**4**　No.6=**4**

交通計画・道路工学

必修問題

道路設計に関する次の記述の正誤を正しく組み合わせたのはどれか。

【地方上級・平成26年度】

㋐ 視距とは，前方に障害物を発見し，ブレーキをかけて停止できるかできないかが判断できる見通しの距離のことである。

㋑ 縦断曲線とは，縦断勾配の変わり目で，自動車への衝撃を防ぐために入れる曲線のことである。

㋒ 緩和曲線とは，遠心力による自動車の意図しない動きを防ぐため，片勾配を設ける区間のことである。

㋓ 平面曲線では，速度超過の自動車でも安全に曲がれるように幅員を大きくする。

	㋐	㋑	㋒	㋓
1	正	正	誤	正
2	正	正	誤	誤
3	正	誤	誤	正
4	誤	正	正	正
5	誤	誤	正	正

〈必修問題〉の解説

[ア] ○ 正しい。道路構造令の規定では，「車線の中心線上1.2mの高さから当該車線の中心線上にある高さ10cmの物の頂点を見通すことができる距離を，当該車線の中心線に沿って測った長さ」と定義されている。これは，障害物を発見してから，安全に停止することのできる見通しの距離を意味している。

[イ] ○ 正しい。縦断勾配の変わり目で道路を屈曲させると，自動車に衝撃力が加わる。また，上り勾配から下り勾配に変わる部分では，見通しが利かないおそれがある。そのために変わり目の部分に入れる曲線が縦断曲線である。

[ウ] × 緩和曲線とは，直線部と曲線部の曲線半径の急激な変化を緩和するために設ける区間のことである。直線部と曲線部を直接接続すると，つなぎ目で曲率半径が不連続に変化するため，急激なハンドル操作が要求される。これを防ぎ，自動車の安全性を向上させるために設けるのが緩和曲線である。クロソイド曲線は緩和曲線の代表例である。

[エ] × 平面曲線で幅員を大きくとるのは，曲線を曲がるときの前輪と後輪の軌跡の差である内輪差を考慮したためであり，速度超過の自動車に配慮したわけではない。

正答 2

重要ポイント 1 ▶ 交通調査

効率的な道路整備，鉄道整備をするために，各種の交通量調査が行われている。主なものは以下のとおりとなる。

断面交通量調査	道路のある地点において，交通量を調査し，その断面の利用実態を調べる調査
自動車起終点調査 （OD 調査）	自動車交通の起点，終点，車種，乗車人員，荷物などを多面的にとらえる調査。面接，アンケートなどで行う
パーソントリップ調査 （PT 調査）	主に都市において，人の 1 日の動きを調査するもの。1 つの交通目的に従った動きの単位を「トリップ」といい，これについてアンケート，面接で調査を行う
物資流動調査	「物の動き」について発着地，施設，積載品目，積載量などについて調べる調査

(1)交通センサス

数年に 1 度，一斉に大規模に行う調査がセンサスである。交通に関する主要なセンサスとして次のようなものがある。

道路交通 センサス	3～5（近年は 5）年に 1 度全国で行われる，道路に関する交通調査。OD 調査と一般交通量調査が行われる
物流 センサス	5 年に 1 回，全国一斉に行われる物流に関するアンケート調査
大都市交通 センサス	5 年に 1 度，首都圏，中京圏，近畿圏を中心とした三大都市圏で行う，大量公共交通機関の利用状況を調べる調査。駅等で調査票を配布するアンケート調査，公共交通事業者へのアンケート調査などが行われる

(2)道路交通センサス

道路交通センサスでは以下の調査が行われる。

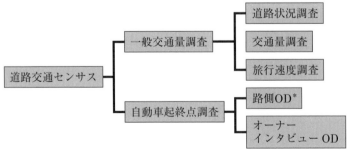

*路側 OD は，通過する自動車を停止させての調査であったが，平成 22 年，平成 27 年と廃止されている

重要ポイント 2 高度道路システム（ITS）

　情報処理システムを利用することで，道路利用者の利便性および安全性を高める技術。情報処理技術を用いたさまざまな技術の総称である。特に，高速道路で無線による料金徴収を可能とする「ETC」は全国のインターチェンジに普及して，料金所渋滞の減少に寄与したほか，道路上のビーコンやFM多重放送によって道路情報，混雑情報をリアルタイムにドライバーに伝達する「VICS」が実現している。

重要ポイント 3 交通需要マネジメント（TDM）

　交通利用者の交通行動の変更を促すことで，各種の交通問題を解決する方法のこと。道路利用者の時間の変更，経路の変更，手段の変更，自動車の効率的利用発生源の調整等の手段で交通需要を変更させる。なお，TDMの概念を広くとらえれば，多くの施策がTDMに含まれるため，その範囲は明確に定まっているわけではない。以下にその一部を挙げるが，そのほかにもさまざまな手法がある。

パークアンドライド	郊外部に無料，あるいは安価な駐車場を整備し，駐車場から公共交通手段の利用を促進するとともに都市部への交通流入の減少をねらう施策
キスアンドライド	駅の自動車乗降場を整備して，駅への送迎の利便を図り，駅からの公共交通機関の利用を促進する施策
ロードプライシング	都市部に流入する交通に料金を課すことで，都市部への交通の流入の減少を図る施策。日本では，都市高速の一部で環境ロードプライシングを実施している
コミュニティバス	小型の乗り合いバスのことで，安価で狭い街路の中にも運行することができる
モビリティ・マネジメント	会合などのコミュニティ政策によって，交通行動の変化を促す施策

重要ポイント **4** 四段階推定法

パーソントリップ調査などの調査から，交通需要を予測する方法として最も標準的なものが四段階推定法である。これは，以下の四段階に分けて交通需要量を推定するものである。

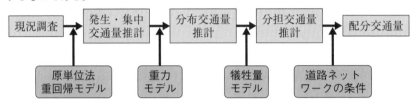

①発生・集中交通量

特定ゾーンから出る交通量，特定ゾーンに入る交通量の推定。原単位法，重回帰モデルなどがある。

②分布交通量

特定ゾーンから，別のゾーンへの交通量を求め，OD表の形にまとめる。

重力モデルが代表的である。これは，2つのゾーン間の交通量を，万有引力の公式に類似させて，両ゾーンの規模の積に比例し，距離の2乗に反比例させるというものである。

③交通機関分担交通量

分布交通量を，交通機関別に分ける。犠牲量モデルが代表的である。

④配分交通量

交通機関別の交通量から具体的なネットワーク上の交通量を求めるものである。

重要ポイント **5** 交通流理論

交通量を Q，交通密度を K，空間平均速度を V とする。これらには相互に次のグラフで表される関係がある。

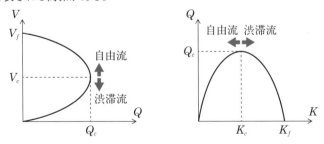

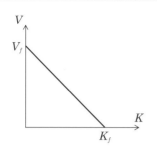

Q_c：交通容量
V_c：臨界速度
V_f：自由速度
K_c：臨界密度
K_f：飽和密度

重要ポイント **6** 道路の機能

道路は主に車両や人の交通に供される社会資本であるが，その機能は単に交通だけではなく，さまざまな意義を有している。道路の機能は以下のように分類されている。

交通機能	トラフィック（交通）機能	円滑に自動車，自転車，歩行者を通行させる機能
	アクセス機能	沿道の施設との出入りを行うための機能
	滞留（たまり）機能	自動車を駐車させたり，休憩施設で休憩させたりする機能
空間機能	市街地形成，防災空間，収容空間，環境空間等	街区の形成，災害時の避難路としての利用，ライフラインなどの収容，緑化を行う機能など

⑴交通容量

交通容量とは，ある条件下において，道路を通過できる最大の交通量を表す。以前は道路の車線決定に使われたが，現在では設計そのものではなく，道路設計の基準となる値である。この設計基準交通量をもとに，車線数などが決定される。これは次の順番に算定される。

①基本交通容量

理想的な条件下で通過しうる交通量をさす。幅員や側方余裕など一定の基準が満たされていれば，所定の値に決定される。

②可能交通容量

実際の道路ではさまざまな条件によって，基本交通容量を通すことはない。そこで，次のような条件によって，補正する。

- 幅員
- 側方余裕
- 沿道条件
- 動力付き二輪車および自転車等の混入

③設計交通容量

可能交通容量にサービス水準および信号交差点による補正を行う。

④日交通容量

③までは1時間値を基準にしているが，これを24時間値に直す。ただし，24時間同じ交通量があるわけではないので，K値，D値によって補正する。K値は時間変動，D値は上下方向の交通量の偏りによる補正である。

⑵計画交通量と設計基準交通量

計画交通量は道路設計の基準となる量で，計画交通量が決まると，道路の区分が決定され，結果として道路の構造にさまざまな形で反映される。

一方，この計画交通量は日交通量で表されるが，車線数を決定する場合には，道路の標準的な構造条件，交通条件を加味して決められた設計基準交通量と計画交通量を比較して決められる。

⑶建築限界

道路上の空間で，車両や歩行者の通行の支障とならないように，そこにはいかなる物体も置かないとするものをいう。

⑷歩道の形式

従来歩道は，車両から完全に分離するために，歩道面を縁石天端高さと一致させるマウントアップ形式がとられてきた。しかし，沿道との出入り口があるたびに歩道が上下する波打ち構造となり，車いすや高齢者の交通が妨げられてしまう。そこで，車道と歩道を縁石で区切りながら，車道と同じ高さに歩道を設けるフラット方式や，車道よりも歩道をやや高くするセミフラット方式が採用されるようになっている。特に，道路排水の流入や，車両からの安心感という意味で，セミフラット方式が望ましいといえる。

⑸曲線半径

道路の屈曲部には円曲線が使われるが，その大きさを円の半径で表したものが曲線半径である。曲線半径の小さい曲線ほど曲線がきつくなる。一般に，設計速度が大きいほど，曲線半径が大きくなり，また，同じ設計速度なら，凸曲線のほうが凹曲線よりも曲線半径が大きい。

なお，曲線半径の逆数を曲率という。

重要ポイント 7　緩和曲線

直線部から円曲線に直接接続すると，曲線半径が大きく変化するため，突然車道が折れ曲がった形となり，安全性，快適性を損なう。そこで，直線部と円曲線の曲線半径の不連続を解消するために間に曲線を挟む。これを緩和曲線という。緩和曲線には，3次曲線，レムニスケート，クロソイドなどが使われる。

クロソイド曲線は，曲線長に沿って曲線半径が反比例しながら変化する曲線で，最もよく使われる緩和曲線である。つまり，曲線半径を R，曲線長を L とすると，

$$RL = A^2$$

となる（定数は2乗にとる）。この A をクロソイドのパラメータという。

重要ポイント 8 　道路の勾配

　道路には，車が進行する方向（縦断方向）とそれと直交する方向（横断方向）に勾配が付けられる。これは以下のように分けられており，それぞれに基準が設けられている。

縦断勾配	車両の進行方向に対して付けられる勾配のこと。できるだけ小さいことが望ましい。縦断勾配が大きくなると，特に大型車の速度が低下するため，交通渋滞を引き起こす原因となる。これを防ぐために，縦断勾配が5%（高速道路または設計速度100km/h以上では3%）を超えるときには，登坂車線を設けるものとされている
片勾配	曲線部では遠心力が加わり，車両は曲線の外側へ引っ張られる。これを防ぐために，横断方向に付けられる勾配のこと。寒冷地では付けられる最大の片勾配は小さくなる
横断勾配	片勾配を付けない道路において，雨水の排水のために横断方向に付けられる勾配のこと。中央を高くする屋根勾配などがある
合成勾配	道路全体の勾配のこと。縦断勾配をi，片勾配または横断勾配をjとすると$\sqrt{i^2+j^2}$で表される

　縦断勾配が下りから上りに変わるところをサグといい，速度低下による渋滞の発生箇所となりやすい。

重要ポイント 9 　視距

　運転手は，自身の目で見た情報を元に安全に運転を行うため，適切な見通しがなければ安全に運転することはできない。この見通しの距離の基準が視距である。視距は，道路構造令では，次のように定義されている。

車線の中心上1.2mの高さから当該車線の中心線上にある高さ10cmの物の頂点を見通すことができる距離を当該車線の中心線に沿って測った長さ

　1.2mというのは普通車の運転手の視線の高さとして決められている。
　視距の主なものは，制動停止視距と追越視距である。制動停止視距は，ブレーキをかけて停止するまでに必要な視距で，ブレーキをかけ始めるまでの移動距離である空走距離を含んでいる。追越視距は，追い越しに必要な視距のことで，対向車の移動距離なども考慮して決められる。制動停止視距はすべての道路において確保されなければいけないが，追越視距はすべての道路において確保される必要はない。

(1)平面交差

　3以上の道路が平面で交差するのが平面交差である。平面交差を設ける場合，原則として5以上の道路を交会させないようにする。また，できる限り直角またはそれに近い形で交差するようにする。さらに原則として右折車線を設け（右折を認め

ない場合，大きくない道路でピーク時の処理能力に余裕がある場合，設計速度が40km/h以下で設計交通量が極めて少ない場合を除く），必要に応じ，左折車線，変速車線などを設ける。

⑵ロータリー，ラウンドアバウト

周回路に対し，多くの枝が伸びる形の交差点をロータリーという。これに対し，同じロータリー型の交差点で，周回路に優先権を与え，常に左回りで周回し，ロータリー部に入る車に一時停止を設け，円滑な交通流を促す運用を行うものをラウンドアバウトという。ラウンドアバウトは交通量が多すぎない場合には，渋滞対策として活用されている。

長野県軽井沢町のラウンドアバウト

重要ポイント 10 ▶ 歩車共存道路

生活道路における通過交通の排除など，快適な生活環境の創造をもたらすことを目的とし，自動車の速度を抑制する措置を講じ，歩行者にとって安全かつ安心な通行空間とした道路を歩車共存道路という。

歩車共存道路のうち，歩道と車道が物理的に分離されているものを特にコミュニティ道路，分離されていないものを歩車共存道路という。コミュニティ道路は，歩行者の立ち話などの憩いの空間としても機能するように造られる場合がある。施設としては，カラー舗装など，自動車の速度を抑制させるものがほとんどであるが，代表的なものとして次のようなものが挙げられる。

狭さく	道路の一部分を狭くして速度を抑制するものである。ボラードや植栽などで物理的に狭くする方法，カラー舗装などで視覚的に狭くする方法がある
ハンプ	速度を抑制するために設ける凸部のこと。または，凸部に見える模様を路面に描くものをイメージハンプという
ボラード	車止めのこと。歩道との境界に設けると，車両は通行できないが歩行者は通行できる
シケイン	速度を抑制するために，線形をジグザグに蛇行させハンドル操作を強いるもの。曲線を配置したスラロームや，交互に屈曲させるクランクがある

重要ポイント 11 ▶ 設計速度

道路の設計の基礎となる速度を設計速度という。道路構造令では設計速度は 30 〜 120km/h の値がとられている。一般に，自動車専用道路などでは設計速度は大きく，街区道路では設計速度は小さい。設計速度は道路構造や区分など，道路設計のさまざまな要素に関係しているが，大小関係についてまとめると次のようになる。

構造要素	設計速度が 大きくなったときの変化
視距	大きくなる
曲線半径	大きくなる
曲率	小さくなる
最小曲線長	大きくなる
緩和曲線長	大きくなる
縦断勾配	小さくなる
片勾配	大きくなる

重要ポイント 12 ▶ 舗装の種類

舗装には，アスファルト材料を表層に使うアスファルト舗装と，路盤にコンクリートを使用するコンクリート舗装に分けられる。通常，道路舗装には，維持管理の容易さ，また目地を設けないことからくる走行性の快適さの面から，アスファルト舗装が使われる。

	アスファルト舗装	コンクリート舗装
力学的別名	たわみ性舗装	剛性舗装
せん断抵抗性	あり	あり
曲げモーメント抵抗性	なし	あり
耐久性	小	大
目地	なし	あり
補修性	容易	困難

アスファルト材料

アスファルト材料は天然アスファルトと石油アスファルトに分けられる。道路舗装に使われるのは石油アスファルトで，これはストレートアスファルトとブローンアスファルトに分けられる。

原油を蒸留して得られるのがストレートアスファルトで，これが通常のアスファルトである。一方，加熱したストレートアスファルトに空気を吹き込んで化学反応させることでできたアスファルトをブローンアスファルトという。ブローンアスファルトは，ストレートアスファルトと比べて耐熱性が高い。

さらに，アスファルトを改質，あるいは高分子材料を添加した改質アスファルト

第6章 土木計画・衛生工学・環境工学

もある。たとえば，セミブローンアスファルト，ゴム入りアスファルト，樹脂入りアスファルトなどである。

重要ポイント 13 ▶ 針入度

アスファルトの硬さを表す指標である。針入度試験で求める。針入度試験とは，針を一定速度でアスファルトに貫入させる試験で，その貫入深さ（を 1/10mm 単位で表したもの）が針入度となる。アスファルトを分類する指標となるもので，0 ～ 10，10 ～ 20，…と分類される。

重要ポイント 14 ▶ アスファルト舗装の構造

アスファルト路盤は以下の構造に分けられる。

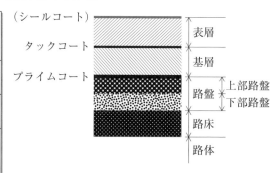

表層	摩耗に抵抗し，滑りにくく快適な走行を可能にする
基層	表層とともに，荷重を路盤に伝える
路盤	交通荷重を支えて，分散させる
路床	交通荷重を支持，分散させ，施工基盤となる

路床材料の強さは設計 CBR 試験で，路盤材料の強さは修正 CBR 試験で測定される。

シールコート，タックコート，プライムコート

路肩などの交通に使用しない部分の舗装の表面において，瀝青材を散布して，砂などをまいて転圧して表面処理することで，劣化を防ぐものをシールコートという。

また，基層の上に表層を付着させるために，基層の上にアスファルト乳剤を散布する。これをタックコートという。

さらに，路盤への表面水の浸透や，逆に路盤からの水分の上昇を防ぐために瀝青材料を路盤の上に散布する。これをプライムコートという。

重要ポイント 15　T$_A$法

　アスファルトの舗装厚の設計には T$_A$ 法が用いられる。この方法では，舗装すべてを表層のアスファルト混合物で作ると仮定する。そしてまず，大型車交通量と，路床の支持力（設計 CBR を用いる）によって目標とするアスファルト厚 = T$_A$（等値換算厚）を決定する。そして，この目標値を下回らないように各部分の厚さを設計する。このとき，路盤厚については，その強度（修正 CBR を用いる）をめどとして，アスファルト厚に換算して設計する。

　このように，すべてをアスファルト厚に直して設計するのが，この T$_A$ 法の特徴である。

重要ポイント 16　アスファルトの修繕

　アスファルトは耐久性が低く，不定形の短いひび割れであるヘアクラックや，縦断方向に生じた短い周期の凹凸の波打ち舗装（コルゲーション），交通荷重による凹凸であるわだち掘れがよく生じる。この破損の状況に応じて修繕が必要となる。

パッチング	緊急的に舗装材料を直接充填すること
オーバーレイ	表層に重ねて舗装を行うこと。表面を削る場合を切削オーバーレイという
打ち換え	古い舗装を剥がして，新しい舗装を行うこと

コンクリート舗装の構造

　アスファルト路盤は右の構造に分けられる。

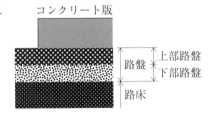

重要ポイント 17　特殊な舗装

排水性舗装	開粒度アスファルトなど，透水性の大きな舗装を表層に用い，基層などの排水層を通して排水を行う舗装。表面に水がたまらないため，すべりを減らすことができるだけでなく，騒音の減少にも寄与する
透水性舗装	単に透水性の高い舗装で，簡易的に使われる
半たわみ性舗装	空隙の大きなアスファルト舗装の中に，セメントミルクなどを浸透させることでたわみ性と剛性を総合的に活用する舗装

第6章　土木計画・衛生工学・環境工学

No.1 以下の文章の正誤を判断せよ。

1 道路の地下空間を活用して，電力線や通信線などをまとめて収容する電線共同溝などの整備による電線類地中化は，「安全で快適な通行空間の確保」「都市景観の向上」「都市災害の防止」「情報通信ネットワークの向上」を主な目的として実施される。

2 今後，蓄積した道路ストックのうち，高齢化するものが急増することから，維持・修繕・更新に係る投資を効率的に行っていくために，計画的・戦略的に道路管理を行うことが重要である。

3 踏切は，交通流動の悪化や緊急車両の通行の妨げ，踏切内への侵入による事故の発生などの問題を引き起こしており，連続立体交差事業をはじめ踏切対策を講じていくことが必要である。

4 渋滞や環境問題など交通に関するさまざまな問題への対処策の一つとして，交通需要マネジメント（TDM）施策の推進が挙げられる。

5 TDM（交通需要マネジメント）は，道路交通混雑を緩和するため，道路利用者の時間の変更，経路の変更，手段の変更，自動車の効率的利用等による交通需要量を調整するものである。

6 異なる交通機関相互での人の乗り換え，貨物の乗せ換えを円滑化するためには，交通結節点の整備が有効である。

7 自動車交通による CO_2 排出量を削減するため，パークアンドライドや環境ロードプライシングなどが実施される。これらの道路交通の需要を調整する施策をITS施策という。

8 電気自動車の普及を促進することにより，自動車交通による CO_2 排出量が削減される。

9 パーソントリップ調査とは，「『人の動き』を把握することを目的としており，どのような人が，どこからどこへ，どのような目的・交通手段で，どの時間帯に動いたかについて調べる調査」のことである。

10 パーソントリップ調査の特徴として，人の「移動目的（通勤，私事等）」や「移動手段（鉄道，自動車等）」が把握できることが挙げられる。

11 大都市交通センサスとは，「三大都市圏において，大量公共輸送機関の利用実態を調査し，各都市圏における旅客流動量や鉄道，バス等の利用状況，乗換え施設の実態を把握する調査」のことである。

12 道路交通センサスとは，「毎年ある地域を選定して，自動車起終点調査，一般交通量調査などを行い，道路と道路交通の実態を把握する調査」のことである。

13 四段階推定法は，交通需要量をゾーン単位で集計的にとらえ，交通発生・集中分析，交通分布分析，交通手段分析，交通量配分分析という四段階で交通需要を

予測する手法である。

14 非集計モデルによる交通需要予測は，個人を交通行動な単位とし，トリップごとに行う選択行動をモデル化して行うものである。

15 四段階推定法の段階のうちの交通発生・集中分析とは，交通手段ごとの利用交通が，どの移動経路をたどって行われるかを予測するものである。

16 発生・集中交通量の予測は，対象地域内における各ゾーンの発生・集中交通量を予測し，これを合計して総発生・集中交通量を予測するものである。

17 四段階推計法において発生交通量および集中交通量の推計は，一般的に重力モデル法や現在パターン法が適用される。

18 分布交通量の予測は，人の交通行動をモデル化することにより，各ゾーン間におけるトリップ数を予測するものである。

19 交通機関別分担の予測は，各交通機関を用いた場合の所要時間やコスト等を想定し，どの交通機関が利用されるかを予測するものである。

20 配分交通量の予測は，測定した各ネットワークに交通量を割り当てるものであり，Q-V式を用いた利用者均衡配分法などがある。

21 モノレールは1本の走行路を車両が走行する交通機関であり，跨座式と懸垂式がある。

22 ガイドウェイバスは通常のバスに案内装置を付加することにより専用走行路（ガイドウェイ）を走行するものであり，一般道路を走行しない。

23 連節バスは複数車両のバスをターンテーブルで連節させた形状の特殊車両で，バス輸送の効率化を図るために導入されている。

24 路面電車に関しては，20世紀後半，モータリゼーションの進展などにより営業キロ数が急減するなどの衰退が顕著であったが，その後はまちづくりの観点からその役割が見直され，路線の新設なども行われている。

25 基本交通容量とは，現実の道路条件および交通条件の下で，1車線または道路上の一横断面を単位時間当たりに通過できる車両数の最大値である。

26 出入り制限をしていない道路では，一般に，沿道の市街化が進んでいるほど可能交通量がより大きくなる傾向がある。

27 交通量が交通容量に達した後，交通密度がさらに増加すると，交通混雑が起こって平均速度は低下し，交通量は減少する。

28 交通量は，空間平均速度と交通密度の積で表される。

29 区間速度とは，ある区間を走行するのに要した時間（停止時間は含まない）と距離から求めた値である。

30 運転速度とは，実際の道路条件および交通条件の下で，その道路区間を設計速度を超えることなく保持できる最高区間速度である。

31 臨界速度とは，他の交通の影響がない場合に運転者がとる速度である。

32 交通量と空間平均速度の関係において，交通量が最大となる速度を臨界速度という。

33 交通量と交通密度の関係において，いかなる交通量のときでも，交通密度の値は1つに定まる。

34 道路構造の決定に当たっては，地域の状況を踏まえながら，当該地域の道路で重視すべき機能から必要な道路構造を検討することにより，全国統一的な記述基準を弾力的に適用することも必要である。

35 道路線形の設計に当たっては，自動車の走行に対する力学的な安全性・快適性や地形条件からみた経済性だけでなく，視覚的・運転心理的にも良好であることが求められる。

36 高速自動車国道および自動車専用道路に設定できる設計速度の最高値は100km/hである。

37 道路には，車道に接続して，路肩を設けるものとされている。ただし，中央帯または停車帯を設ける場合においては，この限りではない。

38 沿道の生活環境を保全するため，環境施設帯に遮音壁の設置や植樹を行うことがある。

39 植樹帯には，良好な道路交通環境の整備，沿道における良好な生活環境の確保等の機能があり，原則として設けるものとされている。

40 歩道の構造としてセミフラット方式は，車両乗り入れ部による，いわゆる波打ち歩道とはならず，降雨時の車道側からの雨水流入の心配もない。

41 積雪地帯に存する道路の中央帯，路肩，自転車歩行者道および歩道の幅員は，冬期間の除雪における堆雪幅を考慮して定めるものとされている。

42 建築限界とは，道路自体の採光や通風を確保することを目的として，道路外の敷地の一定部分について，建築物の高さを制限することをいう。

43 緩和曲線とは直線と円曲線の間に入れられる曲線のことであり，クロソイド曲線等が用いられる。

44 平面線形が直線部から曲線部に移る箇所には，走行安定性のため緩和区間が設けられるが，その線形は2次曲線が一般的である。

45 曲線半径の最小値に関する一般的基準は，設計速度に応じて定められており，より高い設計速度の道路において，より小さいものとして定められている。

46 平坦地においては片勾配は原則としてとらないものとし，その他の場所においても片勾配はより小さいほど望ましい。

47 道路の横断方向に設けられる片勾配は，コンクリート舗装の場合には，アスファルト舗装の場合より大きくできる。

48 縦断勾配と片勾配または横断勾配を組み合わせた勾配を合成勾配という。

49 道路の線形は運転者の位置から前方が十分見通せるものでなければならず、この見通し距離を視距という。

50 視距は、車線中心上から車線中心上の物体を確認できる地点までの見通し線の距離である。

51 一般的には、平面線形を考慮することで視距の確保は可能であるため、縦断線形の検討に当たって視距を考慮する必要はない。

52 制動停止視距を確保するためには、ドライバーが道路上の物体を確認してからブレーキの間に走行する距離と、ブレーキが効いてから停止するまでの間に走行する距離とを考慮する必要がある。

53 追い越しに当たっては、対向車線への自動車の移行を始める点から追い越し完了までの追い越し車の走行距離と、その間の対向車の走行距離の合計距離を考慮した視距が本来必要となる。しかし、これではかなり長い距離が必要となる。そこで、対向車の存在が認められれば追い越し車が追い越しをやめてもとの車線に戻ると考えられることから、追越視距を確保するに当たって、対向車の走行距離のみを考慮することが多い。

54 縦断勾配の最大値に関する一般的基準は、設計速度に応じて定められており、より高い設計速度の道路において、より大きいものとして定められている。

55 道路の縦断勾配が上り勾配から下り勾配へと変化する区間のことをサグといい、勾配の変化勾配の変化による速度低下に起因して周囲の空間よりも交通容量が低下するため渋滞を招きやすい。

56 縦断勾配が変化する部分に設けられる縦断曲線は、凹型曲線のほうが凸型曲線より大きい曲線半径を必要とする。

57 縦断曲線半径に関する一般的基準は、視距の確保についても考慮のうえ決定されており、凸型曲線のほうが凹型曲線よりも縦断曲線半径の最小値が小さくなるように定められている。

58 平面線形における曲線長は、道路交角が小さいほど必要な長さは長くなる。

59 平面線形の一つである緩和曲線は、車道の屈曲線のうちで円曲線以外の部分における曲線であり、運転者が受ける遠心力に伴う不快感や危険性を緩和するために設けられる。

60 クロソイド曲線は緩和曲線の線形として多く用いられており、R を曲率、L を曲線長とすると $\dfrac{1}{R} = CL$（C を定数とする）で表される。

1 舗装を構成する各層の厚さは，道路の幅員に応じて決められている。

2 一般に路盤厚が 30cm 以上になると，経済性を考慮し，上層路盤と下層路盤とに分けずに設計する。

3 アスファルト舗装は剛性舗装であるため，交通荷重による曲げとせん断の両方に抵抗できるという特性を有する。

4 道路の舗装材料としては，アスファルトはコンクリートに比べて耐久性が高い。

5 アスファルト舗装はコンクリート舗装に比べ，自動車などの荷重による変形に対して比較的順応しやすいなどの特色がある。

6 舗装は上から順に表層，上層路盤，下層路盤，路床，基層により構成される。

7 T_A 法による舗装の構造設計では，路床の設計 CBR を求めた後，大型車の走行台数を考慮したうえで，表層，基層および路盤の厚さを決定する。

8 交通荷重は舗装深部に向かうほどより大きく集中するため，下層路盤の材料は，上層路盤の材料よりも圧縮強度が高いものが要求される。

9 針入度とは，アスファルトの硬さを示す指標であり，一般にアスファルトの温度が高いほど針入度は小さくなる傾向がある。

10 アスファルト舗装厚は，設計交通量と設計 CBR によって決定される。

11 路床土の強度特性を表す指標として圧密係数が用いられる。

12 アスファルトの性質は，一般に使用される温度範囲内ではほとんど変化しない。

13 走行車両のタイヤの通過位置が凹状にへこむ現象を舗装のわだち掘れといい，この要因として最も多い事例は，タイヤによる磨耗である。

14 排水性舗装を用いると，路面の凹凸が大きいため，かえってタイヤ騒音を増加させる原因になるので，市街地ではほとんど用いられない。

15 流動によるわだち掘れが大きくなると予想される場所では，配合設計のすべての基準値を満足する範囲でアスファルト量を増やすのがよい。

16 配合設計のすべての基準値を満足する範囲で，アスファルト量が多いほど耐摩耗性は向上する。

17 排水性舗装は，雨天時の事故防止に有効であるが，一般に騒音が大きい。

18 維持・修繕方法の一つであるパッチングは，不良な舗装の一部分または全部を取り除き，新しく舗装を行うという方法である。

19 アスファルト舗装の修繕は，舗装が完全に破壊されて供用できなくなってから行うのが一般的である。

演習問題 の 解説

No.1 の解説　交通・道路計画

1◎　正しい。

2◎　正しい。

3◎　正しい。連続立体交差事業とは，鉄道を高架化または地下化することで，その区間の踏切の除去や立体交差を実現する事業のことをいう。

4◎　正しい。

5◎　正しい。

6◎　正しい。

7✕　交通需要を調整する施策は TDM（交通需要マネジメント）施策である。

8◎　正しい。

9◎　正しい。

10◎　正しい。

11◎　正しい。

12✕　道路交通センサスは，5 年おきに行われており，毎年は行われていない。

13◎　正しい。

14◎　正しい。

15✕　発生・集中分析ではなく，配分分析の説明である。

16✕　発生・集中交通量の分析は，総発生・集中交通量から，各ゾーンの発生・集中交通量を予測するものであり，話が逆になっている。

17✕　現在パターン法も重力モデル法も分布交通量の推計に使われる。

18◎　正しい。

19◎　正しい。

20✕　利用者均衡配分法は，各利用者の旅行時間が最短となるように利用者を配分する方法で，Q-V 式は使わない。

21◎　正しい。

22✕　ガイドウェイバスは名古屋に存在するが，専用走行路以外に一般道も通行している。

23◎　正しい。

24◎　正しい。

25✕　基本交通容量は，理想的な条件における最大交通量である。

26✕　市街化が進めば，交通容量は減少する。

27◎　正しい。

28◎　正しい。

29✕　区間速度は停止時間を含む。

30◎　正しい。

31✕　自由速度の説明である。臨界速度は，交通量が最大となるときの速度である。

32◎　正しい。

33✕　Q-K グラフを見るとわかるとおり，1 つの交通量の値に 2 つの交通密度（自

由流と渋滞流）が対応する。

34 ◎ 正しい。

35 ◎ 正しい。

36 × 道路構造令では，設計速度は120km/h まで設定されている。

37 ◎ 正しい（道路構造令8条）。

38 ◎ 正しい。

39 × 植樹帯は（都市部の一部の道路を除いて）必要に応じて設ければよい（道路構造令11条の4)。

40 ◎ 正しい。

41 ◎ 正しい。

42 × 建築限界とは，道路上の空間で，車両や歩行者の通行の支障となるような物を置かない範囲をいう。

43 ◎ 正しい。

44 × クロソイド曲線，3次曲線が使われる。

45 × 設計速度が大きいと，曲線半径は大きくなる。

46 × 片勾配は曲線部の遠心力による車両の曲線外側への移動を防ぐために付けるものであるので，平坦部であっても付ける。また，片勾配の角度は，最大限度を超えない範囲で，曲線半径などに合わせて適切に付けるため，小さければよいということではない。

47 ◎ 正しい。

48 ◎ 正しい。

49 ◎ 正しい。

50 × 見通し線とは障害物を見る視線であるが，視距は見通し線ではなく，これを道路の中心線に沿って測った長さである。

51 × 縦断線形の検討においても視距を考慮する。たとえば,凸型曲線の場合には,頂点より先が見えにくくなるため，縦断曲線と平面曲線を組み合わせて視距を確保しなければならない。

52 ◎ 正しい。

53 × 追い越しの場合，自車も走行しているのが当然であるため，追越視距には自車の走行距離も考慮する。なお，追越視距は極めて長いため，これを確保することは経済的ではないため，視距の開始点を，追い越そうとする車の後端に追いついてからとする「最小必要追越視距」でもよいことになっている（これ以前は，対向車が見えれば追い越しをやめてもとの車線に戻るとする）が，この場合も自車の走行距離は当然考慮する。

54 × 設計速度が大きいと，縦断勾配は小さくなる。

55 × サグ部は，下り勾配から上り勾配に変わる部分のことである。

56 × 凸型曲線のほうが見通しが悪いため，大きくとる。

57 × 凸型縦断の場合，見通しがないので，曲線を急にはできない。つまり曲線半径の最小値は大きくなる。

58✕ 道路交角が小さいと，曲線長は短くなる。

59◎ 正しい。

60✕ Rは曲率ではなく，曲線半径でなければならない。

No.2 の解説 舗装工学

1✕ 基本的に，交通区分（交通量）に大型車の交通量を考慮して決まる。

2✕ 逆に厚くなるときほど，分ける必要がある。

3✕ アスファルト舗装はたわみ性舗装であり，曲げには抵抗しない。

4✕ コンクリートのほうが耐久性は高い。ただし，アスファルトは補修が容易である。

5◎ 正しい。

6✕ 上から順に，表層，基層，上部路盤，下部路盤，路床である。

7◎ 正しい。

8✕ 荷重は深部を向かうほど分散される。

9✕ アスファルトは高温になると流動性が出るため，針入度は大きくなる。

10◎ 正しい。

11✕ 圧密係数ではなくて，設計 CBR である。

12✕ 温度によって大きく変化する。

13✕ わだち掘れの原因は自動車の自重であり，摩耗ではない。

14✕ 排水性舗装を使うと，騒音が小さくなる。

15✕ アスファルトはわだち掘れの原因であるため，むしろ減らしたほうがよい。

16◎ 正しい。

17✕ 騒音は小さくなる。

18✕ パッチングは，緊急的に舗装材料を生じた穴やひびに充填する補修方法である。説明されているのは，打ち換えである。

19✕ アスファルトの舗装は，完全に破壊される前に行う。

第6章

土木計画・衛生工学・環境工学

実戦問題

No.1 **道路の交通流の状態を表す交通量 *Q*，交通密度 *K*，平均速度 *V* には，一般に図に示す *K-Q* 曲線，*Q-V* 曲線のような関係がある。*K-Q* 曲線上の点㋐，㋑，㋒と対応する *Q-V* 曲線上の点①，②，③の組合せとして最も妥当なのはどれか。**

【国家Ⅱ種・平成19年度】

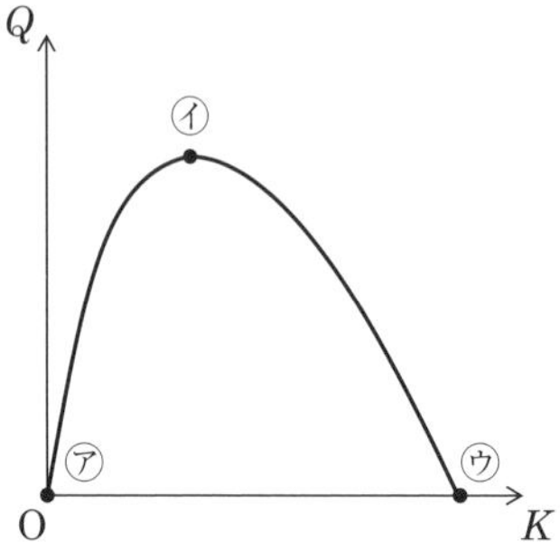

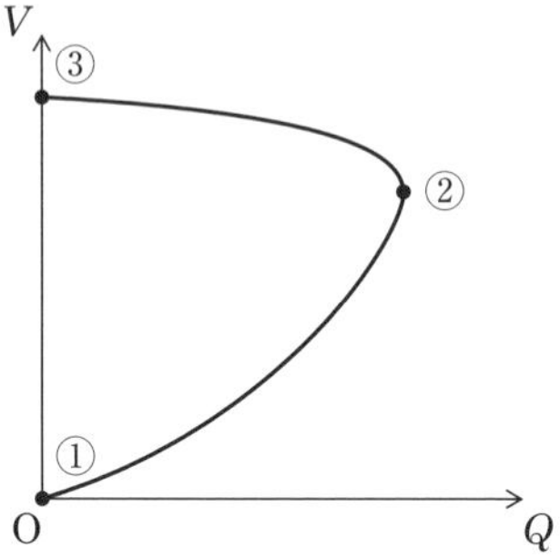

	㋐	㋑	㋒
1	①	②	③
2	①	③	②
3	②	①	③
4	③	①	②
5	③	②	①

No.2 **交通流に関する次の記述の㋐～㋓に当てはまる語句の組合せとして妥当なのはどれか。**

【国家Ⅱ種・平成14年度】

「交通密度 K と交通量 Q の関係を示す K-Q 曲線において，交通量の極大値 Q_c はその道路が許容できる最大交通量を示し，このときの交通密度を［㋐］密度という。

また，K-Q 曲線では同一の交通量に対して，交通密度は［㋑］の値が存在する。

さらに，交通量 Q と平均速度 V の関係を示す Q-V 曲線において，交通状態が［㋒］領域であるときは，平均速度の減少とともに交通量は増加するが，［㋓］領域では，平均速度の減少とともに交通量も減少する」

	㋐	㋑	㋒	㋓
1	飽和	3つ	自由流	渋滞流
2	飽和	2つ	渋滞流	自由流
3	臨界	2つ	渋滞流	自由流
4	臨界	3つ	渋滞流	自由流
5	臨界	2つ	自由流	渋滞流

No.3 四段階推定法（トリップインターチェンジ型）による将来の交通需要予測について，㋐発生・集中交通量，㋑配分交通量，㋒分担交通量，㋓分布交通量の4種類の交通量の推定順序として最も妥当なのはどれか。

【国家Ⅰ種・平成22年度】

1 ㋐→㋑→㋒→㋓

2 ㋐→㋑→㋓→㋒

3 ㋐→㋒→㋑→㋓

4 ㋐→㋒→㋓→㋑

5 ㋐→㋓→㋒→㋑

No.4 四段階推計法に関する記述㋐〜㋓の語句と，それらを説明したA〜Dの記述の組合せとして最も妥当なのはどれか。　【国家Ⅱ種・平成20年度】

㋐　発生・集中交通量の推定

㋑　分布交通量の推定

㋒　交通手段別分担交通量の推定

㋓　配分交通量の推定

A　各ODペアの交通がどの交通手段を利用するかを推定すること。

B　目標年時におけるゾーン別発生交通量，集中交通量を推定すること。

C　鉄道，バス，自動車の交通機関別OD表を与えられた交通ネットワークに割り当てて推定すること。

D　ゾーンに発生（集中）する交通がどのゾーンに集中（発生）するのかを推定すること。

	㋐	㋑	㋒	㋓
1	B	A	D	C
2	B	C	A	D
3	B	D	A	C
4	D	A	C	B
5	D	C	A	B

No.5 道路交通施策に関する次の記述の㋐，㋑，㋒に当てはまる語句の組合せとして正しいのはどれか。 【国家Ⅱ種・平成14年度】

「道路交通の円滑化を図るためには，地域の実情に合わせて，バイパス・環状道路の整備のような道路の交通容量を拡大する施策とともに，時差通勤や ㋐ などの道路の有効利用により交通需要をコントロールする ㋑ 施策，交通結節点整備などの交通機関の連携や公共交通機関の利用を促進する ㋒ 施策を組み合わせて総合的に実施することが必要である」

	㋐	㋑	㋒
1	ロードプライシング	TDM	マルチモーダル
2	ロードプライシング	ITS	マルチモーダル
3	ETC	TDM	マルチモーダル
4	ETC	TDM	バリアフリー
5	ETC	ITS	バリアフリー

No.6 自動車がその進行方向前方に障害物（または対向する自動車）を認め，衝突しないよう制動をかけて停止するか，あるいは障害物を避けて走ることができる距離として視距の基準が設けられている。

次はその視距に関する記述であるが，㋐，㋑，㋒に当てはまるものの組合せとして正しいのはどれか。 【国家Ⅱ種・平成11年度】

「わが国の道路構造令上の定義では，車線（車線を有しない道路の場合は車道）の中心線上 ㋐ m の高さから当該車線の中心線上にある高さ ㋑ cm の物の頂点を見通すことができる距離を視距といい，平面図では ㋒ で示される」

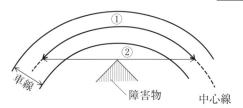

	㋐	㋑	㋒
1	1.2	10	①
2	1.2	10	②
3	1.2	90	②
4	2.4	10	①
5	2.4	90	②

No.7 **道路法に関する次の㋐～㋓の記述の正誤の組合せとして最も妥当なのはどれか。** 【地方上級・平成25年度】

㋐ 道路法は，道路網の整備を図るため道路に関するさまざまな事項を定め，交通の発達に寄与し，公共の福祉を増進することを目的としている。

㋑ 道路法で定義されている道路の種類は，高速自動車国道，一般国道，農道，林道の4種類である。

㋒ 一般国道の新設，改築は国土交通省が行い，道路の維持，管理は国家公安委員会が行う。

㋓ 電柱などの工作物の設置や，長期間の使用を行う場合には，道路管理者の許可を受けなければならない。

	㋐	㋑	㋒	㋓
1	正	正	誤	正
2	正	誤	誤	正
3	正	誤	正	誤
4	誤	正	誤	正
5	誤	誤	正	誤

実戦問題の解説

No.1 の解説　交通流

㋐は交通密度が0なので，自動車がいない状態で，この場合の速度は大きい。一方，㋒は交通密度が最大で渋滞流である。したがって㋐が③，㋒が①である。㋑は臨界状態で②である。

以上より，正答は**5**となる。

No.2 の解説　交通量

最大値 Q_c は臨界密度（㋐）という。また，同一の交通量に対して，交通密度と交通量の関係式では，自由流と渋滞流の2つ（㋑）の値が存在する。最後に，平均速度が減少すると交通量が増加するのは，十分な車間のある自由流（㋒）であり，渋滞流（㋓）では，平均速度が減少すると，自動車が通過できないため，交通量も減少する。

以上より，正答は**5**となる。

No.3 の解説　四段階推定法

㋐発生・集中→㋓分布→㋒分担→㋑配分の順になる。

以上より，正答は**5**となる。

No.4 の解説　四段階推定法

㋐発生・集中交通量の推計は，各ゾーンについて，発生する交通量と集中する交通量を推計するものである（B)。次に，㋑分布交通量の推計は，あるゾーンに発生した交通量が，どのゾーンに集中したのかを推計するものである（D)。次に，㋒分担交通量は交通手段別に交通量を割り当てるものであり（A)，㋓配分交通量は，各交通手段の交通量がネットワーク上のどの経路を通ったのかを推計するものである（C)。

以上より，正答は**3**となる。

No.5 の解説　道路交通施策

　道の有効利用を図るのは，道路に課金して交通量の軽減を図るロードプライシング（㋐）である。ETC は高速道路における自動料金収受システムである。

　このように交通需要をコントロールする政策を，TDM（交通需要マネジメント）（㋑）という。ITS は高度道路交通システムのことで，ETC，VICS が代表例である。

　交通結節点整備などの交通機関の利用を促進する政策は，マルチモーダル（㋒）である。

　以上より，正答は**1**となる。

No.6 の解説　視距

　視距は，自動車の運転手を想定して考えられているため，高さは1.2m（㋐）となっている。また，物体の大きさは10cm（㋑）で，見通しの距離である①（㋒）を使う。

　以上より，正答は**1**となる。

No.7 の解説　道路法

㋐○　正しい（道路法1条）。
㋑×　高速自動車国道，一般国道，都道府県道，市町村道である（道路法3条）。
㋒×　新設，改築は国土交通大臣が主に行い，管理も国土交通大臣，または都道府県が行う。（道路法12条，13条）
㋓○　正しい（道路法32条）。

　以上より，正答は**2**となる。

第6章　土木計画・衛生工学・環境工学

正答	No.1＝5　No.2＝5　No.3＝5　No.4＝3　No.5＝1　No.6＝1　No.7＝2

必 修 問 題

河川工学に関する次の記述の正誤を正しく組み合わせたのはどれか。

【地方上級・平成26年度】

㋐　河況係数とは，最大流量と最小流量の比のことで，この値が大きいと治水対策が困難になる。

㋑　比流量とは，降雨量全体に対して，地面に浸透せずに地表や河川に流出する割合を表し，ピーク流量に影響する。

㋒　渇水流量とは，1年のうち275日はこれを下回らない流量を表す。

㋓　似たような延長，流域の河川が河口付近で合流してできる流域を放射状流域といい，円形または扇形に近い形状になる。洪水時には，各支川の洪水到達時間が異なるため，ピーク流量は小さくなる傾向にある。

	㋐	㋑	㋒	㋓
1	正	誤	正	誤
2	正	誤	誤	正
3	正	誤	誤	誤
4	誤	正	正	誤
5	誤	誤	正	正

必修問題 の 解説

ア○ 正しい。なお，河況係数は，河状係数ともいう。この値が大きいと，洪水が起きやすくなるとされている。

イ✕ 比流量とは，単位流域面積当たりの流量である。つまり，

$$比流量 = \frac{流量}{流域面積}$$

である。降雨量に対して，地表に流出する割合を表すのは流出係数である。

ウ✕ 渇水流量とは，1年のうち355日はこれを下回らない流量を表す。275日になるのは低水流量である。

エ○ 記述は平行流域のものである。平行流域では，洪水時のピーク流量の傾向は複雑だが，合流前はピーク流量が小さく，合流後は大きくなることが多い。これに対して，放射状流域とは，流域が円形または扇形の形状となっているものをいう。このほか，流域が細長い形をしている羽状流域や，これらが組み合わさった複合流域などがある。

正答 **3**

第6章

土木計画・衛生工学・環境工学

重要ポイント 1 河況係数

　日本の河川は，世界の大河川と比べると，河口までの距離が短く，傾斜が大きい。また，流量の季節変動が大きく，治水が難しいといわれている。これを表すのが，次に示す河況係数（河状係数）である。

$$河況係数 = \frac{最大流量}{最小流量}$$

　わが国の河況係数は，諸外国の大河川よりも大きいとされている。

重要ポイント 2 川の三作用

　川は流れが速い上流部で侵食，中流部で運搬，下流部で堆積の作用が卓越するとされている。これを川の三作用という。

　これとは別に，特に流れが速い場合に，河床部の土砂が流される場合がある。これを掃流という。また，川の流れが激しい場合，堤防や河床が削り取られる場合がある。これを洗掘という。

⑴水の流出の分類

　降雨はすべて河川の流量となるわけではない。そこで，降雨がどのようにして流出するのかについて以下の分類がある。

基底流出	長い時間をかけて流出する流量。事実上，地下水量のことである
直接流出	すぐに流出する流量。表面流出および地面の浅い部分を通る中間流出の和である

⑵流域の形状

　水系の形状によって，河川の流出の状況が異なる。そこで以下のように分類されている。

| 羽状流域 | 放射状流域 | 平行流域 |

羽状流域	本川に沿って左右から支川が流れ込むもの。洪水ピーク流量は小さいが，出水期間は長い
放射状流域	比較的似たような規模の複数の河川が河口付近で合流するもの。流域が広く，洪水ピーク流量は大きいが，出水期間は短い
平行流域	羽状流域を持つ 2 本の河川が河口付近で合流するもの

ほかに「複合流域」もある。

重要ポイント 3 ▶ 流況曲線

1 年の流量を大きい順に並べて作ったグラフを流況曲線という。この流況曲線上の流量として，下の図の流量が定められている。

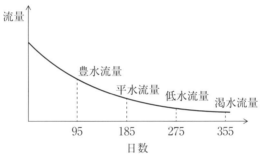

重要ポイント 4 ▶ 河川法

河川法は河川の管理に関する法律である。最近では，平成 9 年の改正でその目的に「河川環境の整備と保全」が追加された。河川法の目的はその 1 条に記されており，以下のとおりである。

> この法律は，河川について，洪水，津波，高潮等による災害の発生が防止され，河川が適正に利用され，流水の正常な機能が維持され，及び河川環境の整備と保全がされるようにこれを総合的に管理することにより，国土の保全と開発に寄与し，もつて公共の安全を保持し，かつ，公共の福祉を増進することを目的とする。

重要ポイント 5 河川の管理上の分類

河川管理上，日本の河川は以下の表に示すように分類されている。特に，一級河川，二級河川は水系ごとに分類され，一級水系に属する河川のほとんどが一級河川，二級水系に属する河川のほとんどが二級河川とされている。一級河川は全国で109が指定されている。

一級河川	国土保全上または国民経済上特に重要な水系で政令で指定したものに係る河川で国土交通大臣が指定したもの。国土交通大臣が管理するが，一部区間（指定区間）は，都道府県知事に管理が委託されている
二級河川	一級河川の水系以外で，公共の利害に重要な関係があるものに係る河川で都道府県知事が指定したもの。都道府県知事が管理する
準用河川	上記河川以外の河川で，市町村長が指定し，河川法の規定を準用して市町村長が管理する河川
普通河川	上記以外の河川

重要ポイント 6 河川整備基本方針

河川管理者（国，自治体など）は，管理する河川について，計画高水流量，その他河川の河川工事および河川の維持についての基本となるべき方針に関する事項を定めなければならない。これを河川整備基本方針という。河川整備基本方針には次の事項を定めることになっている。

①当該水系に係る河川の総合的な保全と利用に関する基本方針
②河川の整備の基本となるべき事項，具体的には，
　• 基本高水ならびにその河道および洪水調節ダムへの配分
　• 主要な地点における計画高水流量
　• 主要な地点における計画高水位および計画横断形に係る川幅
　• 主要な地点における流水の正常な機能を維持するため必要な流量（正常流量）
河川整備基本方針を定める場合，河川審議会の意見を聴かなければならない。

重要ポイント 7 河川整備計画

河川管理者は，河川整備基本方針に沿って計画的に河川の整備を実施すべき区間について，河川の整備に関する計画を定めなければならない。これを河川整備計画という。河川整備計画は，今後20〜30年後の河川整備の目標や具体的な実施内容を定めるもので，具体的には次の内容を定めなければならない。

①河川整備計画の目標に関する事項
②河川の整備の実施に関する事項
河川整備計画は，具体的な河川整備の内容であるため，定めるに当たって，学識

経験者, 関係都道府県知事または関係市町村長の意見を聴き, 公聴会等を開催して住民の意見を反映させなければならない。

重要ポイント 8 正常流量, 維持流量

河川では, 管理の目安として, 正常流量が定められている。これは, 川の正常な機能を維持するために最低限必要な流量（維持流量）に, 利水流量を合計した流量として決められている。維持流量の検討には以下の項目が含まれる。

①動植物の生息に必要な流量
②漁業の対象となる魚にとって必要な流量
③川の景観を守るための流量
④水質が悪化しないために必要な流量
⑤舟運に必要な流量
⑥塩害を防止するための流量
⑦河口閉塞を防止するための流量
⑧河川管理施設の保護のための流量
⑨地下水位の維持のために必要な流量

重要ポイント 9 洪水防御計画

洪水防御計画は次のような手順で行われる。

計画規模の決定 → 対象降雨の決定 → 基本高水の決定 → 洪水処理方式の決定 → 計画高水の決定 → 施設計画の決定

重要ポイント 10 計画規模の決定

洪水防御計画では, まず計画規模が決定される。

計画規模は, 河川の重要度を重視し, そこに既往洪水の被害の実態, 経済効果等を総合判断して決められる。具体的には右のようにA級〜E級に分類される。また, 水系を通して重要度が統一されている必要はないが, 上下流, 本支川を通して十分な整合性を保つように配慮する。

河川の重要度	計画の規模（対象降雨の降雨量の確率超過年）
A級	200 以上
B級	100 〜 200
C級	50 〜 100
D級	10 〜 50
E級	10 以下

重要ポイント11▶ 対象降雨の選定

　計画規模に従って，対象降雨（群）を選定する。計画規模が決まれば，降雨量が求められ，降雨継続時間を決定して対象降雨を定める基準とする。実際には，過去に観測された実績降雨の降雨パターンを，降雨量が対象降雨の降雨量になるように引き延ばし，さらに降雨継続時間についても必要に応じて引き延ばして対象降雨とする。対象降雨は1つとは限らず，いくつかのパターンについて計算する。この場合，過去に大洪水を引き起こしたもの，生起頻度の高いものを落とさないようにする。

重要ポイント12▶ 基本高水の算定

　基本高水とは，対象降雨が発生した場合に発生する洪水の流量の時間変動のグラフ（ハイドログラフ）のことである。つまり，洪水対策を施す前の洪水の流量パターンのことである。対象降雨群の時間パターンであるハイエトグラフから，洪水の時間パターンであるハイドログラフを計算し，それをもとに基本高水を決定する。ハイドログラフを計算するに当たっては，貯留関数法，タンクモデル，単位図法などの方法が用いられる。

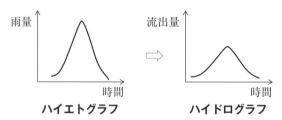

ハイエトグラフ　　　　　　**ハイドログラフ**

重要ポイント13▶ 合理式

　上流に洪水調節施設のない中小河川の洪水時のピーク流量を求める以下の式を，合理式という。

$$Q_p = \frac{1}{3.6} f_p r A \quad \left(\begin{array}{l} Q_p : \text{ピーク流量〔m}^3\text{/s〕,} \quad f_p : \text{流出係数,} \\ r : \text{降雨強度〔mm/hr〕,} \quad A : \text{流域面積〔km}^2\text{〕} \end{array} \right)$$

　流出係数は，流域の土地利用状況などから求める。その値は0～1の間にあり，値が大きいほど流出量が大きい。たとえば，次のような値をとる

　　畑，原野（0.6）＜ 水田，山地（0.7）＜ 一般市街地（0.8）＜ 密集市街地（0.9）
また，降雨強度は，降雨継続時間から求める。

重要ポイント 14 計画高水流量，計画高水位

　基本高水を合理的に河道，ダム等に配分して，主要地点の河道，ダム等の計画の基本となる高水流量を決定する。これを計画高水流量という。計画高水流量に対し，この流量を流すための水位を計画高水位という。河道計画を見直す場合には，過去の計画高水位を原則として上回らないように定め，上回る場合でも，できるだけその範囲を狭めるようにする。

重要ポイント 15 堤防の断面

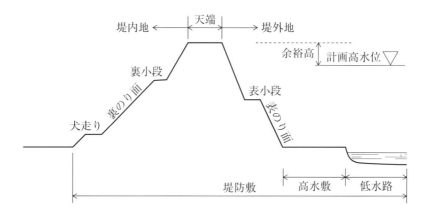

重要ポイント16 堤防の種類

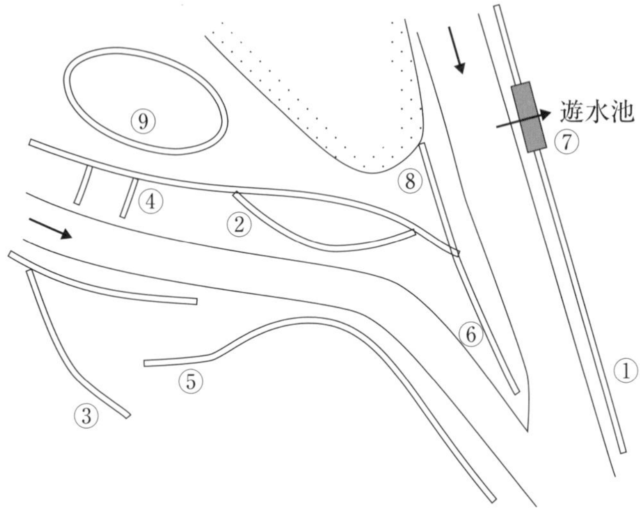

①本堤	洪水氾濫防止を目的とする堤防
②副堤	本堤の背後または前面に位置し，堤防を二重にするもの（図は囲った部分を保護するもの）
③控え堤	本堤の背後に位置し，氾濫流を防ぐ目的のもの。副堤としての役目も兼ねる
④横堤	本堤に対して直角方向に設けた堤防
⑤霞堤	堤防の一部を切って不連続とし，開口部を設けるとともに，片方を延長して二重にした堤防。大洪水の際，下流の流量を減らし，洪水終了後，氾濫した水を河川に戻す役目を持つ
⑥背割堤	合流部を下流に移動するために設けた堤防。導流堤としての役目も兼ねる
⑦越流堤	天端高を低くすることで，洪水時に遊水池に水を引き入れるための堤防
⑧山付堤	堤防を山地などに接続した形のもの
⑨輪中堤	特定地域を洪水から守るために囲むように設けた堤防
高規格堤防	堤防背後の土地を広く傾斜させるとともに，土地利用を行ったもので，堤防の浸透，侵食による破堤を防ぐ目的のもの。スーパー堤防とも呼ばれる

重要ポイント **17** 堤防の基本構造

　堤防は，材料の確保の問題から，土質材料で施工することを原則とし，場合に応じてコンクリート，鋼構造にする場合とする。その天端高は，計画高水位に余裕高を加えた高さとする。

　堤防の破壊の形式として，①洗掘，②浸透，③越流が挙げられる。洗掘（侵食）に対しては護岸，水制等の水理構造物による対策に加え，場合によっては河道改修などを行う。浸透に対しては，護岸を設けて浸透流を防ぐことに加え，ドレーン工などを設ける。

　なお，地震に対しては，通常は地震と洪水が同時に生じることは考えにくいため，耐震設計を行わないことが多いが，地震によって破堤して洪水を引き起こすことのないよう，損傷は許容するものの，完全に破壊しないように設計を行い，地震が起こった場合には素早く補修できるようにする。また，必要に応じて液状化対策も行う。

　堤防は，定期的に除草などを行い，有害な樹木等を除去するとともに点検を行う。

重要ポイント **18** その他の河川構造物

護岸	流水による侵食作用から堤防等を保護するために設けるもの。近年では，生態系の維持などを目的に，多自然型護岸が作られる場合がある
ドレーン工	堤防内部（裏のり先近辺）にドレーン部（砕石等）を設け，ドレーン部分に浸透面が集まるようにしたもの。浸透による破堤，裏のり面のせん断破壊を防ぐ
水制	流れに垂直に設けた構造物で，流水に当てることで，流水のエネルギーを吸収し，洗掘による破堤などを防ぐ。牛類，ケレップ水制など各種の形式がある
床固め（床止め）	河床にコンクリートや根固めブロックを設けて河床を安定させるもので，河床の侵食・低下による護岸等の基礎の浮き上がりなどを防ぐために設けられる。生態系に影響を与えるため，できる限り設けないようにする。
捷水路・放水路	河川どうしをショートカットするものを捷水路という。一方で，河川と海を結ぶものを放水路という。勾配が急になり流速が大きくなるなどの影響を考慮する（上流部で流速が増加すると上流で洗掘，下流で堆積が生じる）
水門・樋門	堤防を横切る形で設けられる門で，堤防を切って設けるものを水門，堤防を切らずその下に設けるものを樋門，樋管という

第6章
土木計画・衛生工学・環境工学

⑴ダムの有効堆砂量

ダムの有効堆砂量は，100 年間の堆砂量と定められている。これは 100 年間の間，有効貯水量に影響を与えないという意味であり，有効堆砂量が堆砂で埋まっても，ダムの機能には影響が出ない。

⑵ダムの洪水調節方式

ダムの洪水調節方式には次のようなものがある。

①一定率放流方式

ピーク流量に達するまでは，流入量の一定割合を，ピーク流量後は一定流量の放流を行う方式。中小洪水にも大きな調節効果が期待できる。一般に，下流の治水対策が進んでいない場合に適する。

②一定量放流方式

一定量の放流を行う方式。河道整備が進んでいれば効果が大きいが，調節効果は相対的に小さい。

③自然調節方式

洪水調節ゲートを有しないか，あっても調節操作を行わない方式。洪水調節容量を大きくとる必要があるが，管理が容易であるため，流出の速い小流域のダムに用いられる。

自然調節型ダム（益田川ダム）。上流側からの写真。上流側に水が貯留されていない

246

演習問題

No.1 以下の文章の正誤を判断せよ。

1 河川法の目的に照らすと，河川について，洪水，高潮等による災害の発生の防止，河川の適正な利用，流水の正常な機能の維持，河川環境の整備と保全がされるようにこれを総合的に管理する必要がある。

2 平成9年度に河川法が改正され，それまでの災害の発生の防止，河川環境の整備と保全のほかに，河川の適正な利用が新たに目的に追加された。

3 河川は一般にただ1本ではなく主流をなす本川，本川に合流する支川，支川に注ぐ小支川，本川から分派する派川などからなり，これらを総称して水系という。

4 一級河川の管理はすべての区間において国が行い，二級河川の管理は当該河川の属する都道府県が行っている。

5 準用河川の河川管理者は，当該河川の存する市町村の市町村長である。

6 河川法では，河川管理者はその管理する河川について，計画高水流量その他当該河川の河川工事および河川の維持についての基本となるべき方針に関する事項を「河川整備基本方針」として定め，また，この河川整備基本方針に沿って計画的に河川の整備を実施する区間について「河川整備計画」を定めておかなければならないとしている。

7 正常流量は，流水の清潔の保持，景観，動植物の生息・生息地の状況等を総合的に考慮して定められた流量である維持流量，および，それが定められた地点より下流における流水の占有のために必要な流量である水利流量の双方を満足する流量である。

8 日本の平野は，河床の洪水や氾濫で運ばれた土砂の堆積によって造られた沖積平野が大部分である。

9 一般の河川においては，計画河床勾配を上流側に比べて下流側を急に穏やかにすると，勾配変化点の上流で堆積，下流で洗掘が起こり安定しない。

10 一般に，最小流量と最大流量の比が大きい河川では，河道の横断面は単断面とすることが望ましい。

11 諸外国と比較してわが国の河川は，延長や流域面積等の規模が小さいので，日雨量や時間雨量の大きさが洪水を考える場合に重要である。

12 河床勾配が急になると河床材料の径は小さくなり，河床勾配が緩やかになると河床材料の径は大きくなる傾向がある。

13 河道の縦断形は，流水の作用により次第に放物線に近い形の曲線に近づく傾向がある。

14 河川の流量調査の方法には，流れの断面積に，浮子や超音波により測定した流速を乗じて求める方法がある。

15 既往の降雨についての資料を収集し，そのうち最大の降雨量を「計画の規模」

としたうえで河川の治水計画を策定する。

16　計画高水流量の決定方法には「既往最大値」「対象降雨」「流域面積の関数として最大流量を求める経験式」を用いる方法があるが，「既往最大値」を用いる方法が多い。

17　計画高水位が定められている河川で河道計画の見直しを行う場合には，計画高水位は原則として既往の計画高水位を上回らないように定めるべきである。

18　河川の治水計画の策定過程で決定された対象降雨（群）から，適当な洪水流出モデルを用いてハイエトグラフ（群）を作成する。

19　河川のある点での流量変化の時間的過程を示すグラフをハイドログラフという。

20　降雨量，河川流量等の水文量の値が，ある特定の値を超える確率を超過確率といい，洪水防御計画の規模を評価する際に用いられる。

21　基本高水流量を算出する際に一般的に用いられる対象降雨の確率規模は，全国的に均衡を保つため，全国一律の値に定められている。

22　流域面積が比較的小さな中小河川については，ダム等の洪水調節施設の有無にかかわらず，一般に合理式によりピーク流量を算定する。

23　計画高水流量を合理式法によって計算する場合，将来における流域の土地利用状況を考慮して流出係数を決定する。

24　計画高水流量とは，基本高水をダム等の洪水調節施設と河道に配分した結果，河道に流すべき流量のことである。

25　合理式法により計画高水流量を算定する場合には，将来の流域の土地利用状況，気候変動による降雨の増加等を考慮して流出係数を決定する必要がある。

26　堤防を設計するうえで基準となる計画高水位は，計画された流量が安全に流れるように，必要に応じて湾曲による水位上昇も考慮して決定されている。

27　河道の計画河床勾配は，なるべく上流から下流に向かって急になるように変化させ，下流の流下能力を増大させる。

28　河道において，より安全に流れを流下させるためには，計画高水位がより高くなるように計画河道断面を設定する。

29　洪水時に河道内の流れが常流になると跳水が発生するため，洪水時には流れが常に射流となるように河道を計画しなければならない。

30　河道を計画する際には，洪水流を早く下流へ流すため粗度係数をできるだけ小さく設定する。

31　本川への支川の合流点の形状は，流量にかかわらず本川に滑らかに合流する形状とする。

32　護岸の設計に当たっては，流水に対する安全性を確実なものとするため，材料

にはコンクリートを用いなければならない。

33 日本の河川は，河状係数が大きいため，複断面河道とすることが望ましい。

34 河川堤防は，原則として盛土により築造することとされている。

35 河川堤防の内外によって，堤内地と堤外地という呼び方があり，河道側を堤外地，堤防によって守られる住居等の側を堤内地と呼ぶ。

36 霞堤とは，洪水時に，河川の水を調節池などへ導入し，下流への河川流量を減らすために設けられる高さの低い堤防のことである。

37 2本の河川が並行して流れる場合または合流・分流する場合その中間にあって両方に堤防の用をなしているものを背割堤といい，2本の河川の合流点を下流へ移す役割もある。

38 中心市街地への氾濫を防止するため，市街地側の堤防は対岸の堤防よりも高く設計しなければならない。

39 河川の両岸の氾濫地域の人口におおむね2倍以上の差がある場合には，人口の多い側の堤防を高く計画する。

40 特定都市河川流域においては，当該特定都市河川から離れた場所であっても，雨水を一時的に貯留する施設や，雨水を地下に浸透させる機能を持つ施設を河川管理者が設置することができる。

41 河川を横断する橋梁を建設する場合，洪水の流下を妨げること等を防止するため，所要の径間長と桁下高を確保することとされている。

42 水際部は生物の多様な生育環境であることから，特に自然環境に配慮した構造とする。

43 良好な河川環境を保全する必要があるため，河道内の樹木の伐採や堤防の除草は原則として行わない。

44 堤防内部に浸透する水を制御して堤防を保護しようとする場合，一般的には水制が施工される。

45 近年では，環境問題のためにダムの建設に替えて山地への植林により洪水調節を行う場合がある。

46 洪水調節を目的に持つダムは，すべてのダムで，洪水調節をするためのゲートを有している。

47 多目的ダムの堆砂用量は，30年間の推定堆砂量をとることを標準としている。

第6章 土木計画・衛生工学・環境工学

No.1 の解説 河川工学

1 ◎ 正しい。

2 × 平成9年度の河川法の改正では，河川環境の整備と保全が追加された。

3 ◎ 正しい。

4 × 一級河川でも都道府県に管理を委託している区間がある。

5 ◎ 正しい。

6 ◎ 正しい。

7 ◎ 正しい。

8 ◎ 正しい。

9 × 上流で侵食，下流で堆積が起こる。

10 × 高水敷が広く利用できるため，複断面のほうが望ましい。

11 ◎ 正しい。

12 × 河床材料は，その場所にどのような径の石が堆積するのかで決まる。一般に流速が大きいほうが，堆積する径は大きい。なぜなら，粒径が小さな材料は運搬されるからである。

13 ◎ 正しい。

14 ◎ 正しい。

15 × 計画規模は，原則として河川の重要度で決定する。

16 × 対象降雨を用いるのが一般的である。

17 ◎ 正しい。計画高水位を上げると，堤防の高さなど治水計画全体を見直すことになるからである。

18 × ハイエトグラフではなくハイドログラフである。

19 ◎ 正しい。

20 ◎ 正しい。

21 × 河川の重要度によって異なる。

22 × 洪水調節施設がある場合には，合理式は使えない。

23 ◎ 正しい。

24 ◎ 正しい。

25 × 気候変動までは考慮しない。

26 ◎ 正しい。

27 × 上流から下流に向かって緩やかにして，流水を円滑にする。

28 × 計画高水位は低くするのが治水の原則である。これを大きくすると，それに合わせて河川構造物も大きくしなければならない。

29 × 流れが射流のときに跳水は発生する。

30 × 粗度係数を小さくするためにコンクリートで河床を固めることは，生態系への影響から一般的ではない。また，早く下流に流しすぎると，降雨直後に下流に過大な流量が集中する原因となる。

31 × 一般には，支川は平滑に合流させるべきであるが，支川が極めて小さい場合

には，その必要はない。

32 × 生態系や河川環境，景観の面などから，石，木材，植生等が使われる。

33 ◎ 正しい。

34 ◎ 正しい。

35 ◎ 正しい。

36 × 説明は越流堤についてのものである。

37 ◎ 正しい。

38 × 堤防は，計画高水位以下の水位の流水に対して安全になるように設計し，人口の大小等で高さを変えたりはしない。

39 × 計画高水位に対して余裕高を加えて堤防の高さを決める。

40 ◎ 正しい。

41 ◎ 正しい。

42 ◎ 正しい。

43 × 河道内の樹木の伐採や堤防の除草は，河川環境の保全と点検を兼ねて必要に応じて行うべきである。

44 × 水制は堤防の洗掘を防ぐもので，浸透する水を制御する場合にはドレーン工が用いられる。

45 × 中小洪水について森林の効果を考慮することはあるが，大洪水への対策であるダムの建設に替えることはない。

46 × 自然調節ダムでは，洪水調節のためのゲートはない。

47 × 堆砂容量は，100 年分の堆砂量をもとに決める。

実戦問題

No.1 わが国の河川に関する次の記述の㋐，㋑，㋒に当てはまる語句の組合せとして正しいのはどれか。 【国家Ⅱ種・平成10年度】

「わが国の年間降水量は，世界の平均年間降水量973mmに対して約［㋐］mmとなっている。また，台風期，梅雨期に降雨が集中するなど季節変動が大きく，河川の流域が狭小で，地形が急峻であるため，河川の流量が不安定となっている。河川の最小流量と最大流量の比を河状係数というが，大陸の大河川が10～100程度であるのに対し，わが国の代表的な河川の多くは，［㋑］の範囲となっている。さらに，洪水の危険性の高い［㋒］に人口や資産の集中が進んでいるため，河川改修などの治水対策が重要となっている」

	㋐	㋑	㋒
1	700	50～100	氾濫原
2	1,700	500～1,000	氾濫原
3	1,700	50～100	台地
4	2,700	500～1,000	氾濫原
5	2,700	50～100	台地

No.2 わが国の各時代㋐～㋓と，各時代における人と河川のかかわりに関する記述 A～D の組合せとして最も妥当なのはどれか。　【国家Ⅱ種・平成20年度】

㋐　明治以降～第二次世界大戦以前

㋑　第二次世界大戦以降～高度経済成長期以前

㋒　高度経済成長期以降～昭和末頃

㋓　平成以降

A　各地で発生する大水害への対応とともに電力需要の増大，かんがい用水の供給などに対応するために，多目的ダムが計画，建設されるようになった。

B　国で河川を管理することが定められ，治水事業が進められるとともに，水力発電所の建設が各地で進められるようになった。

C　河川法の目的に河川環境が追加されるなど，動植物の良好な生息・生育環境を保全するなどの河川環境に関する施策が重視されるようになった。

D　水質汚濁，都市河川の水害などが発生し，浄化用水の導入，下水道の整備，遊水池などの設置などの対策がとられるようになった。

	㋐	㋑	㋒	㋓
1	A	B	C	D
2	A	B	D	C
3	B	A	C	D
4	B	A	D	C
5	C	B	A	D

第6章　土木計画・衛生工学・環境工学

河川の流域の形状の分類に関する次の記述の空欄㋐, ㋑, ㋒に当てはまる語句の組合せとして正しいのはどれか。　【地方上級・平成20年度】

「流域は本川と支川の形状から分類される。　㋐　は中央の本川に向かって左右から支川が合流する形状で，上流の流域に降った雨が河口に達するまでに時間がかかるため，全流域でのピーク流量は小さく，出水期間は長くなる。また，　㋐　の特徴を持つ2つの河川が合流してできる流域は　㋑　と呼ばれる。これに対して，比較的同じような規模の河川が河口近くで合流する流域は　㋒　と呼ばれる。流域全体の形状は円形に近く，平均流域幅が大きいのが特徴である」

	㋐	㋑	㋒
1	羽状流域	放射状流域	平行流域
2	羽状流域	平行流域	放射状流域
3	平行流域	放射状流域	羽状流域
4	平行流域	羽状流域	放射状流域
5	放射状流域	平行流域	羽状流域

No.4 わが国の洪水防御計画に関する次の記述の㋐, ㋑, ㋒に当てはまる語句の組合せとして正しいのはどれか。　【国家Ⅱ種・平成13年度】

「上流にダムなどの洪水調節施設がない河川で，　㋐　が比較的小さく，流域における貯留がないか，または貯留を考慮する必要のない河川においては，一般に以下に示す　㋑　によって，洪水のピーク時の流量を計算することができる。

$$Q = \frac{1}{3.6} f \cdot r \cdot A$$

f：ピーク流出係数

r：洪水到達時間内の平均降雨強度〔mm/h〕

A：流域面積〔km^2〕

Q：洪水ピーク流量〔m^3/s〕

この場合，ピーク流出係数は，流域の土地利用の状況によって変わり，一般に都市部ほど　㋒　」

	㋐	㋑	㋒
1	流域面積	合理式	小さい
2	流域面積	合理式	大きい
3	流域面積	タンクモデル	小さい
4	年間降雨量	合理式	大きい
5	年間降雨量	タンクモデル	大きい

No.5 **上流に洪水貯留施設のない河川のある地点 P より上流の流域面積は，$18km^2$ である。ある日，この上流域で，1 時間当たりの降雨強度 30mm/h の降雨があった。流出係数が 0.5 であるとき，（ピーク）流量はいくらになるか。**

【市役所・平成25年度】

1 $18m^3/s$
2 $27m^3/s$
3 $54m^3/s$
4 $75m^3/s$
5 $270m^3/s$

No.6 **洪水防御計画に関する次の記述の空欄㋐～㋒に当てはまるものの組合せとして最も妥当なのはどれか。** 【地方上級・平成25年度】

「洪水防御計画を行う場合には，まず計画規模を決定し，それに基づいて [㋐] を決定する。それをもとに [㋑] を決定する。次に，洪水防御方式を決定し，それに基づいて [㋒] を決定する」

	㋐	㋑	㋒
1	基本高水	計画高水	対象降雨
2	基本高水	対象降雨	計画高水
3	対象降雨	計画高水	基本高水
4	対象降雨	基本高水	計画高水
5	計画高水	基本高水	対象降雨

実戦問題の解説

No.1 の解説　日本の河川

平均降雨量は，約 1,700mm（㋐）であり，河状係数は 500 ～ 1,000（㋑）の値をとる（大陸の大河川より大きいことに注意）。また，人口の大多数が氾濫原（㋒）に集中している。台地は洪水の危険性が低いことに注意してもらいたい。

以上より，正答は**2**となる。

No.2 の解説　河川の歴史

㋐：B である。国で河川が管理されることが決まったのは，旧河川法の制定された明治 29 年のことである。

㋑：A である。電力用のダムが造られるようになると，それにより流量調節を行い洪水対策にも利用しようとの考え方が広がる。これが多目的ダムで，計画，着工は第二次世界大戦以前からあったが，各地で実施されるようになったのは大戦以降である。

㋒：D である。1950 ～ 70 年代にかけて，河川の水質が悪化し，それを原因とする公害問題も起こるようになる。また，都市型水害の問題も発生するようになり，これに対する対策が重要になる。

㋓：C である。最近では，河川環境の保護がより重要視され，平成 9 年の河川法の改正で，河川法の目的に河川環境が追加された。

以上より，正答は**4**となる。

No.3 の解説　流域の形状

本川に向かって左右から支川が合流する形状は「羽状流域」である（㋐）。また，同規模の 2 つの河川が合流する形状は「平行流域」である（㋑）。最後に，流域全体が円形に近いのは「放射状流域」である（㋒）。

以上より，正答は**2**となる。

No.4 の解説　合理式

流域面積（㋐）が小さい中小河川では，合理式（㋑）を使うことができる。合理式におけるピーク流出係数は，都市化が進むと地盤への浸透量が減るため，大きくなる（㋒）。

以上より，正答は**2**となる。

No.5 の解説 合理式

合理式に代入して，

$$Q = \frac{1}{3.6} \times 0.5 \times 30 \times 18 = 75 \ [\mathrm{m^3/s}]$$

以上より，正答は**4**となる。

No.6 の解説 洪水防御計画

洪水防御計画では，計画規模→対象降雨（㋐）→基本高水（㋑）→防御方式の決定→計画高水（㋒）の順番で検討を行う。

以上より，正答は**4**となる。

正答 No.1=**2** No.2=**4** No.3=**2** No.4=**2** No.5=**4** No.6=**4**

必修問題

海岸工に関する次の記述㋐〜㋑の正誤を正しく組み合わせたのはどれか。

【地方上級・平成25年度】

㋐　突堤とは，海岸線に垂直に設けられる堤防のことで，通常は間隔を開けて複数基設けられる。

㋑　離岸堤は，海岸線から離れて平行に設けられる堤防のことで，舌状砂州やトンボロが形成されれば成功といえる。

㋒　導流堤などの上手側に堆積した土砂を下手側に移動させる工法をサンドドレーン工法という。

㋓　人工海浜とは，防風柵，防砂林などを設けて海から陸への砂の移動を妨げ，海浜を形成させるものをいう。

	㋐	㋑	㋒	㋓
1	正	誤	誤	正
2	正	正	正	誤
3	正	正	誤	誤
4	誤	正	誤	正
5	誤	誤	正	正

必修問題 の 解説

ア ◯ 正しい。突堤は，海岸線の安定を図る目的で設置され，通常は間隔を開けて複数基設けられる。

イ ◯ 正しい。

ウ ✕ サンドバイパス工法の誤りである。サンドドレーン工法は圧密促進工法の一つである。

エ ✕ 人工海浜とは，砂を直接埋め立てることで人工的に砂浜を形成するもので，防風柵，防砂林などを設けて海浜を形成させるものではない。

正答 **3**

重要ポイント 1 ▶ 港湾の現状

　日本は島国であり，国外との物資のやり取りのかなりの割合を港湾を通して行っている。一方で，世界の港湾は拠点となるハブ港湾を中心に交通の再編が進んでいる。そんな中，日本の港湾は以前と比べると世界の港湾における地位を失いつつある。

国別コンテナ取扱個数	
2017 年	
順位	国名
1	中国
2	アメリカ
3	シンガポール
4	韓国
5	マレーシア
6	日本

港湾別コンテナ取扱量ランキング			
順位	1980 年	順位	2018 年（速報値）
	港湾名		港湾名
1	ニューヨーク	1	上海
2	ロッテルダム	2	シンガポール
3	香港	3	寧波－舟山
4	神戸	4	深圳
5	高雄	5	釜山
13	横浜	27	東京
18	東京	58	横浜
39	大阪	64	神戸
46	名古屋	68	名古屋

重要ポイント 2 ▶ 港湾の分類

　港湾は，港湾法による港湾と，漁港法による漁港に分類される。港湾工学で重要なのは港湾法による分類で以下のように分けることができる。

分類	概要	対象港湾
国際戦略港湾 （国際戦略コンテナ港湾）	長距離の国際海上コンテナ運送にかかる国際海上貨物輸送網の拠点となり，かつ，当該国際海上輸送網と国内海上貨物輸送網とを結節する機能が高い港湾であって，その国際競争力の強化を重点的に測ることが必要な港湾	旧特定重要港湾から選ばれた。選定されているのは，京浜港（東京，横浜，川崎），阪神港（大阪，神戸）
国際拠点港湾	国際海上輸送網の拠点となる港湾	旧特定重要港湾
重要港湾	海上輸送網の拠点となる港湾その他国の利害に重大な関係を有する港湾	
地方港湾	上記以外の港湾	

なお，これ以外に「暴風雨に際し小型船舶が避難のためてい泊することを主たる目的とし，通常貨物の積卸又は旅客の乗降の用に供せられない港湾」である避難港が定められている。

....

重要ポイント 3 **港湾の管理・運営**

港湾の管理を行う港湾管理者には，地方公共団体または港務局のいずれかがなることが港湾法上定められている。一方，国際戦略港湾，国際拠点港湾の港湾の運営に関しては，国，港湾管理者が指定した港湾運営会社に委託することができる。これにより，民間による一元的かつ効率的な港湾の運営が期待されている。なお，国が管理している港湾はない。

(1)基本方針

国土交通大臣は，港湾の開発，利用および保全ならびに開発保全航路の開発にかかわる基本方針を定めなければならない。

(2)港湾計画

国際戦略港湾，国際拠点港湾および重要港湾の港湾管理者は，港湾の開発，利用および保全ならびに港湾に隣接する地域の保全に関する計画を定めなければならない。

なお，地方港湾の港湾管理者も港湾計画を定めることができるが，これは法律上の義務ではない。

....

重要ポイント 4 **港湾の区域**

港湾では，次のように管理者の行政の及ぶ空間の範囲を定めている。

港湾区域	管理する水域の範囲
臨港区域	管理する陸地の範囲
港湾隣接地域	港湾の利用，保全に必要な港湾に隣接した地域

第6章 土木計画・衛生工学・環境工学

港湾の施設

港湾法では，港湾施設は次のように分類されている。

水域施設	船舶を安全に航行，停泊させる水域のこと。航路，泊地および船だまりをいう
外郭施設	港湾に必要な水域を確保し，波浪や津波，漂砂を遮蔽し，港湾の機能を円滑に発揮させる施設。防波堤，防砂堤，防潮堤，導流堤，水門など
係留施設	船舶が安全に係留され貨物や旅客が効率よく取り扱われるための施設。岸壁，係船浮標，係船くい，桟橋など
臨海交通施設	道路，駐車場など，港湾の交通に関する施設。道路，駐車場，橋梁，鉄道，運河など
航行補助施設	航路標識ならびに船舶の入出港のための信号施設、照明施設および港務通信施設。灯台など
荷さばき施設	荷さばきのための施設

重要ポイント 6 **防波堤**

最も重要な外郭施設である。傾斜堤，直立堤，混成堤，消波ブロック被覆堤などに分類できるが，最初の3つについて比較すると，次のような違いがある。

	傾斜堤	直立堤	混成堤
長所	・地盤の凹凸に関係なく施工できる ・基礎地盤が軟弱でも施工できる ・洗掘に対応可能 ・反射波が小さい ・維持補修が容易	・使用材料が少ない ・補修費が少ない ・有効港口幅の確保が容易	・設計に自由度があり，捨て石部と直立部の比率など設計の工夫によって経済性を追求することができる ・軟弱地盤，水深の深い部分でも施工可能
短所	・維持補修費が高い ・有効港口幅の確保が困難 ・水深が深いと大量の材料が必要	・地盤反力が大きい ・洗掘の危険がある ・反射波が大きい	・高マウントでは，衝撃的波力が直立部に作用する場合がある

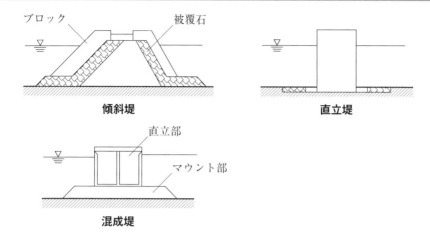

傾斜堤

直立堤

混成堤

重要ポイント 7 埠頭

埠頭は代表的な係留施設で，形状から次のように分類できる。

突堤式埠頭	突堤を水面に突き出した形状のもの。背後地が十分にとれない
平行式埠頭	陸岸に平行に係留したもの。背後地が十分にとれる
ドック式埠頭	ドックを使って，静穏水域を作り出したもの。日本ではほとんどない

突堤式埠頭

平行式埠頭

係留施設

　船舶を係留する施設にはいくつかの構造様式がある。その中で代表的なものとして，重力式係船岸，矢板式係船岸，桟橋が挙げられる。重力式係船岸は，コンクリートケーソンに砂を詰めたものを設置し，その自重で外力を抑えるものであるが，自重が大きいために，地震力については弱くなる。一方，桟橋は，杭を打ってその上部に橋を架けて係留するもので，構造が軽く地震外力には強いが，水平力，波による浮揚力に注意が必要となる。

実際の波は不規則である。そこで，この不規則な波を代表する波として有義波が使われることが多い。これは，波の中で波高の高いほうから $\frac{1}{3}$ を取り出し，その波高と周期を平均して求めた仮想の波である。また，波の最も低い部分（谷）から最も高い部分（山）の高さの差を波高といい，有義波の波高も通常，この意味での波高を使って表される。物理では振幅が使われることが多いが，波高は振幅の2倍となることに注意が必要である。

海の波も，物理的な波と同様の性質を示すため，屈折，回折，反射などの諸現象を起こす。また，深いところから浅いところに入射すると，波の速さが速くなり（長波の場合），波長が短くなり，振幅が増大する。これを浅水変形という。

(1)長波，深海波

波長に対して深さが十分深く，波の速さなどが水深の影響を受けない波を深海波という。その代表例は，風波，表面張力波などである。深海波の水分子の動きはほぼ円形を示す。一方，波長に対して深さが十分深くなく，水深の影響を受ける波を長波という。長波速度は，水深を h，重力加速度を g とすると $\sqrt{gh}$ で表される。長波の水分子の動きは楕円運動になる。津波，高潮は波長が大きいため長波として扱われる。

(2)海浜流

汀線近くの流れは図のように分類されている。特に離岸流は幅が広く，流速が大きい（2m/s 程度になる場合がある）ため，人が流される危険がある。

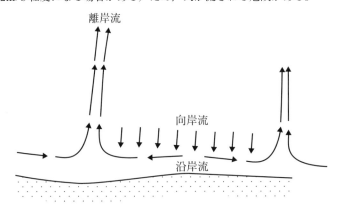

重要ポイント 9 突堤

海岸線から垂直突き出た構造物で，沿岸漂砂を制御して海岸侵食を防ぐものある。通常は複数基設置される。

重要ポイント 10 離岸堤，潜堤，人工リーフ

海岸から離れて汀線に平行に配置する堤防を離岸堤という。これは，離岸堤背後に堆砂を促す目的で設置される。すなわち，離岸堤が設置されると，直接的には岸沖漂砂が抑制され，背後に堆積が生じ，やがて海岸側から砂浜が舌状に延びていく。これが離岸堤まで接続するとトンボロと呼ばれる。一方で，離岸堤の開口部では侵食が起こる場合がある。離岸堤には，コンクリートなどで作られる不透過性のものと，透過性のものがある。

離岸堤は生態系にも影響を与えるが，逆に砂浜により豊かな生態系が回復される場合もある。また，離岸堤が景観に悪影響を与えることから，堤頂を海面下に造る「潜堤」や，さらに潜堤の堤頂を広くした「人工リーフ」が作られる場合もある。

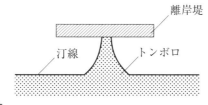

サンドバイパス工法

砂の需要・供給のバランスが崩れている場所において，供給過多となっている部分から砂を取り，供給不足となっている部分に運ぶ工法をサンドバイパス工法という。環境への影響が大きいため，慎重に検討されるべきである。

第6章
土木計画・衛生工学・環境工学

No.1 **以下の文章の正誤を判断せよ。**

1 港湾は，食料やエネルギーの大部分を海外に依存しているわが国にとって，産業や経済を支える重要な社会資本である。

2 外国貿易貨物量のうち，重量ベースでは大半を海上輸送が担っている。

3 港湾は貨物や人の輸送を支える交通基盤として利用されるのに加え，海洋性レクリエーションの基地や廃棄物の処分空間としても利用されている。

4 四方を海に囲まれたわが国は，資源，エネルギー，食料の輸入や工業製品の輸出など，重量ベースで全輸入出貨物の99％以上を海上輸送により行っており，これを支える航路や港湾などは国民生活，経済・産業活動にとって不可欠である。

5 近年，アジア各国の主要港とわが国の港湾との国際競争はますます激化しており，釜山港と横浜港が世界の港別コンテナ取扱個数の首位を争っている。

6 国際戦略港湾とは，複数の国が連携して重点的に国際競争力の強化を図る港湾のことであり，わが国では，京浜港，大阪港，神戸港がアジアの国際戦略港湾として指定されている。

7 わが国の港湾は国際拠点港湾，重要港湾，地方港湾などに分類されるが，京浜港，大阪港，神戸港は国際戦略港湾に指定されている。

8 港湾の整備は，港湾の利用者である船舶の運航者が行うこととなっている。

9 諸外国の港湾の管理運営は地方公共団体や公社等が行っている例が多いが，わが国の港湾の管理運営は国が行っている。

10 港湾管理者は，国，都道府県，市町村がなり，港湾計画の策定，港湾の開発，利用および保全の観点から必要な管理運営や港湾工事などを行う。

11 都道府県以外が港湾管理者になることはできない。

12 港湾を全体として開発し，保全し，これを公共の利用に供し，管理する港湾管理者は，地方公共団体または港務局がなる。

13 すべての港湾管理者は，港湾の開発，利用および保全を行うに当たっての指針となる港湾計画を定めなければならない。

14 港湾計画で定める事項には，道路や橋梁等の臨港交通施設の規模および配置に関する事項も含まれている。

15 岸壁，航路などの港湾施設については，民間企業も港湾管理者の許可を得て建設または改良することができる。

16 港湾区域とは，経済的に一体の港湾として管理運営するための必要最小限の陸域および水域である。

17 係留施設は，船舶を安全に係留させ，貨物の積卸し，旅客の乗降を安全かつ円滑に行うための施設であるが，地震に対して強い構造にすることは難しいので，大規模地震発生後における被災地への物資供給基地としての活躍は期待できな

い。

18 岸壁等の係留施設は，港外からの波浪，漂砂等を遮蔽し，港内の船舶の航行，停泊，荷役の安全を図るために設置される施設である。

19 安全かつ円滑な物流を確保するために，港湾には多様な施設が存在するが，このうち防波堤等の外郭施設は，船舶が直接離着岸して貨客の積卸しや乗り降りを行う施設である。

20 防波堤等の外郭施設は，航路や港の出入口の位置を指示したり，浅瀬や暗礁などの航行上の障害の位置を示したりするための施設である。

21 航路等の水域施設は，船舶が航行，操船，停泊等のために利用する水域のことである。

22 護岸は外郭施設の一つで，その天端高さは背後の埋立地の保全が図られるように，かつ護岸およびその背後の土地の利用に支障のないように，越波量等を勘案して適切に定めるものである。

23 防波堤は水域施設の一つで，港内の静穏を維持し，荷役の円滑化，船舶の航行や停泊の安全確保および港内施設の保全を図るために設けられるものである。

24 津波から背後地を防護する必要がある防波堤は，津波による港湾内の水位の上昇および流速を低減させるように適切に配置する必要がある。

25 岸壁は係留施設の一つで，船舶が離着岸し，その構造様式により重力式係船岸，矢板式係船岸，セル式係船岸等に分類される。

26 防波堤，岸壁，桟橋は，船舶が離着岸して貨客の積卸しなどを行う係留施設である。

27 港湾の防波堤の配置計画においては，漂砂等により港内が埋没しないような配置を検討する必要がある。

28 港湾の防波堤の設計においては，設計外力として波浪のみを考慮すればよい。

29 防波堤や護岸の建設される地盤が軟弱地盤で，十分な支持力が期待できない場合には，地盤改良を行う必要がある。

30 防波堤は，船舶を係留するために建設される構造物であるので，防波堤の設計には船舶の接岸の際の衝撃力を考慮する。

31 防波堤は港内水域の静穏を確保し，港内施設を波浪・高潮・津波などから防護するために設けられるものである。

32 傾斜堤は直立堤に比べ，反射波が大きい。

33 傾斜堤は直立堤に比べ，維持修理が容易である。

34 海岸堤防の形式の中で直立堤は，基礎地盤が軟弱で，場所に余裕のある場合によく採用される。

35 鋼矢板式の岸壁は，通常海中では腐食しないので，腐食対策は必要ない。

36 岸壁の設計では，地震時の土圧を考慮する必要はない。

37 岸壁の規模は，その港湾を利用する貨客の実情を把握したうえで，将来の貨客量の動向，船型の大型化および輸送体系の変化を十分に考慮して決めなければならない。

38 廃棄物埋立護岸は廃棄物処理施設の一つで，都市から発生する一般廃棄物，産業活動から発生する産業廃棄物，建設工事から発生する建設残土および湾岸工事から発生する浚渫土砂等を受け入れるために整備される海面処分場の外周護岸である。

39 ある連続した不規則な波の中で，波高と周期を平均した大きさの波を有義波という。

40 津波の波高が高くなる原因としては，水深が深くなるほかに，湾幅が狭くなることによる場合がある。

41 海浜における漂砂を方向別に整理すると，汀線と直角方向の砂の移動が岸沖漂砂，汀線と並行方向の砂の移動が沿岸漂砂と分類されるが，長期的な海岸浸食や港湾埋没などを引き起こすのは主に前者である。

演習問題 の **解 説**

No.1 の解説　港湾・海岸工学

1 ◎　正しい。

2 ◎　正しい。

3 ◎　正しい。なお，廃棄物の海洋投棄については，ロンドンダンピング条約に適合した形でなければならない。

4 ◎　正しい。

5 ×　2018 年の速報値では，釜山の 5 位に対して横浜は 58 位であり，首位を争ってはいない。なお，東京，川崎，横浜を合わせた京浜港の合計としても世界の 20 位相当にすぎず，コンテナ取扱量も釜山の 4 割程度にすぎない。

6 ×　港湾は国際間の競争が激化しており，その国際競争力の強化を図って指定した港湾が国際戦略港湾である。ここでは複数の国の連携は考えられていない。

7 ◎　正しい。

8 ×　原則として，港湾管理者が行う。

9 ×　わが国でも地方公共団体の場合が多く，国が行っている例はない。

10 ×　国が管理者になることはない。また，港務局が管理者となる例もある。

11 ×　港湾管理者は地方公共団体または港務局がなるものとされ，都道府県に限定されていない。

12 ◎　正しい。

13 ×　港湾計画を定めなければならないのは，重要港湾以上の港湾の港湾管理者のみである。

14 ◎　正しい。

15 ◎　正しい。

16 ×　港湾区域に陸域は含めない。

17 ×　適切な耐震設計をしていれば，地震に強い構造にできる。

18 ×　外郭施設の説明である。

19 ×　係留施設の説明である。

20 ×　航行補助施設の説明である。

21 ◎　正しい。

22 ◎　正しい。

23 ×　防波堤は外郭施設である。

24 ◎　正しい。

25 ◎　正しい。

26 ×　防波堤は外郭施設である。

27 ◎　正しい。

28 ×　その他，地震力なども考慮する。

29 ◎　正しい。

30 ×　防波堤は船舶を係留する施設ではない。

31 ◎　正しい。

32 ✕ 反射波は直立堤のほうが大きい。

33 ◎ 正しい。

34 ✕ 直立堤は，地盤が軟弱な場合には用いない。

35 ✕ 海中は塩分があるため，必ず腐食対策を行う。

36 ✕ 地震時の土圧を考慮しなければならない。

37 ◎ 正しい。

38 ◎ 正しい。

39 ✕ 有義波は，波高の大きいほうから $\frac{1}{3}$ の波を取り出して，その波高と周期を平均した波である。

40 ◎ 正しい。

41 ✕ 主に後者である。

実戦問題

No.1 わが国の港湾行政に関する次の記述の㋐，㋑，㋒に当てはまるものの組合せとして最も妥当なのはどれか。 【国家Ⅱ種・平成19年度】

「港湾の適切な開発，利用および保全を行うため，重要港湾の港湾管理者は，[㋐]を定めることが義務づけられている。また，港湾の一体的な管理のため，水域に[㋑]，陸域に臨港地区を定めることができる。

都市計画区域内に[㋒]を定める場合，港湾背後の地域との整合を図るため，都市計画に[㋒]を定めなければならない」

	㋐	㋑	㋒
1	港湾計画	港湾区域	港湾区域
2	港湾計画	港湾区域	臨港地区
3	港湾計画	漁港区域	漁港区域
4	都市計画	港湾区域	港湾区域
5	都市計画	漁港区域	臨港地区

No.2 海の波に関する次の記述の㋐，㋑，㋒に当てはまるものの組合せとして最も妥当なのはどれか。

ただし，㋒については以下に示す A，B，C から当てはまる記述を選択するものとする。【国家一般職・平成26年度】

「実際の海の波は，無数の周波数や波向を有する成分波が重なり合った多方向不規則波である。この成分波の周波数や波向に対するエネルギー分布を示したものを　㋐　と呼ぶ。一般的に浅海域の波は，　㋑　効果によって成分波の波向が汀線に直角に近くなるので，単一方向の不規則波として取り扱うことができる。

港湾構造物等の性能照査においては，不規則波を代表するものとして有義波（1/3最大波）を用いることができる。有義波の波高および周期は，ゼロアップクロス法を用いて波群の中の波ごとの波高および周期を求め，　㋒　として表す」

A：波群の中で最も波高の大きい波の波高および周期の値に，それぞれ 1/3 を乗じた値

B：波群の中で波高の大きいほうから数えて上位 1/3 番目の波の波高および周期

C：波群の中で波高の大きいほうから数えて上位 1/3 までの波を用いて，それらの波高および周期の平均値

	㋐	㋑	㋒
1	ホログラム	回折	B
2	ホログラム	屈折	C
3	スペクトル	回折	B
4	スペクトル	屈折	A
5	スペクトル	屈折	C

実戦問題の解説

No.1 の解説 港湾行政

国際戦略港湾，国際拠点港湾，重要港湾の港湾管理者は，「港湾計画」(㋐)を定めることが義務づけられている。また，水域には「港湾区域」(㋑)，陸域には「臨港地区」を定めることができる。なお，都市計画区域に定めるのは，陸域である「臨港地区」(㋒) である。

以上より，正答は**2**となる。

No.2 の解説 波

説明にある周波数，波高に対するエネルギー分布を「スペクトル」という(㋐)。ホログラムは，立体映像の技術である。また，浅海波で，波が曲がることで汀線に垂直な波高となるのは「屈折」効果によるものである (㋑)。最後に，有義波の定義は，選択肢の中ではCである (㋒)。

以上より，正答は**5**となる。

正答 **No.1＝2　No.2＝5**

テーマ 47 上水道工学

必修問題

上水道の水質基準に関する次の記述のうち正しいのはどれか。

【地方上級・平成28年度】

1 細菌に関しては，一般細菌と大腸菌について基準が設けられているが，大腸菌については検出されないこととなっている。

2 硝酸態窒素および亜硝酸態窒素の許容濃度は，水銀の濃度よりも低い濃度が定められている。

3 臭いについては基準が設けられているが，色については基準は設けられていない。

4 硬度とは，マグネシウムイオンやカルシウムイオンのことで，濃度が高いと味はよくなるが健康には影響がないため，下限のみが設けられ，上限は定められていない。

5 遊離残留塩素量は，0.1mg/L以下とすることが定められている。

必修問題 の 解説

1 ◎ 正しい。大腸菌が検出されるということは，大腸菌そのものは病原性でなかった場合でも，水道水が糞便汚染されている可能性を示唆している。

2 × 硝酸態窒素および亜硝酸態窒素の許容濃度は 10mg/L 以下，水銀およびその化合物の濃度は 0.0005mg/L 以下であるので，後者のほうが小さい。なお，水道水質基準の改定により，平成 26 年 4 月から，亜硝酸態窒素の許容濃度が単独で 0.04mg/L 以下となったが，これを考慮に入れても結論に変わりはない。

3 × 色についても，色度 5 度以下という基準が定められている。

4 × 硬度はマグネシウムイオン，カルシウムイオン等のことで，その基準は 300mg/L 以下となっており，上限が決まっていて，下限が決まっていない。この基準は，石けんの泡立ち（基準以上では，泡立ちが悪くなる）で決められている。

5 × 遊離残留塩素量の基準は，0.1mg/L 以上であり，以下ではない。これは，給水栓の手前まで，塩素による殺菌力を保持するためである。

正答 **1**

第6章

土木計画・衛生工学・環境工学

....

重要ポイント 1 **水道法の目的**

　水道法 1 条によると，水道の目的は次のようになっている。

　　水道の布設及び管理を適正かつ合理的ならしめるとともに，水道の基盤を強化することによって，清浄にして豊富低廉な水の供給を図り，もって公衆衛生の向上と生活環境の改善とに寄与することを目的とする。

水道の現状

　水道の普及率は，2017 年度で 98.0％である。また，給水水量のうち有効に利用された水量を有効率といい，さらに料金収入となった割合を有収率という。有収率は全国平均でだいたい 90％である。一方，水道の給水量は近年微減傾向である。取水先としては，湖沼・ダム（49.2％），河川水（25.2％），井戸水（19.2％）となっている。

　近年，節水により 1 人当たりの使用水量が減少するとともに，人口そのものも減少に転じたため，将来的には水道使用量は減少すると予測されている。そのため水道料金収入が減少する一方で，施設老朽化が進むことが予測されている。水道管路の老朽化率（経年化率）は平成 28 年度で 14.8％にすぎないが，今後は増大すると予測される。また，基幹管路の耐震化工事も進んでおらず，平成 30 年度現在で 40％程度である。こうした状況で，水道経営の効率化が必要とされており，平成 30 年に水道法が改正され，コンセッション方式による水道経営が認められることとなった。

　一方，この水道法の改正では，適切な水道資産管理（アセットマネジメント）を進めるための水道施設の台帳の作成・保管，水道施設の維持および修繕についても定められた。また，国は水道の基本方針を策定すること，さらに都道府県が必要に応じて水道基盤強化計画を定めることができることも定められている。

　これらを通して，水道の基盤強化が進められることとなる。

....

重要ポイント 2 **水道の種類**

　水道法では，水道を次のように分類している。

上水道	一般の需要に応じ，水道により水を供給する事業（給水人口が 100 人以下である水道によるものを除く）
簡易水道	給水人口が 5,000 人以下である水道により，水を供給する水道事業
専用水道	寄宿舎，社宅，療養所等における自家用の水道その他水道事業の用に供する水道以外の水道であって，人口 100 人以上に供給するか，給水量が政令で定める以上の水道

※簡易水道も水道であって，設備などは大きな違いはない。また，マンションなどのように一定規模以上の貯水槽を持ち，他の水道からの水道を引く場合の施設を簡易専用水道と呼ぶ。

重要ポイント **3** 上水道のフロー

上水道の施設は，以下のように分類されている。

施設分類	説明	基準となる水量
取水	水を取り入れる施設。貯水施設も含む	計画1日 最大給水量
導水	取水地点から浄水池点までの水路。開渠でもよい	
浄水	原水の水質を浄化する施設	
送水	浄水場から配水池までの水路。暗渠にする	
配水	水の需要変動をならし，これを配水する	計画時間 最大給水量
給水	配水から給水栓まで。通常需要者が設置する	

※計画時間最大給水量は，時間変動も考慮した最大給水量のため，計画1日最大給水量の1時間分よりも大きい。また，計画1日平均給水量は，水道事業の計画に使われるが，施設設計には使われない。

重要ポイント **4** 浄水

浄水は，水源から導かれた水を，飲料水に適した水質に変えるプロセスである。

原水には，大きく分けて，除去すべき溶解性物質と懸濁物質が含まれている。溶解性物質は，物質毎に対処することになる。一方，懸濁物質のうち，十分に大きなものは沈殿させ，十分に小さいものは浮上させて除去する。そのため，この中間の大きさで，水中に沈殿せずに含まれる懸濁物質の除去が問題となる。そのための方式として，緩速ろ過システム，急速ろ過システム，膜ろ過システムと大きくろ過方式が分かれている（一部に消毒のみのものもあり）。そのおおざっぱな比較は次の表のとおりである。日本では，普及段階の一時期に緩速ろ過が採用されたことを除いては，急速ろ過の割合が非常に高いが，最近は緩速ろ過も見直されている。また，膜ろ過方式は技術の進歩とともに，近年は大規模な浄水場でも採用例がある。

さらに，このほかに消毒を行って浄水のプロセスは終わりとなるが，最近では，さらなる水質の向上を図って高度処理も行われている。

第6章

土木計画・衛生工学・環境工学

	緩速ろ過システム	急速ろ過システム	膜ろ過システム
原理	生物化学的	物理化学的	物理的
濁度	小	大	大
溶解性物質	除去可能	除去困難（別途対応）	除去困難（別途対応）
ろ過速度	小	大	大
必要面積	大	小	小
ろ過	砂ろ過（急速ろ過より有効径は小）	砂ろ過	膜ろ過
建設費	大	小	
維持費	小	大	

※膜ろ過の建設費，維持費は技術革新が早いため記載せず。

重要ポイント 5 緩速ろ過システム

緩速ろ過システムの大体のフローは次のようになる。

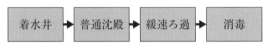

緩速ろ過システムでは，細かい懸濁物質は緩速ろ過で除去することを狙っている。

緩速ろ過は，砂層に微生物の膜が形成されたものである。この砂層を透水する際に，微生物が水中の有機物を分解して，浄水されることになる。微生物処理できる色度，鉄，マンガン，アンモニアといった溶解性物質にも対応できるが，ろ過速度は 4 〜 5m/ 日程度と遅く，必要面積が大きい。また，濁度の高い原水の処理にも不適である。ただし，トリハロメタン対策としては有効である。

重要ポイント 6 急速ろ過システム

急速ろ過システムのフローは次のようになる。

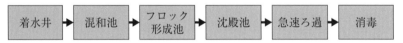

水中の懸濁物を，凝集剤によって大きな粒子に集め（フロック），それを沈殿させるのが急速ろ過システムの原理である。沈殿しなかった細かい懸濁物質は急速ろ過池で除去する。急速ろ過は物理化学的方法と呼ばれている。

凝集剤としては，硫酸アルミニウム，PAC（ポリ塩化アルミニウム）が主に使われる。これらは，懸濁物質をまとめる妨げとなっている電気力を緩和する働きがある。

生物的な分解を利用していないため，120 〜 150m/ 日のろ過速度と，ろ過を高速に行うことができる一方，溶解物質に対しては効果が小さい。

重要ポイント **7** 膜ろ過方式

細かい穴の空いた膜に圧力をかけた水を通すことで，物理的に懸濁物質等を取り除く方式である。目的に応じて穴の大きさを変えることができる。クリプトスポリジウム対策として有効で，高い濁度の原水にも対応できる。ただし，溶解性物質に対しては別途対応が必要である。

重要ポイント **8** 沈殿理論

簡単なモデル（押し出しモデル）で考える。表面積 A の池に流量 Q の水が入るとき，沈殿速度が v とする。このとき，もし池の底が抜けていたとすると，池の底から抜けていく流量は Av である。これが沈砂池で沈殿する流量だとすると，全体のうち，沈殿する割合（除去率）は次の式で表される。

$$E = \frac{Av}{Q} = \frac{v}{\dfrac{Q}{A}} = \frac{v}{v_0}$$

この式の $v_0 = \dfrac{Q}{A}$ を表面負荷率といい，沈殿池の能力を表している。以上から，沈殿池の能力を上げるためには，表面積を増やす，流量を減らす，沈降速度を下げるの 3 つの方向があることがわかる。

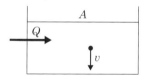

重要ポイント **9** 塩素消毒

塩素消毒は，日本では義務づけられている殺菌処理である。その理由は，残留塩素により，送水後の細菌の繁殖にも対応できるからである。

塩素濃度は法律上，給水栓において，遊離残留塩素で 0.1mg/L，結合塩素濃度なら 0.4mg/L である。結合塩素とは，他の物質と結合した塩素で，一般に殺菌力は遊離残留塩素に劣るが，臭いの防止などには効果的である。

この消毒は，ろ過等の後に行われるため，後塩素処理と呼ばれる。

第6章 土木計画・衛生工学・環境工学

浄水の水質を高めるために，塩素処理（これを省くことはできない）のほかに行う処理のことを高度処理という。主なものは次のものである。

①活性炭処理

多孔性の活性炭を通すことで，におい，色を除去することができる。また，味も改善するといわれている。

②オゾン処理

オゾンは強力な酸化剤であり，しかも残留効果がないため，味に影響を及ぼさないといわれている。通常，オゾン処理の後に活性炭処理が行われる。

③紫外線処理

紫外線による殺菌も考えられている。トリハロメタンを発生させないというメリットがあるが，日本ではほとんど使われていない。

(1)浄水の問題現象

①トリハロメタン

トリハロメタンは，有機物の一種であるフミン質と塩素が結合して発生する発がん性物質である。発生を防ぐためには，フミン質を原水から除去することが重要で，そのために活性炭処理などが行われる。一方，溶解性物質である鉄・マンガン等の除去を目的として原水に塩素を注入する前塩素処理が行われる場合がある。この場合には，トリハロメタンが発生する可能性があるため，この塩素注入を，できる限り遅いタイミング，具体的には沈殿池とろ過の間に行う中間塩素処理が行われる。

②クリプトスポリジウム

塩素耐性を持った原虫であり，除去できないと食中毒の原因となる。塩素消毒は効果が低いため，オゾン処理，紫外線処理を行う必要がある。また，濁度が高い原水中に存在するため，原水の管理も重要である。膜ろ過方式は，クリプトスポリジウムを除去できるため，有効である。

(2)ろ過層の洗浄

ろ過層もろ過を続けていくとろ過が進まなくなる。この場合，逆側から水を流す逆流洗浄を行って洗浄する。また，ろ層の表面に捕捉される濁質が多いため，逆流洗浄を補足する形で表面洗浄を行う。さらに，逆流洗浄の効果を高めるために空気洗浄を行う場合もある。

配水は，配水管と配水池に分かれる。給水管に水を分配するとともに，需要の変動をならす働きがある。需要の変動は，小規模な水道のほうが大きい。配水池の容量は1日最大給水量の8～12時間分を標準に，これに消火用水量を加えて設計される（ただし，設計指針では，地域に応じて適切に決めることとしている）。

重要ポイント 12 給水

給水は，配水管から分岐して，給水栓までをいう。給水圧はおよそ150〜200kPa の水圧が普通であり，2階までは直接給水できる。3階以上の場合，タンク給水方式をとることが普通であるが，最近では水圧を上げることにより，直接給水する方式をとる場合もある。その場合，水質の改善も期待できる一方で，震災時の非常用水の確保や漏水の点で問題がある。

水道水質基準

水道に必要な水質は，水道法4条に書かれており，次のようになっている。

> 一 病原生物に汚染され，又は病原生物に汚染されたことを疑わせるような生物若しくは物質を含むものでないこと。
> 二 シアン，水銀その他の有毒物質を含まないこと。
> 三 銅，鉄，弗素，フェノールその他の物質をその許容量をこえて含まないこと。
> 四 異常な酸性又はアルカリ性を呈しないこと。
> 五 異常な臭味がないこと。ただし，消毒による臭味を除く。
> 六 外観は，ほとんど無色透明であること。

これを具体的に表したのが水道水質基準である。特に注意したい点は，以下のとおりである。

①「大腸菌は検出されてはならない」。環境基準では，「大腸菌群」が定められているが，水道水質基準では大腸菌とされている。病原性がない場合でも，大腸菌の存在は糞便汚染の可能性を示しているため，検出されてはならない。

②有機物量は TOC（全有機炭素）で定められている。環境基準となっているBOD や COD は用いられていない。

③鉛は体内に蓄積されるため，その基準濃度が順次厳しくなってきている。古い水道管には鉛管が使われている場合があり，溶け出す可能性があるため，別の管に置き換えが進められる。

④鉄は赤水，亜鉛は白水，マンガンは黒水という着色の観点から基準が決められている。ただし，マンガンは健康障害の原因ともなりうる。

第6章 土木計画・衛生工学・環境工学

No.1 **以下の文章の正誤を判断せよ。**

1 上水道の規模の決定の基礎となる計画給水量は，その地域における現在の状態により決定し，これをもとに各種施設の計画を行う。

2 計画1日平均給水量は，計画1人1日平均給水量に計画給水人口を乗じて求める。

3 取水，導水の施設は，計画時間最大給水量をもとに設計するが，配水施設は，計画1日最大給水量をもとに設計する。

4 上水道において，取水，導水，浄水，送水の各施設の設計は計画1日最大給水量を基準にして行われる。

5 計画時間最大給水量は，計画1日最大給水量の1時間分に対して時間変動を考慮した割合を乗じて求めるが，その割合は大都市ほど小さい。

6 近代的な上水道の敷設が強く要望されるようになった最大の理由は，工業用水の需要の増加である。

7 上水道の水源は，地表水と地下水に大別されるが，わが国では地表水約8割，地下水約2割であり，人口の多い大都市では主として地下水が利用されている。

8 沈殿池において，まず重い浮遊物を遠心力により分離し，沈殿させ，その後，小さな粒子は薬品を加え凝集させて，沈殿させる。

9 普通沈殿は，凝集処理を行わずに重力沈降によって懸濁物質を除去するものであり，緩速ろ過方式の前処理プロセスとして位置づけられている。

10 同一沈殿池において，密度が同じであれば，直径の大きい粒子のほうが小さい粒子より沈降速度が大きい。

11 戦前と現在の浄水方式を比較すると，戦前は大部分が緩速ろ過方式であったが，戦後は急速ろ過方式が一般的になっていった。

12 ろ過の方法には緩速ろ過と急速ろ過があるが，原水の水質の汚濁が著しい，あるいは敷地面積が狭いところでは，緩速ろ過が多く用いられている。

13 浄水におけるろ過方式には，緩速ろ過方式と急速ろ過方式があるが，一般に緩速ろ過方式のほうが高度な維持管理技術が必要となり，維持管理費用も高い。

14 浄水場に運ばれてきた原水は，その水質にかかわらず，緩速ろ過方式または急速ろ過方式によって浄化されなければならない。

15 ろ過プロセスは沈殿プロセスに続いて行われるが，主に緩速ろ過には普通沈殿，急速ろ過には薬品凝集沈殿が組み合わされる。

16 凝集沈殿は，懸濁物質と添加された凝集剤が化学反応を起こし，質量の大きな高分子化合物を生成させることで，懸濁物質の沈降速度の増大を図るプロセスである。

17 急速ろ過は，主として物理化学的に砂層表面に浮遊物質を抑留させて原水を浄

化するプロセスであり，高濁度の原水や溶解性物質を多く含んだ原水の両者に対応できるという特徴を持つ。

18 急速ろ過方式は高濁度原水に有利であり広く採用されているが，臭気やトリハロメタン問題に対処するため，この方式に高度処理システムを付加する浄水場がある。

19 高度浄水処理において，アンモニア性窒素が多い原水などの場合，急速ろ過法の前処理として付着生物接触槽を設け，微生物によって，これらの有機物やアンモニア性窒素を除去する。

20 高度浄水処理のうちオゾン処理は，オゾンの強力な酸化力による臭気物質の除去や消毒が可能であるが，残留性がないために塩素消毒と併用することが必要である。

21 高度浄水処理の一種であるオゾン処理では，細菌，ウイルスなどに対しては高い効果が得られるが，色，においに対する効果は低い。

22 オゾン処理は，消毒副生成物であるトリハロメタンの生成の抑制に有効であり，一般に消毒処理の後に実施される。

23 緩速ろ過方式，急速ろ過方式では，いずれの方式においても必ず最後に塩素消毒を行う。

24 消毒には塩素がよく用いられるが，沈殿，ろ過による有機物の除去が不十分であると，人体に有害なトリハロメタンが発生することがある。

25 殺菌にはこれまで塩素剤が用いられてきたが，残留性が強く，人体に影響を及ぼすため，最近では用いられない。

26 送水には，浄水場と配水池の位置，標高関係にもよるが，管水路に比べて，敷設，維持管理が容易である開水路が望ましい。

27 配水池の容量には，火災時や浄水場関係の事故に対する余裕を見込んでおくが，水道の規模が大きいほど余裕率を高くする。

28 計画配水量は，平時においては計画時間最大給水量〔m^3/h〕，火災時には計画1日最大給水量〔m^3/d〕の1時間当たりの水量に消火用水量を加えたものとする。

29 配水施設である配水池の有効容量は，計画1日最大給水量の8～12時間程度を確保することを標準としている。

30 直結式給水とは，高層の住宅やビルなどの給水に用いられる方式で，屋上に設置された受水槽に貯めた水道水を直接利用者に給水する方式をいう。

第6章

土木計画・衛生工学・環境工学

演習問題 の 解説

No.1 の解説　上水道工学

1 ✕ 上水道は長期間使用される施設であるので，将来予測に基づいて規模を設定する。

2 ✕ 記述が逆で，計画1日平均給水量を人口で除して，計画1人1日平均給水量を求める。

3 ✕ 取水，導水施設は計画1日最大給水量，排水施設は計画時間最大給水量が設計の基準である。

4 ◎ 正しい。

5 ◎ 正しい。

6 ✕ 水道の普及の原因としては，伝染病の蔓延などが理由として挙げられる。なお，工業用水道は水道法上の水道ではない。

7 ✕ 地下水は，規模の大きい上水道ではほとんど用いられない。

8 ✕ 遠心分離は行われない。

9 ◎ 正しい。

10 ◎ 正しい。

11 ◎ 正しい。

12 ✕ 汚濁が著しい，または施設面積が狭い場合は，急速ろ過が用いられる。

13 ✕ 文章は緩速ろ過ではなく急速ろ過についてのものである。

14 ✕ 所定の水質が得られるのであれば，ろ過を行う必要はない。また，膜ろ過方式も用いられる。

15 ◎ 正しい。

16 ✕ 懸濁物質と凝集剤が化学反応を起こすのではない。凝集剤が懸濁粒子を吸着するのである。

17 ✕ 急速ろ過は，溶解性物質には対応できない。

18 ◎ 正しい。

19 ◎ 正しい。

20 ◎ 正しい。

21 ✕ 色，においに対する効果もある。

22 ✕ トリハロメタンの抑制効果などを期待するため，塩素消毒の前に実施する。

23 ◎ 正しい。

24 ◎ 正しい。

25 ✕ 塩素の注入は義務づけられている。

26 ✕ 送水は浄水施設より下流であり，汚染を防ぐため，必ず管水路にする。

27 ✕ 規模が大きいと余裕率は小さくなる。

28 ◎ 正しい。

29 ◎ 正しい。

30 ✕ 直結式給水とは，受水槽などを設けずに，水圧を上げることで直接3階以上に給水する方式のことである。

実戦問題

No.1 **次のうち，上水道における取水量の決定の基準となるのはどれか。**

【地方上級・平成25年度】

1 貯水容量
2 配水池容量
3 計画１日平均給水量
4 計画１日最大給水量
5 計画時間最大給水量

No.2 **わが国の代表的な浄水システムである急速ろ過システム，緩速ろ過システムの特徴に関する㋐～㋓の記述のうちから，急速ろ過システムの特徴に関する記述として妥当なもののみを選び出しているのはどれか。** 【国家Ⅱ種・平成18年度】

㋐ 砂層表面の薄い生物ろ過膜で，微懸濁質や細菌などを抑止する。
㋑ 広大な面積を必要とし，高負荷に耐えられない。
㋒ 溶解性成分の除去をほとんど行うことができない。
㋓ 薬品を加えて高負荷の処理を行うため，汚泥の発生量が多い。

1 ㋐，㋑
2 ㋐，㋒
3 ㋐，㋓
4 ㋑，㋒
5 ㋒，㋓

No.3 **浄水施設に関する次の記述の㋐，㋑，㋒に当てはまる語句の組合せとして正しいのはどれか。** 【国家Ⅱ種・平成10年度】

「浄水場では最初に導水された水の中から比重の大きな物質を取り除く。この設備を［㋐］という。ここでは，同時に落ち葉のような小さな浮遊物を除去するために［㋑］を設ける。

次の施設では，比重が水とあまり違わない水中の微細な粒子を集合させ大きな粒子に変えて沈みやすくするために，わが国では［㋒］が使われている」

	㋐	㋑	㋒
1	沈殿池	スクリーン	硫酸アルミニウム
2	沈殿池	スクリーン	ゼオライト
3	沈殿池	砂ろ過	ゼオライト
4	沈砂池	砂ろ過	ゼオライト
5	沈砂池	スクリーン	硫酸アルミニウム

[No.4] **わが国において，近年，従来の浄水処理プロセスに高度処理プロセスを追加する水道事業体が増えてきている。高度処理プロセスに関する次の記述の㋐，㋑，㋒に当てはまるものの組合せとして最も妥当なのはどれか。**

【国家Ⅱ種・平成17年度】

「水中で塩素とある有機物が反応すると [㋐] が発生するが，これは高度処理の対象となる物質である。代表的な高度処理の一つに [㋑] がある。[㋑] は [㋐] の前駆物質の除去に有効であり，一般に，消毒処理の [㋒] に設けたほうが効果的である」

	㋐	㋑	㋒
1	フミン質	生物処理	前
2	フミン質	オゾン処理	前
3	フミン質	オゾン処理	後
4	トリハロメタン	生物処理	後
5	トリハロメタン	オゾン処理	前

[No.5] **次は上水道に関する記述であるが，㋐，㋑，㋒に当てはまる語句の組合せとして正しいのはどれか。**

【国家Ⅱ種・平成11年度】

「給水量は時間的変動が大きく，一方浄水量は時間的変動がなく一定である。この両者の間の水量変動の相違を調節するために [㋐] を設置する。

[㋐] の有効容量としては，計画1日最大給水量の8～12時間分を標準とし，小規模な水道は大規模な水道と比較して余裕の容量を [㋑] とる。

なお，給水人口が5万人 [㋒] である上水道の [㋐] は，その容量に消火用水量を加算しなければならない」

	㋐	㋑	㋒
1	貯水池	小さく	以上
2	貯水池	大きく	以下
3	配水池	小さく	以上
4	配水池	大きく	以上
5	配水池	大きく	以下

実戦問題の解説

No.1 の解説　取水量

取水量は最も需要の多い日でも不足してはいけないため，計画１日最大給水量が基準となる。なお，時間変動は配水池で調整するため，取水では考慮しなくてよい。

以上より，正答は**4**となる。

No.2 の解説　急速ろ過

㋐：生物ろ過膜を使うのは，緩速ろ過である。
㋑：緩速ろ過の特徴である。
㋒：急速ろ過の特徴である。
㋓：急速ろ過の特徴である。

以上より，正答は**5**となる。

No.3 の解説　急速ろ過

急速ろ過システムを前提とした文章であることに注意してもらいたい。

最初に大きな物質を取り除くのは沈砂池（㋐）である。また，浮遊物を取り除くためにスクリーン（㋑）を設ける。

凝集剤は，硫酸アルミニウム（㋒）が一般的である。

以上より，正答は**5**となる。

No.4 の解説　高度処理

有機物であるフミン質と塩素が反応して，発ガン性物質であるトリハロメタン（㋐）が生成される。これを取り除くためにオゾン処理（㋑）を代表とする高度処理が行われるが，トリハロメタンが生成されてはもはや取り除くことはできないため，消毒処理の前（㋒）に行うべきである。

以上より，正答は**5**となる。

No.5 の解説　上水道

給水量の時間変動を調節する役割があるのは配水池（㋐）である。配水池では，小規模な水道ほど，多くの余裕を持たないといけない（㋑）。また，人口が小さい地域（㋒）では消火用水も別に加算する。

以上より，正答は**5**となる。

正答　No.1＝**4**　No.2＝**5**　No.3＝**5**　No.4＝**5**　No.5＝**5**

必修問題

　標準活性汚泥法において，活性汚泥が活発に働くための下水の条件として正しいものを組み合わせたのはどれか。

【地方上級・平成27年度】

A　水温が36℃以上あること

B　嫌気条件を守るため，溶存酸素量が0.3mg/L以下であること

C　pHは6〜8であれば通常はよい

D　増殖に必要となる有機物，無機物が両方とも十分に存在すること

1 A，B

2 A，C

3 B，C

4 B，D

5 C，D

必修問題 の 解説

A ✕ 増殖に適する温度は細菌によって変わるが，一般には 30 〜 35℃とされている。

B ✕ 活性汚泥は好気性細菌であるので，溶存酸素量は 0.3mg/L 以上とする。

C ◯ 正しい。

D ◯ 正しい。

正答 5

第6章

土木計画・衛生工学・環境工学

重要ポイント 1 ▶ 下水道の目的

下水道法1条によると、下水道の目的は次のようになっている。

> 下水道の整備を図り、もって都市の健全な発達及び公衆衛生の向上に寄与し、あわせて公共用水域の水質の保全に資することを目的とする。

重要ポイント 2 ▶ 下水の定義

下水道法2条によると、下水の定義は次のようになっている。

> 生活若しくは事業（耕作の事業を除く。）に起因し、若しくは付随する廃水（以下「汚水」という。）又は雨水

重要ポイント 3 ▶ 下水の現状

下水道の普及率は、平成30年度末の段階で79.3%であり、年々増加傾向にある。もっとも、下水処理の方法には、下水道以外にも合併浄化槽（9.3%）、農村集落排水施設等（2.7%）もあり、これらを合計した汚水処理人口普及率は91.4%と90%を超えている。全体的には、都市部の普及率が高く、地方部は低いため、地方部の普及が問題となっている。また、都市部の下水道は早くから普及が進んだため古いものが多く、その更新が問題となっている。特に、こうした古い下水道は合流式のものが多く、合流式の改善が今後の課題となる。

⑴下水道の種類

下水道は下水道法により、次の3種類に分けられる。

公共下水道	主として市街地における下水を排除し、または処理するために地方公共団体が管理する下水道で、終末処理場を有するものまたは流域下水道に接続するものであり、かつ、汚水を排除すべき排水施設の相当部分が暗渠である構造のもの。および、主として市街地における雨水のみを排除するために地方公共団体が管理する下水道で、河川その他の公共の水域もしくは海域に当該雨水を放流するものまたは流域下水道に接続するもの
流域下水道	公共下水道と同等であるが、2以上の市町村の区域の下水を排除するもの
都市下水路	主として市街地における下水を排除するために地方公共団体が管理している下水道（公共下水道および流域下水道を除く）で、その規模が一定以上のもの

⑵下水道による雨水排除（内水排除）

下水道によって市街地に降った雨の排除、すなわち内水排除が行われる。標準的には5～10年に1度の雨に対応するが、自治体によってはこれより規模の大きい降雨を対象とする場合もある。雨水の流出量は次の合理式で計算される。

$$Q = \frac{1}{360} CiA$$

C はピーク流出係数，i は降雨強度〔mm/h〕，A は流域面積〔ha〕である。河川工学の合理式とは単位が異なることに注意してもらいたい。

降雨強度 i は降雨継続時間 t から求められるが，a，b，n を定数として以下の式が提案されている。

タルボット型 $i = \dfrac{a}{t + b}$

シャーマン型 $i = \dfrac{a}{t^n}$

久野，石黒型 $i = \dfrac{a}{\sqrt{t} \pm b}$

また，降雨継続時間は流入時間と流達時間の和として求められる。

次に，ピーク流出係数は，$0 \sim 1$ の値をとり，流出量が多いところで大きくなる。たとえば，次のようになる。

水面（1.0）＞道路（0.80 ～ 0.90）＞勾配の急な山地（0.40 ～ 0.60）
＞勾配の緩い山地（0.20 ～ 0.40）

ここに挙げた値は工種別の基礎流出係数と呼ばれており，実際には，これを断面積 A で加重平均して，

$$C = \frac{\displaystyle\sum_{i=1}^{m} C_i A_i}{\displaystyle\sum_{i=1}^{m} A_i}$$

として計算する。

重要ポイント 4　**下水排除方式**

下水道の処理方式には，雨水と汚水を同一管渠に集めていずれも終末処理場に送る合流式と，雨水と汚水を別々の管渠に集め，雨水のみを終末処理場に導く分流式の2つがある。両者の比較は次の図のとおりである。合流式は，下水道の初期において，建設費が安いことなどから，多く作られた。その結果，大都市部で合流式が残ることとなった。現在は，環境対策の観点から，新規に下水道を施工する場合は，原則として分流式となっている。

	合流式	分流式
管渠	1系統（合流管）	2系統（雨水管，汚水管）
建設費	小	大
水質の問題点	洪水時に汚水が直接放流される	降雨初期の汚れた雨水が放流される
その他の特徴	・古い下水道に多い ・合流管に土砂が堆積する場合がある ・終末処理場の規模が大きくなる	・新設の下水道は原則分流式を採用 ・管渠の誤接続の危険がある

⑴管の流速（分流式）

　管渠では，浮遊物の沈殿を防ぐとともに，下水を円滑に流下させるため，下流へ行くほど勾配は小さく，流速は大きくなるように設計を行う。一方，管内の流速には制約があり，表のようになっている。この下限は堆積を防ぐ観点から，上限は管の損傷を防ぐ観点から決められている。

雨水（合流）管渠	0.8 ～ 3.0m/s
汚水管渠	0.6 ～ 3.0m/s

⑵管渠の接続

　異なる管径の管渠を接続する場合の接合法には以下の方法がある。一般には，管路の設計は上流側から行い，施工は下流側から行う。

水面接合	水理学的に望ましい方法で，幹線管渠でよく用いられる
管頂接合	水面接合に次いで望ましい方法だが，管渠深さは深くなる
管底接合	やむをえない場合に採用する
管中心接合	原則採用しない

　なお，管径や勾配の変化点にはマンホールを用いる。マンホールは長い直線部でも管理上，一定の距離ごとに設ける。

重要ポイント 5 標準活性汚泥法のフロー（終末処理場）

　集められた汚水は，終末処理場で水質改善される。日本の終末処理場のほとんどで標準活性汚泥法が採用されている。そのフローは次のようになる。

※1次処理を簡易処理，2次処理を高級処理と呼ぶこともある。以前は，固定生物膜法程度の水質にすることを中級処理と呼んだが，現在はあまり使われない。

　このほかに，富栄養化対策を主な目的とした高度処理（3次処理）を行うこともある。

重要ポイント 6 標準活性汚泥法

　下水を微生物を含んだ活性汚泥を接触させて有機物の分解を行う方法を活性汚泥法という。活性汚泥法では，酸素溶存下で働く好気性細菌が用いられる。
　活性汚泥は，エアレーションタンクで下水中に投入され，酸素が与えられる。その後，最終沈殿池で得られた上澄み水が放流され，沈殿した汚泥のうち，一部は返送汚泥としてエアレーションタンクに戻され，残りが余剰汚泥として汚泥処理される。

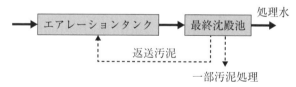

⑴オキシデーションディッチ法
　活性汚泥法の変法の一つで小規模な処理場で採用される。循環式の水路の中をエアレーションを行いながら長時間処理するもので，通常最初沈殿池は設けない。低負荷で処理するため，下水の水質，水量の時間変動をならすことができ，管理が容易であるが，単位水量当たりの面積が大きくなる。

⑵膜分離活性汚泥法
　最終沈殿に代えて膜分離を行う方法で，最終沈殿池のみならず，最初沈殿池，消毒施設も不要となり設備がコンパクトになる。また，反応タンク内のMLSS濃度（汚泥濃度と考えてよい）を高くできるため，短時間で処理することができる。

⑶固定生物膜法
　活性汚泥法とは異なる方法で，固定した膜に付着した微生物と下水を接触させて

第6章 土木計画・衛生工学・環境工学

処理を行う方法を総称して固定生物膜法という。散水∴床法，回転円板法，接触酸化法などがある。このうち散水沪床法は古くから行われ，標準法と高速法があるが，水質は標準活性汚泥法に劣り，現在はほとんど使われていない。その他の固定生物膜法も，臭気や衛生害虫の発生などの問題があり，小規模な場合に用いられる例があるのみである。

(4)消毒

環境基準を満たす水質にするため，放流前に塩素消毒が行われる。ただし，上水道と異なり必須ではない。

重要ポイント 7 **高度処理**

水質をさらに改善するために行われる処理を高度処理という。主に窒素，リンを対象とした富栄養化対策として行われる。

窒素処理	生物処理（循環式硝化脱窒法）
リン処理	生物処理（嫌気好気法）または凝集沈殿

(1)嫌気－好気法（AO法）

リン処理を目的として行われる方法で，生物処理である。

嫌気槽，好気槽の順に処理を行う。それぞれ次のようになる。

①**嫌気槽**：下水に微生物を加え，嫌気状で撹拌することで，微生物中のリンを吐き出させる（脱リン）。

②**好気槽**：好気条件にすることで微生物の働きが活発となり，①の嫌気槽で吐き出した以上のリンを生物が処理することで，リンが除去される。

(2)循環式硝化脱窒法

生物処理によって窒素処理を行う方法である。窒素処理は，硝化と脱窒の2つの仕組みで行われる。

①**硝化（好気槽）**：好気条件で硝化菌により，窒素化合物をアンモニア，硝酸，亜硝酸にする。

②**脱窒（無酸素槽）**：無酸素条件で脱窒菌により，硝酸等を窒素にする。

これを標準活性汚泥法に組み込んだものが循環式硝化脱窒法である。標準活性汚泥法では，エアレーションが必要となるため，その前に無酸素槽を置き，その後に好気槽を置く。好気槽から無酸素槽に硝化液を返送することで脱窒を行う。

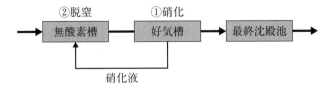

⑶**嫌気－無酸素－好気法（A2O 法）**

嫌気－好気法と循環式硝化脱窒法の両方を標準活性汚泥法に組み込んだ方法で，リン処理，窒素処理の両方を行うことができる。

重要ポイント 8 　汚泥処理

最終沈殿池で生じた余剰汚泥の処理を汚泥処理という。汚泥の成分のほとんどが水であり，含水率を下げることで汚泥の体積を大幅に減少させることができる。そのため，再処理，最終処理を行う前に，水分を減量させる処理が必要となる。そのため以下の順に処理が行われる（必ずしもこれをすべて行うわけではない）。

①**重力濃縮**：沈殿によって汚泥を濃縮させ，水分を減少させる。
②**嫌気性消化**：嫌気性微生物を用いて汚泥を減少させる。
③**脱水**：汚泥を絞るなどの方法で水分を減少させる。

こうして減量された汚泥の**最終処理の内訳（平成29年度）**は次のようになっている。

埋立	リサイクル（73%）			
	建設資材 （セメント以外）	建設資材 （セメント）	緑農地利用	燃料化等
26%	19%	29%	14%	12%

※国土交通省ホームページより。「その他」を省いている。リサイクル率は，東日本大震災によって大きく減少したが，その後回復傾向にある。

緑農地利用は主に堆肥にすることで，これをコンポスト化という。好気性細菌による処理によってコンポスト化されている。

なお，汚泥の海洋投棄は禁止されているため，行われていない。

No.1 **以下の文章の正誤を判断せよ。**

1 流域別下水道整備総合計画においては，下水道の施設の建設期間や耐用年数は長期であり，下水道整備の経済的効果を算出することは困難であることから，費用効果分析を勘案して定める必要はない。

2 わが国で下水道が急速に普及した背景として，農業の化学肥料利用により，し尿の農村還元が減少し，さらに高度経済成長に伴う河川の水質悪化が著しくなってきたことがある。

3 下水道整備の進捗の結果，多くの水が下水道を経由し，下水道が流域の水循環系に対して大きな影響を有するようになってきている。

4 公共下水道の整備は，悪臭や伝染病の発生源となる汚水を速やかに排除・処理し生活環境を改善するとともに，海や河川などの公共用水域の水質を保全することを目的としている。

5 平成 30 年時点で，政令指定都市の平均下水道普及率は，日本全国の平均下水道普及率より低くなっている。この原因としては，政令指定都市では人口が多く下水道整備が追いついていないことなどが挙げられている。

6 下水道の未普及地域では水洗トイレは使用できない。

7 平成 30 年度末の処理施設別汚水処理人口は，多いほうから浄化槽，下水道，農業集落排水施設等の順となっている。

8 現在，単独浄化槽の新設は水環境保全の観点から禁止されている。

9 公共下水道は 2 つ以上の市町村にまたがる下水道であり，水質保全を効率的に達成することができる。

10 都市下水路は，主として市街地における雨水を排除するための下水道である。一般的に暗渠であり，場合によってはポンプ場が付随する。

11 合流式の下水の排除方式とは，雨水，生活排水，工場排水のうち，生活排水と工場排水を合流させ，雨水管と汚水管の 2 種類の管渠によって排除する方式のことである。

12 古くから下水道に取り組んでいる都市は，合流式を採用していることが多いが，これは下水道整備の重点が浸水対策であり，整備のためのコストが分流式と比べ低かったからである。

13 欧米諸国の都市では早くから下水道が建設されたが，その大部分は分流式であったため，合流式への切換えは早急には進まず，両方式の混合型になっているところが多い。

14 合流式下水道は，集めた汚水をすべて浄化するという点で環境衛生上理想的であるが，人家が密集した市街地では 2 系統の管渠を敷設することが難しいという問題点がある。

15 分流式の下水道では，汚水は汚水管を，雨水は雨水管を通り，いずれも下水処理場で下水処理されることが通例である。

16 古くに整備された下水道は合流式であることが多いが，新しく整備する下水道のほとんどは分流式が採用されている。

17 下水の排除方式の一つである分流式は，2系統の管渠を建設する必要がある方式であり，合流式と比べて建設費が高くなる傾向にあるものの，公共用水域の水質汚濁防止の点において有利であり，現在は，多くの場合に分流式が採用されている。

18 分流式により下水排除を行う場合の下水処理場の規模は，合流式による場合に比べて大きなものとなる。

19 雨水を排除し，市街地の浸水を防止することは，下水道の重要な役割の一つであるが，大都市を中心に整備された合流式下水道にはこのような機能がない。

20 管渠内の流速には，下水中の沈殿物が堆積しないための最小流速があるが，汚水管渠と雨水管渠を比較した場合，汚水管渠の最小流速のほうが大きい。

21 マンホールは管渠の方向，勾配または管径が変わる箇所や管渠の合流する箇所で設置するものであり，管径の変化のない直線部では設置する必要はない。

22 管渠の設計に用いる計画下水量，汚水管渠では計画1日最大汚水量である。

23 一般的に下流ほど流量が増えるので管径が大きくなり，勾配は緩くなる。

24 管渠の接合法には水面接合，管頂接合，管中心接合，管底接合があるが，原則として管中心接合または管底接合とする。

25 分流式の管渠は，浮遊物の沈殿防止のために必要な流速を確保するため，管の勾配が急となり埋設深度が大きくなる。

26 下水道処理施設の容量は，計画1日平均汚水量を基にして決定させる。

27 下水処理を大別すると1次処理，2次処理，高度処理に分けられるが，2次処理は窒素やリンを除去するのが主な目的である。

28 終末処理場の施設は下水処理施設と汚泥処理施設に大別でき，汚泥の処理レベルにより高級処理，中級処理，簡易処理に分類できる。

29 下水処理場において，処理水はまず生物処理を行った後，スクリーン，沈砂池等により浮遊物等を除去する。

30 沈殿法は，重力沈殿可能な浮遊物質（SS）を沈殿除去して水と分離する方法である。SSの除去率は，沈殿池の表面積とSSの沈降速度に比例し，流入水量に反比例する。

31 最初沈殿池や最終沈殿池に沈殿した汚泥は有機物を含まない。

32 活性汚泥法は生物学的に有機物質を除去する方法である。

33 活性汚泥法は，エアレーションタンク内で下水を好気性微生物と接触させて処

理する方法である。

34 標準活性汚泥法は，砕石などの支持体の表面に付着した微生物膜を利用して下水を処理する方法である。

35 活性汚泥法では，好気性微生物による好気性分解を利用しているため，溶存酸素量に左右されず，安定した下水処理が可能である。

36 標準活性汚泥法では，酸素の供給を遮断した反応タンク内で増殖した微生物によって有機物が生物学的に分解される。

37 下水中に存在している好気性微生物が，十分な酸素の供給を受けて活発に下水中の有機物を食物として増殖した結果生じる，一種の好気性微生物集塊のことを活性汚泥という。

38 活性汚泥法では，最終沈殿池で上澄み液は処理水として放流され，分離汚泥のうち一部は返送され，再利用される。

39 標準活性汚泥法は，適切に管理運営を行うと，一般に，BOD物質の除去率は高速散水沪床法より高いが，標準散水沪床法より低い。

40 活性汚泥法では，固形性有機物と溶解性有機物とでは，固形性有機物のほうが容易に細胞内に取り込まれ分解されるため，分解に要する時間が短い。

41 最終沈殿池は，反応タンク内から流出したフロックを沈殿除去し，清澄な処理水を得ることを目的とする施設である。

42 3次処理と呼ばれる高度処理においては，除去の対象物質として窒素，リン等がある。

43 窒素やリンの存在下では有機物分解能力が低下するため，通常，活性汚泥法による処理の前に脱窒素，脱リン等の処理を行う。

44 下水道の高度処理方式の一つとして，嫌気−好気活性汚泥法があるが，一般に窒素除去を目的として行われる方法で，リン除去の効果は低い。

45 下水中に含まれる窒素およびリンの除去プロセスとして，わが国では活性炭吸着法が広く用いられている。

46 消毒は，反応タンク内での生物学的処理を阻害するおそれのある下水中の病原菌を殺菌するために行われる。

47 発生汚泥を再利用することは技術的に困難であり，わが国では脱水，焼却または乾燥された汚泥の大半が埋立処分されている。

48 下水処理の過程で発生する水，汚泥，熱を資源・エネルギーとして再利用することは，これまでのところ行われておらず，再利用の実現は今後の大きな課題である。

49 下水汚泥の有効利用は着実に進んできており，利用方法としては緑農地利用，建設資材利用，熱エネルギー利用に大別され，近年は，緑農地利用がその大半を

占める。

50 下水処理水は，融雪用水や地域冷暖房の冷却水・熱源水などの水資源として利用してはならない。

51 下水道は，汚水の排除・処理や内水排除などの役割を持つが，下水処理の際に出る熱や，汚泥に含まれる希少資源の有効活用，光ファイバーケーブルの敷設場所としての活用など，新たな役割も期待されている。

52 汚泥処理のプロセスとしては，濃縮，消化，脱水，焼却などがある。

53 嫌気性処理とは，主として嫌気性細菌（微生物）群が，溶存酸素の下で有機物を生物化学的に酸化分解するものである。

No.1 の解説　下水道工学

1 ✗　費用効果分析は将来の経済効果を算定するのに有利であり，下水道でも使われる。

2 ◎　正しい。

3 ◎　正しい。

4 ◎　正しい。

5 ✗　下水道の普及率は大都市部のほうが高い。これは，大都市部の都市衛生問題の解決のため，早い時期から下水道が普及したからである。

6 ✗　下水道の開通と主に水洗トイレに変える場合があるが，未普及地域でも水洗トイレは使用できる。

7 ✗　下水道普及率が7割を超えていることに注意する。下水道，浄化槽，農業集落配水施設等の順である。

8 ◎　正しい。現在，単独浄化槽の新設は水環境保全の観点から禁止されている。なお，単独浄化槽とは，トイレ雑排水のみを処理し，その他の家庭雑排水は処理しない浄化槽のことである。

9 ✗　2以上の市町村にまたがるのは流域下水道である。

10 ✗　都市下水路は，主に雨水を流すためのものであり，開渠であることが普通である。

11 ✗　雨水管と汚水管に分けるのは分流式である。合流式はこの2つを合流する。

12 ◎　正しい。

13 ✗　古い下水道は，合流式が多い。また，分流式が原則で，分流式を合流式に転換することはない。

14 ✗　合流式ではすべての汚水を処理するわけではない。雨天時などで処理能力を超える汚水が集まった場合には，そのまま放流するため，環境に負荷を与えることになる。また，合流式では合流管の係統のみの敷設である。

15 ✗　雨水は直接環境に放流される。

16 ◎　正しい。

17 ◎　正しい。

18 ✗　分流式では，雨水は処理しないため，合流式よりも施設が小さくなる。

19 ✗　合流式も雨水を集めるため，雨水排除の役割を果たしている。

20 ✗　汚水管の最小流速は 0.6m/s，雨水管の最小流速は 0.8m/s である。

21 ✗　管理上必要であれば設ける。

22 ✗　管渠は時間最大量，処理場は1日最大量で設計する。

23 ◎　正しい。

24 ✗　水面接合が原則で，管頂接合がこれに準じる。管底接合は必要ない限り避ける。

25 ◎　正しい。

26 ✗　計画1日平均汚水量ではなく，計画1日最大汚水量である。

27 ✗　2次処理は活性汚泥を中心とする有機物処理である。

28 ✗　高級処理，中級処理，簡易処理は，汚泥の処理レベルではなく，下水の処理レベルによる分類である。

29 ✗　スクリーン，沈砂池等で浮遊物を除去してから，生物処理を行う。

30 ◎　正しい。上水道の沈殿理論を参照すること。

31 ✗　最初沈殿池は生物処理前なので，当然に含まれ，また，最終沈殿池でも，完全に分解されるわけではないため，有機物は含まれる。

32 ◎　正しい。

33 ◎　正しい。

34 ✗　文章は，固定微生物膜法の説明である。

35 ✗　好気性分解の場合，溶存酸素量に性能が左右される。

36 ✗　好気性分解なので，空気を供給する必要がある。

37 ◎　正しい。

38 ◎　正しい。

39 ✗　標準活性汚泥法のBOD除去率は，標準固定ろ床法よりも高い。

40 ✗　固形性有機物のほうが，分解されにくいため，分解に時間がかかる。

41 ◎　正しい。

42 ◎　正しい。

43 ✗　高度処理は，有機物処理の後か，あるいはその中に組み込む（循環式脱窒硝化法など）のが普通である。

44 ✗　嫌気−好気活性汚泥法はリン対策として使われる。

45 ✗　活性炭吸着法は有機物や浮遊物質を除去するものである。

46 ✗　消毒は，処理水を殺菌するために，生物処理の後に行うのであって，反応タンクの微生物の死滅を防ぐものではない。

47 ✗　再利用が技術的に困難というわけではない。また，下水汚泥のリサイクル率は約73％（平成29年）である。

48 ✗　積極的に行われている。

49 ✗　最も多いのは建設資材（セメント）としての利用である。

50 ✗　むしろ積極的に水資源として活用する。

51 ◎　正しい。

52 ◎　正しい。

53 ✗　嫌気性処理では，酸素は必要としない。

第6章 土木計画・衛生工学・環境工学

実戦問題

No.1 **下水道システムに関する次の記述の㋐，㋑，㋒に当てはまる語句の組合せとして正しいのはどれか。** 【国家Ⅱ種・平成10年度】

「下水道の構成要素は大別して，管きょシステムと処理システムとに分けられる。管きょシステムの構成要素としては，[㋐]設備，公設ます，管きょ，ポンプ場，吐き口などがある。

処理システムの構成要素としては，場内ポンプ場，予備，一次，二次および高度処理設備，消毒設備，[㋑]設備などがある。消毒設備は処理水を公共用水域に放流する前に，大腸菌や各種病原菌を殺菌する設備であり，殺菌剤として[㋒]が用いられてきたが，近年はオゾンを用いる計画も出てきた」

	㋐	㋑	㋒
1	急速ろ過	汚泥処理	石灰
2	急速ろ過	集じん	石灰
3	排水	集じん	塩素または塩素化合物
4	排水	汚泥処理	塩素または塩素化合物
5	排水	汚泥処理	石灰

No.2 **下水の処理方法のうち，標準活性汚泥法，標準散水ろ床法，高速散水ろ床法について，BOD 除去率の大きいものから順に正しく並べているのはどれか。**

【国家Ⅱ種・平成９年度】

1 標準活性汚泥法，標準散水ろ床法，高速散水ろ床法
2 標準活性汚泥法，高速散水ろ床法，標準散水ろ床法
3 標準散水ろ床法，標準活性汚泥法，高速散水ろ床法
4 標準散水ろ床法，高速散水ろ床法，標準活性汚泥法
5 高速散水ろ床法，標準活性汚泥法，標準散水ろ床法

実戦問題の解説

No.1 の解説　下水道システム

[ア]：管渠システムに含まれるのは，排水施設である。急速ろ過は，上水道におけるろ過方式である。

[イ]：処理システムに含まれるのは，汚泥処理設備である。

[ウ]：殺菌剤は，塩素が用いられることがほとんどであるが，上水道と異なり，義務づけられているわけではない。

以上より，正答は**4**となる。

No.2 の解説　BOD 除去率

標準活性汚泥法は，散水ろ床法よりもBOD除去率は高い。また，散水ろ床法の中でも，標準法のほうが高速法よりも除去率は高い。

以上より，正答は**1**となる。

正答　No.1＝4　No.2＝1

環境工学

必修問題

ヒートアイランド現象に関する次の記述の正誤を組み合わせたものはどれか。

【地方上級・平成29年度】

[ア] ヒートアイランド現象によって，夏季には冷房によるエネルギー消費が多くなる一方で，冬季には暖房によるエネルギー消費量が減少する傾向がある。

[イ] ヒートアイランド現象によって，昼間は海水がより暖められるようになるため，陸風がより強まる傾向がある。

[ウ] 天空率が小さな都市では，夜間の放射熱が妨げられるため，よりヒートアイランド現象が進行する。

[エ] 都市緑地公園があることで温度が数度程度減少する効果が期待でき，広い緑地公園ほど広範囲に温度低下が期待される。

	[ア]	[イ]	[ウ]	[エ]
1	正	誤	正	正
2	正	誤	誤	正
3	正	正	誤	誤
4	誤	正	正	正
5	誤	誤	誤	正

必修問題の解説

[ア] ○ 正しい。一般に，温度上昇によって，夏季の冷房使用量が増加する半面，冬季の暖房使用量は低下する傾向がある。ただし，冬季の暖房のエネルギー消費減少量については，夏季の冷房によるエネルギー消費増加量ほどの効果はなく，さらに，冬季の温度上昇は，生態系などへの影響があるため，これを強調しすぎてはいけない。

[イ] × 一般には，海水よりも陸上のほうが暖まりやすいため，昼間には，暖められた陸上の空気が上昇し，これを補うように海からの海風が強まる。

[ウ] ○ 正しい。天空率とは，ある1点から空を見上げたときに，空が見える面積割合を表す指標である。この値が小さいと，高い建物に囲まれ，放射熱を妨げるため，ヒートアイランド現象が進行する。

[エ] ○ 正しい。緑地公園では，樹木等の蒸散の効果などにより，一般に，数度程度の温度の減少が期待される。また，広い公園ほどそのような効果が広範囲に期待される。ただし，実際の効果は，周囲の環境などにも影響される場合がある。

正答 1

重要ポイント 1　地球温暖化

二酸化炭素をはじめとする温室効果ガスが大気中に増加することによって，地面から放射された熱が宇宙空間に逃げることが妨げられる。これによって，地球表面の温度が上昇する現象を温暖化という。これによって，この100年の間に地球の平均気温が $1.1 \sim 2.9℃$ 上昇し，地球環境に大きな変化が起きると予測されている（IPCC）。

現在世界規模で二酸化炭素の排出量を削減する取組みが行われているが，二酸化炭素の排出は，経済活動にも大きな影響を与えるため，現在のところ世界全体の二酸化炭素の排出量は増加の一途をたどっている。

重要ポイント 2　温室効果ガス

二酸化炭素，メタン，一酸化二窒素，代替フロン等温室効果をもたらす気体のこと。温室効果の大きさを同一体積で比較し，二酸化炭素の何倍になるのかを示したものを温暖化係数という。温暖化係数は，二酸化炭素は定義上1であり，温室効果ガスの中で最も小さい。そのため，二酸化炭素自体の温室効果は決して大きくないが，量が多いため全体としては，最も温暖化に寄与していることになる。

温室効果ガス	温暖化係数
二酸化炭素	1
メタン	26
一酸化二窒素	298
六フッ化硫黄	22,820

重要ポイント 3　温暖化の現状

2017年の世界の温室効果ガス排出量（二酸化炭素換算）は，多い国から順に，中国，アメリカ，インド，ロシア，日本，ドイツとなっている。特に，中国とアメリカの2か国で世界全体の4割を超えている。

日本の温室効果ガス排出量は2013年をピークとして，以降2018年まで一貫して減少している。この原因は，電力の低炭素化による発電由来 CO_2 の減少，省エネの推進，暖冬の影響などエネルギー起源の CO_2 が減少したことが大きい。排出源から見ると，以前から産業部門，運輸部門は減少していたが，近年は，業務その他部門，家庭部門でも減少に転じている。

重要ポイント 4 京都議定書とパリ協定

　温室効果ガスを減少させる法的枠組として，1997年京都で行われた気候変動枠組条約第3回締約国会議（COP3）で締結されたのが京都議定書である。先進国に法的拘束力のある二酸化炭素の削減義務を課したのが特徴で，日本の場合，2008年から2012年の排出量を1990年に対して6％削減する目標が義務づけられていた。2005年に発効したが，中国や途上国には削減義務はなく，アメリカは不参加だった。

　京都議定書の約束期間が終了した後，京都議定書の後を継ぐ枠組みとして2015年のCOP21でパリ協定が採択され，その後発効している。パリ協定は，発展途上国にも削減目標が課されている。パリ協定の目標は「世界的な平均気温の上昇を産業革命以前に比べて2℃より十分下方に抑えるとともに，1.5℃に抑える努力を追求すること」「今世紀後半の温室効果ガスの人為的な排出と吸収の均衡」となっている。そのために5年ごとに各国が削減目標を提出，更新し前進していくことになっている。日本の場合，2030年度26％（2013年度比）排出削減目標を掲げている。

重要ポイント 5 オゾン層の破壊

　成層圏中のオゾンが含まれている層をオゾン層という。太陽光に含まれる有害な紫外線が地上に降り注ぐことを防いでいる。一方，フロンガスは地表付近では極めて安定であって，人体・生物に悪影響を与えないため冷媒として広く使われてきたが，これが大気中に放出されて成層圏まで達すると，フロンを破壊する性質がある。そのため成層圏中のフロンが減少し，特に夏になると南極など極地方のオゾン濃度が極端に低下するオゾンホールが観測されるようになった。

　そこで1989年のモントリオール議定書によって規制がなされ，フロンは全廃することとなった。現在ではフロンの濃度は横ばい状態であり，オゾン層の減少は食い止められている。しかし，オゾン濃度の回復には時間がかかるため，2050年頃まではオゾンホールが観測されるのではないかと予測されている。

　なお，フロンの代わりに使われている代替フロンは，オゾン層は破壊しないものの，温室効果ガスであるため，その点から規制されている。

重要ポイント 6 酸性雨

　pH5.6以下の雨を酸性雨という。酸性雨は，原因物質の排出源から1,000km程度離れたところにも降るため，国家間の取組みが欠かせないものとなっている。わが国では，ここ数年pH4.5程度の降雨が観測されており，これらの大部分が大陸由来のものであると考えられている。

　短期的には，酸性雨は人体に影響を与えるものではないと考えられているが，長期的には生態系にどのような影響を与えるのか予測できないとされている。

地球環境に関する条約

年	名称	概要
1971	ラムサール条約	水鳥の生息地として重要な湿原の保護
1972	ロンドンダンピング条約	廃棄物の海洋投棄の規制
1973	ワシントン条約	絶滅のおそれのある野生動植物の取引きの規制
1979	長距離越境大気汚染条約	酸性雨の規制
1985	ウィーン条約	オゾン層の保護
1987	モントリオール議定書	オゾン層破壊物質の規制
1989	バーゼル条約	廃棄物の越境廃棄の規制
1992	気候変動枠組条約	温暖化の国際的枠組を定めた条約
1997	京都議定書	先進国の温暖化ガスの削減義務など
2001	ストックホルム条約	残留性有機汚染物質の規制
2015	パリ協定	途上国を含めた温室効果ガス削減の枠組み

重要ポイント 7 大気汚染

①光化学オキシダント

　工場や自動車から排出される窒素酸化物（NOx）や揮発性有機化合物が光化学反応を起こすことで生成される，オゾン等の総称で，目やのど，呼吸器に影響を与える。

　近年，都市部では毎年夏になると，光化学オキシダント注意報が発令されている。また，2018年度の環境基準達成率は約0%である。

②窒素酸化物（NOx）

　自動車等から排出され，ぜんそくなどの原因となる物質である。硫黄酸化物などに比べると，近年まで環境基準が達成される割合が小さかったが，ここのところ環境基準はおおむね達成されている状況で，横ばいながらやや改善傾向が見られている。

③硫黄酸化物（SOx）

　酸性雨の原因物質で，以前は工場からの排出が問題となったが，現在では環境基準はおおむね達成されている状況である。

④浮遊粒子状物質（SPM），微小粒子状物質（PM_{2.5}）

　空気中を浮遊する物質のうち，直径が$10\mu m$以下のものを浮遊粒子状物質，$2.5\mu m$以下のものを微小粒子状物質という。浮遊粒子状物質の環境基準達成率は90%を超えている。一方，微小粒子状物質の環境基準は2010年に定められており，2018年度の環境基準達成率は，一般環境大気測定局で93.5%，自動車排出ガス測定局で93.1%となっている。

重要ポイント 8 ヒートアイランド現象

都市部の気温が郊外部に比べて著しく高くなる現象で，近年顕著に見られる。原因は冷房などの都市特有の排熱などである。

重要ポイント 9 水質汚濁

現在，有機物汚濁の指標となる BOD（河川），COD（海域，湖沼）に関する環境基準の達成率（2018 年度）は，河川（94.6％）＞海域（79.2％）＞湖沼（54.3％）となっており，湖沼の達成率が低くなっている。これは，湖沼や湾岸部の閉鎖的水域では，一度水質が悪化すると改善に時間がかかること，周辺から有害物質が集まりやすい地形条件となっていることが原因として挙げられる。そこで，環境基準は濃度によって規制がなされているが，それでは不足するため，こうした閉鎖性水域では，濃度ではなく総量（＝濃度 × 排出量）でも規制を行う総量規制が行われている。

BOD	生物化学的酸素要求量（Biochemical Oxygen Demand）のこと。水質汚濁の原因である有機物の量を，微生物が有機物を分解するために消費した酸素量で表したものである。河川の環境基準に用いられている。数値が大きいと汚染が進んでいることになる
COD	化学的酸素要求量（Chemical Oxygen Demand）のこと。酸化剤を用いて被酸化物（有機物も含まれる）が酸化される酸素の量を表したものである。海域・湖沼での環境基準に用いられている。数値が大きいと汚染が進んでいることになる
赤潮	富栄養化した水で大量発生したプランクトンが色づいて見える現象のこと。魚介類の大量死を伴う場合がある
青潮	酸素の貧しい水で，海水が青白く見える現象。富栄養化によって大量発生したプランクトンが死滅した後，これを微生物が分解するときに大量に酸素が消費されるため，酸素を含まない海水ができる。これが特定の条件下で拡散されない場合に，硫化水素などが発生し，これが海面に現れたときに青潮となって見える。魚介類の大量死につながる

水質汚濁に関する環境基準は，「人の健康の保護に関する環境基準」（健康項目）と「生活環境の保全に関する環境基準」（生活環境項目）に分けられている。

健康項目には，カドミウム，鉛，水銀，PCB といった，人の健康に直接関する物質，あるいは公害の原因となる化学物質が指定されている。

一方，生活環境項目は，pH，BOD（河川），COD（湖沼，海域），SS（河川，湖沼），DO，大腸菌群数，全亜鉛，全窒素（湖沼，海域），全リン（湖沼，海域）などが指定されている。全亜鉛は，水生生物の生息の観点から定められた。

健康項目の環境基準達成率は，2018 年度で 99.1％である。

　開発事業を行う場合，どうしても既存の環境に影響を与えてしまう。そこで，その開発事業によってどの程度，環境に悪影響が出るのかを事前に調査する必要がある。この目的で行われるのが環境影響評価（環境アセスメント）で，1997年に成立した環境影響評価法によって制度化されている。

　環境影響評価は，すべての事業に対して行われているわけではない。まず，規模が大きく環境に大きな影響を与える事業を「第一種事業」として定め，これについては必ず環境影響評価が行われている。また，これに準ずる事業を「第二種事業」として定め，これについては，事前に環境影響評価を行うべきかどうかを個別に判断することになる。したがって，これにも入らない事業は環境影響評価の対象外となる。

　環境影響評価の手続きは以下のとおりである。

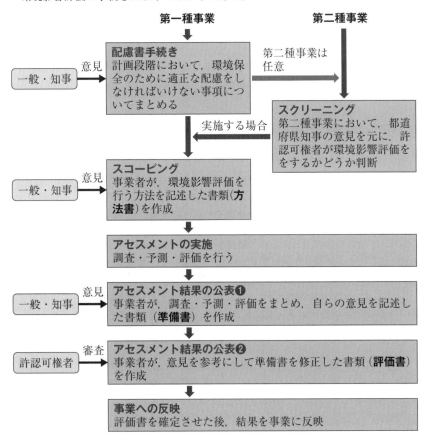

重要ポイント 11 ▶ 廃棄物・リサイクル

廃棄物は一般廃棄物と産業廃棄物に分かれ，一般廃棄物は市町村が，産業廃棄物は排出事業者が処理する義務がある。近年の廃棄物の現状は，一般廃棄物は平成12年以降微減傾向となっている。これは，リサイクルが各地で行われるようになったことの効果と考えられる。一方，産業廃棄物は横ばいとなっている。

循環型社会の形成のため，3R（リデュース・リユース・リサイクル）のいっそうの推進が欠かせないものとなっている。

ここで，リデュース（削減）は生産時の資源の削減，ゴミの削減をすることである。リユース（再使用）は使用済製品やその部品等を繰り返し使用すること，リサイクル（再資源化）は廃棄物を資源化したりエネルギー利用したりすることをいう。3R の優先順位はこの順番のとおりで，特にリデュース，リユースを優先するものとされている。

第四次循環基本計画では，入口の指標として資源生産性（＝ GDP/ 天然資源等投入量），循環の指標として，入口の循環利用率（＝循環利用量 /（循環利用量＋天然資源等投入量）），出口の循環利用率（＝循環利用量 / 廃棄物等発生量），出口の指標として，最終処分量について目標値を設定している。

最近では，家電リサイクル法，自動車リサイクル法，建設リサイクル法，容器包装リサイクル法など各種のリサイクル法が成立して，各方面でリサイクルが普及している。またこれらの法律を通して，製品の生産者が製品の生産・販売時点だけでなく廃棄段階まで一定の責任を負うとする「拡大生産者責任」の考え方が実現している。

重要ポイント 12 ▶ 建設廃棄物

建設廃棄物は，産業廃棄物の約2割を占めている（平成28年度国土交通白書）。アスファルト・コンクリート塊，コンクリート塊，建設発生木材とともに，建設リサイクル法によって，一定規模の工事についてはリサイクルが義務づけられている。その効果もあり，建設廃棄物の量は近年減少傾向にある。また，リサイクルも進んでおり，建設廃棄物のリサイクル率は，平成24年度で96.0％となっている。

第6章 土木計画・衛生工学・環境工学

No.1 以下の文章の正誤を判断せよ。

1 1990年代後半に京都で開催された気候変動枠組条約第3回締約国会議（COP3）において，先進国および途上国に対する温室効果ガス排出削減量を，具体的な数値目標として定めた京都議定書が採択された。

2 地球温暖化とは，大気中の二酸化炭素やメタンなどが増加しオゾン層が破壊されることにより地球の平均気温が上がる現象である。

3 京都議定書で対象とされる温室効果ガスとは，二酸化炭素，メタン，二酸化窒素等，計6種類のガスを指す。

4 地球規模でみると，海洋へ吸収される二酸化炭素量と工業活動等によって大気中に排出される二酸化炭素量は平衡し，産業革命以降の大気中二酸化炭素濃度は一定を保っている。

5 2017年の世界の二酸化炭素排出量を見ると，中国，米国の順に多く，日本は3番目に多い。

6 2018年度におけるわが国の温室効果ガスの総排出量約12億9,200万トン（二酸化炭素換算）のうち二酸化炭素の排出量が全体の排出量の9割以上を占めている。

7 フロン等のオゾン層破壊物質により，地球全体では赤道周辺の低緯度地域で最も著しくオゾン層が破壊されている。

8 オゾン層が破壊されると，地上に到達する有害な紫外線が増加し，人体に皮膚ガンや白内障等の健康被害を発生させるおそれがある。

9 酸性雨は，原因物質の発生源から500〜1,000km離れた地域にも沈着する性質がある。

10 「pH」は物質の酸性，アルカリ性の度合いを示す指標であり，この値が大きくなるほど酸性を示し，中性は7である。

11 主に都市部において発生する光化学スモッグは，工場や自動車等より大気中に排出された二酸化硫黄が，太陽光中の赤外線と光化学反応を起こすことで生成されたものである。

12 「ppm」は大気や水中の化学物質の濃度を表すのに一般的に用いられる単位であり，大気$1m^3$中に二酸化窒素が$1cm^3$含まれる場合，その濃度は1ppmとなる。

13 硝酸・亜硝酸性窒素は，生活および産業排水に含まれる窒素化合物から生成されたものであり，湖沼等の閉鎖性水域における富栄養化の要因ではあるが，人体に対する影響はない。

14 有機汚濁を表す水質指標としては，河川や湖沼では生物的酸素要求量が，海域では化学的酸素要求量が用いられる。

15 生物化学的酸素要求量（BOD）は，水中に溶存する重金属に関する指標であり，

河川の水質環境基準として用いられている。

16 公共用水域の水質汚濁に係る環境基準は，人の健康の保護に関する基準および生活環境の保全に関する基準からなる。

17 溶存酸素（DO）は，魚介類の呼吸や好気性細菌による河川の自浄作用にとって必要であり，その濃度は水域の汚染の指標になる。

18 東京湾や伊勢湾および瀬戸内海においては，事業所からの排出水について，COD の総量が規制されている。

19 河川に生息するカワゲラなどの水生生物は，おおむねの水質を反映することから，これらの生物を指標とした水質判定が行われている。

20 昭和 50 年代から近年にかけての有機汚濁に関する環境基準の達成率の上昇度合いは，河川よりも海域のほうが大きい。

21 湖沼や湾などの閉鎖性水域に，窒素やリンがある量以上流入することにより，藻類が死滅して水質汚濁が進行する現象を富栄養化という。

22 赤潮は比較的栄養塩濃度の高い海域で，プランクトンが異常発生する現象であるが，山間部のダム湖のような比較的貧栄養の淡水域でも同様の現象が発生することがある。

23 東京湾等の内湾域で見られる青潮は，その湾内の富栄養化を伴って，らん藻類のような青緑色を呈した植物性プランクトンが異常繁殖することによって生ずるものである。

24 都市部において，降雨により河川や水路に初期に流れ出す雨水は，高濃度の汚濁物質などを含んでいることから，特に閉鎖性水域における水質悪化の一因とされている。

25 植生浄化とは，栄養塩類を根から吸収したり，付着，沈降などによって汚濁した水を浄化するシステムである。

26 高度経済成長期には，地下水採取が急激に増大して地盤沈下が問題となったが，近年では地下水位の回復に伴い，建築物の基礎が不安定になるなどの問題が生じている。

27 近年，ダイオキシン類の排出抑制などの対策が強化されているため，ダイオキシンの年間総排出量は微増に抑えられている。

28 「dB」は騒音レベルを表すのに一般的に用いられる単位である。ある点音源から 1m 離れた地点で 40dB と測定された場合，同じ点音源から 2m 離れた地点では 20dB と測定される。

29 点音源から放射された音の強さの減衰には，距離減衰や大気が吸収することによる減衰等が挙げられるが，距離減衰によって音の強さは伝播距離の 2 乗に反比例して小さくなる。

30 騒音は，構造物の表面の材質等によって大きく反射する場合があるため，平面道路の上部空間に併設される高架道路の床版裏面や掘割道路の壁面において吸音処理を施すことは，騒音対策を行ううえで有効である。

31 人間の聴覚は，音源の力学的エネルギーが大きくなるほど，エネルギーの変化に対する感度が鋭くなる傾向がある。

32 人間の聴覚は，音の高さ（周波数）に応じて音の大きさの感じ方が変化する。

33 騒音の伝播は，気温，湿度，風向，風速などの気象条件の影響を受ける。

34 環境影響評価とは，事業の実施が環境に及ぼす影響について環境の構成要素にかかわる項目ごとに調査，予測，および評価を行うとともに，これらを行う過程においてその事業にかかわる環境のための保全の措置を検討し，この措置が講じられた場合の環境影響を総合的に評価することをいう。

35 環境影響評価を実施する必要がある事業規模に満たない事業であっても，一定規模以上のものについては環境影響評価の実施の必要性を個別に判定するスコーピングの実施が規定されている。

36 意見提出者の地域限定を撤廃し，意見提出の機会を配慮書，方法書，準備書段階の3回設けることが規定されており，住民参加の機会が設けられている。

37 評価書の許認可権者が国である場合，評価に対する環境大臣の意見提出は評価書の公告前の時期とし，事業者は評価書の公告・縦覧の前に評価書を補正することが規定されている。

38 環境影響評価法の対象となる事業は，国が実施する事業のみである。

39 配慮書（計画段階環境配慮書）は，事業の位置・規模等の検討段階において，環境保全のために配慮すべき事項を記載したものであり，より上位の政策段階や将来的な土地利用の在り方，まちづくりの基本方針等の検討段階は対象としていない。

40 方法書（環境影響評価方法書）の作成に当たっては，地域の状況に応じた環境影響評価を行うために，地域の環境をよく知っている住民や地方公共団体などの意見を聴く「スクリーニング」という手続きを要する。

41 準備書（環境影響評価準備書）は，環境影響評価の項目や調査・予測・評価の手法と併せて環境保全対策の検討結果を記載したものである。

42 生産者が，製品の生産・使用段階だけでなく，廃棄・リサイクル段階まで責任を負うという考え方を拡大生産者責任という。

43 建設工事によって発生するコンクリート塊は，再資源化することが技術的に難しいため，ほとんどが埋立処分されている。

44 都市の低炭素化を図り，もって都市の健全な発展に寄与することを目的として「都市の低炭素化の促進に関する法律」が施行され，環境省，経済産業省，農林

水産省の3省は，都市の低炭素化の促進に関する基本的な方針を定めなければならないとされている。

45 ウィーン条約は，絶滅のおそれのある野生動植物の国際取引に関する条約で，その程度に応じて3段階に分けて個体や器官および加工品の譲り渡し等を規制している。

46 バーゼル条約において，有害廃棄物の輸出に際しての許可制や事前通告制などが規定されており，わが国もこの条約に加入している。

No.1 の解説 環境工学

1 ✕ 京都議定書は，途上国への削減目標を定めていない。

2 ✕ 温暖化は温室効果ガスが原因で，オゾン層の破壊は原因ではない。

3 ✕ 二酸化窒素ではなく，一酸化二窒素である。

4 ✕ 産業革命以降，二酸化炭素濃度は増加してきている。

5 ✕ 中国，米国，インド，ロシア，日本の順となる。特に中国と米国で世界の約4割を占める。

6 ◎ 正しい。

7 ✕ オゾン層の破壊は極地方で進んでおり，特にオゾンホールと呼ばれる大規模破壊は南極で見られる。

8 ◎ 正しい。

9 ◎ 正しい。

10 ✕ pHは7未満が酸性，7が中性，7より大きいとアルカリ性である。

11 ✕ 二酸化硫黄ではなく，窒素酸化物や炭化水素が主要な原因物質である。また，赤外線ではなく紫外線の作用である。

12 ◎ 正しい。

13 ✕ 人体にとっても有害である。そのため，環境基準では人の健康の保護に関する項目に入れられている。

14 ◎ 正しい。

15 ✕ 重金属ではなく，有機物質である。

16 ◎ 正しい。前者は健康保護項目，後者は生活環境項目と呼ばれている。

17 ◎ 正しい。

18 ◎ 正しい。

19 ◎ 正しい。

20 ✕ 河川の達成率は海域に比べて高い状況にある。以前はどちらも達成率が低く，上昇度合いは河川のほうが大きい。

21 ◎ 正しい。窒素やリンはプランクトンにとっては栄養源であり，これによってプランクトンが異常発生する現象が富栄養化である。

22 ◎ 正しい。

23 ✕ 青潮は，生物の死骸を分解した硫黄分解性バクテリアが原因である。文章は「アオコ」の説明である。

24 ◎ 正しい。

25 ◎ 正しい。

26 ◎ 正しい。

27 ✕ 近年，ダイオキシン類の排出量は激減状況にある。近年は基準年である平成9年との比較で約99%減となっている。

28 ✕ デシベルは，対数がとられているので半分にならない。なお，点音源で距離が1mから2mになると6dB減少する。

29 ◎ 正しい。

30 ◎ 正しい。

31 × 絶対的なエネルギーが大きくなれば，わずかな変化には気づきにくくなる。これを感度が鈍くなるという。

32 ◎ 正しい。

33 ◎ 正しい。

34 ◎ 正しい。

35 × スコーピングではなく，スクリーニングである。

36 ◎ 正しい。

37 ◎ 正しい。

38 × 規模等の要件に当てはまっていれば，国が実施する事業でなくとも環境影響評価法の対象となる。

39 ◎ 正しい。

40 × スクリーニングではなく，スコーピングである。

41 ◎ 正しい。

42 ◎ 正しい。

43 × 近年リサイクルが進んでおり，多くがリサイクルされている。

44 × 農林水産省ではなく，国土交通省である。環境省，経済産業省は正しい。

45 × ワシントン条約である。

46 ◎ 正しい。

第6章 土木計画・衛生工学・環境工学

No.1 わが国における環境影響評価の手続きに関する記述㋐, ㋑, ㋒の正誤の組合せとして最も妥当なのはどれか。　　　　【国家総合職・平成23年度】

㋐　環境影響評価法においては, ある一定規模以上であり, 必ず環境影響評価を実施することとされている「第一種事業」と, 「第一種事業」に準ずる規模であって環境影響評価の要否を判定する「第二種事業」に分類されるが, 原子力発電所の設置の工事の事業に関しては規模に関係なく「第一種事業」とされている。

㋑　環境影響評価を実施することとされた事業者は, 環境影響評価を実施する前に, 環境影響評価の項目ならびに調査, 予測および評価の手法等を記載した環境影響評価方法書を作成しなければならない。

㋒　環境影響評価を実施することとされた事業者は, 対象となる事業に係る環境影響評価を行った後, 環境影響評価書を作成し, 当該環境影響評価の結果について環境の保全の見地からの意見を有する者や関係する地方公共団体の長から意見を聴くための手続きをとらなければならない。

	㋐	㋑	㋒
1	正	正	誤
2	正	誤	正
3	誤	正	正
4	誤	誤	正
5	誤	誤	誤

No.2 環境影響評価に関する次の記述㋐, ㋑, ㋒の正誤の組合せとして正しいのはどれか。　　　　【地方上級・平成24年度】

㋐　日本では, 平成9年に環境影響評価法が成立したが, 環境アセスメントが法制化されたのは, これが世界で初めてのことであった。

㋑　規模の大きな第一種事業では, スクリーニング手続きで, 実施の有無を決めるが, 規模の小さな第二種事業では, 環境影響評価をする必要はない。

㋒　環境影響評価で作成された評価書は, 都道府県に提出される

	㋐	㋑	㋒
1	正	誤	正
2	正	正	誤
3	誤	正	正
4	誤	正	誤
5	誤	誤	誤

No.3 わが国の環境影響評価制度に関する次の記述の㋐〜㋓に当てはまる語句の組合せとして正しいのはどれか。　【国家Ⅱ種・平成14年度】

「環境影響評価法では，一連の調査，予測，評価の実施前に事業者に事業の概要，環境影響評価を行う方法を環境影響評価　㋐　として公表し，これに対して環境保全の見地から意見を有する者および地方公共団体の意見を聴く　㋑　手続きを義務づけている。

　また，必ず環境影響評価を実施する事業（第一種事業）と同様な事業類型において，第一種事業の規模に満たない事業でも第一種事業に準ずる一定規模以上のもの（第二種事業）については，都道府県知事に意見を聴いて，　㋒　が個別に環境影響評価の要否を判定する　㋓　手続きを位置づけている」

	㋐	㋑	㋒	㋓
1	準備書	スクリーニング	環境大臣	スコーピング
2	準備書	スコーピング	許認可等権者	スクリーニング
3	方法書	スコーピング	許認可等権者	スクリーニング
4	方法書	スクリーニング	環境大臣	スコーピング
5	方法書	スコーピング	環境大臣	スクリーニング

No.4 地球環境問題に関する条約㋐，㋑，㋒とその名称の組合せとして最も妥当なのはどれか。　【国家Ⅱ種・平成17年度】

　㋐　特に水鳥の生息地として国際的に重要な湿地およびそこに生息，生育する動植物の保全を促し，湿地の賢明な利用を進めることを目的とするために作成された条約

　㋑　海洋において船舶，航空機またはプラットフォームその他の人工構造物から陸上発生廃棄物を故意に処分することを規制する国際条約

　㋒　オゾン層の保護を目的とする国際協力のための基本的枠組みを設定する条約

	㋐	㋑	㋒
1	ワシントン条約	ロンドンダンピング条約	ウィーン条約
2	ワシントン条約	ロンドンダンピング条約	国連気候変動枠組条約
3	ワシントン条約	バーゼル条約	ウィーン条約
4	ラムサール条約	ロンドンダンピング条約	ウィーン条約
5	ラムサール条約	バーゼル条約	国連気候変動枠組条約

No.1 の解説　環境影響評価

ア◯　正しい。高速道路，新幹線，原子力発電所は規模に関係なく第一種事業である。

イ◯　正しい。方法書は事業者が作成する。

ウ✗　評価書ではなく，準備書が正しい。

以上より，正答は**1**となる。

No.2 の解説　環境影響評価

ア✗　世界で初めて法制化したのはアメリカで1969年のことである。

イ✗　第一種事業では，環境影響評価は必須である。第二種事業では，スクリーニング手続きで，実施の有無を決める。

ウ✗　許認可権者に提出される。環境影響評価で作成された評価書は，都道府県に提出される。

以上より，正答は**5**となる。

No.3 の解説　環境影響評価

環境影響評価の方法を決めるためにつくられるのは方法書（ア）である。また，この方法を決める手続きをスコーピング（イ）という。さらに，第二種事業について許認可等権者（ウ）が環境影響評価を行うかどうかを決める手続きをスクリーニング（エ）という。

以上より，正答は**3**となる。

No.4 の解説　国際条約

アラムサール条約，イロンドンダンピング条約，ウウィーン条約となる。

ワシントン条約は，絶滅危惧種の保護に関するもの，バーゼル条約は有害廃棄物の国際間取引に関するもの，気候変動枠組条約は温暖化に関するものである。

以上より，正答は**4**となる。

正答　No.1＝1　　No.2＝5　　No.3＝3　　No.4＝4

■ 執筆者紹介

丸山 大介（まるやま・だいすけ）

1974年，長野県生まれ。東京大学工学系研究科社会基盤工学専攻修士課程修了。
技術系公務員試験受験指導歴22年のカリスマ講師。
自身も国家Ⅰ種1位合格2回（土木職，理工Ⅰで各1回）などの経歴を持つ。
主な著書に『めざせ技術系公務員　最優先30テーマの学び方』
『技術系〈最新〉過去問　工学に関する基礎（数学・物理）』『技術系〈最新〉過去問　土木』
『技術系公務員　工学の基礎　攻略問題集　新版』（実務教育出版）がある。
ホームページで，日々最新情報を発信中。
http://www.maru-will.com

編集協力　佐藤嘉宏

●**本書の内容に関するお問合せについて**

　本書の内容に誤りと思われるところがありましたら，まずは小社ブックスサイト
（jitsumu.hondana.jp）中の本書ページ内にある正誤表・訂正表をご確認ください。
正誤表・訂正表がない場合や該当箇所が掲載されていない場合は，書名，発行年月
日，お客様の名前・連絡先，該当箇所のページ番号と具体的な誤りの内容・理由等
をご記入のうえ，郵便，FAX，メールにてお問合せください。

　〒163-8671　東京都新宿区1-1-12　実務教育出版　第二編集部問合せ窓口
　FAX：03-5369-2237　　　E-mail：jitsumu_2hen@jitsumu.co.jp

【ご注意】
　※電話でのお問合せは，一切受け付けておりません。
　※内容の正誤以外のお問合せ（詳しい解説・受験指導のご要望等）には対応できません。

公務員試験

技術系　新スーパー過去問ゼミ　**土木[補習編]**

2021年7月20日　初版1刷発行　　　　　　　　　　　〈検印省略〉

編　者　資格試験研究会
執筆者　丸山大介
発行者　小山隆之

発行所　株式会社　実務教育出版
　　　　〒163-8671　東京都新宿区新宿1-1-12
　　　　☎編集　03-3355-1812　　販売　03-3355-1951
　　　　振替　00160-0-78270
印　刷　精興社
製　本　ブックアート

©JITSUMUKYOIKU-SHUPPAN　2021　　　　本書掲載の試験問題等は無断転載を禁じます。
ISBN 978-4-7889-3676-8 C0030　Printed in Japan
乱丁，落丁本は本社にておとりかえいたします。